"管中窥豹"忆世博

那些难忘的日子

季路德◎著

格致出版社　上海人民出版社

▶ 2000 年 2 月 28 日，作者（右一）、周先强（左一，时任上海申博办联络部副部长）和日方人员在日本爱知世博会现场。

▶ 2002 年 12 月 3 日，上海申博成功后，中国代表团工作人员在巴黎会场外庆祝。

▶ 2010 年 10 月 31 日，上海世博会闭幕招待会，作者和时任国际展览局秘书长文森特·冈萨雷斯·洛塞泰斯合影。

▶ 2010 年 11 月 8 日，上海世博会结束后，上海世博局主题演绎部集体合影。

推荐序一 奉献国家 无上光荣

周汉民[*]

2001—2011 年，我在上海世博会申办工作领导小组、上海世博局及上海世博会执行委员会任职期间，有一位非常亲密的同事兼战友，他就是季路德同志。昨天他把一份厚厚的书稿邮寄给我。这是他行将出版的参与上海世博会全过程的回忆录，是他在繁忙的日常工作之余，经过多年努力完成的心灵之约。

通读这本回忆录，我感慨万千，思绪良多。从第一章"参博启程"读到第二十七章"怀念战友"，我就像行进在一列时代的火车上，周边是美不胜收的景色，还有呼啸而去的风声和雨声。作为全程参与上海世博会申办、筹办、举办和《上海世博会志》编纂过程的一位世博人，路德同志为上海世博会奉献了人生美好的 16 年。他始终有一个情怀，那就是要把珍贵的世博笔记整理出来，把恢弘的世博历史留下来，把参与

---

* 全国政协常委、民建中央副主席、上海市政协副主席、上海市社会主义学院院长、上海中华职教社主任、上海公共外交协会会长。

世博整个历程的个人思考写出来。现在，他终于如愿以偿，我十分敬佩，也深受鼓舞。路德同志一直在上海世博会的关键岗位上工作，参加了整个过程中的大部分重要会议和重大活动。他不仅勤于思考，更是笔耕不辍。正因如此，他的回忆录史实性很强，可读性同样很强。他近乎用白描手段记录历史，但总能在历史的拐角处，留下自己独特的思考，这是弥足珍贵的。因而，读这本回忆录，不仅可以使我们在脑海中再次展现波澜壮阔的上海世博会，更能让我们对那些年、那些事、那些人，寄予深切思念和衷心礼赞。这本书由上海世博会全过程中的众多事件构成，还写了众多人物，每件事都有重要意义，每个人都在平凡之处瞥见人性的光辉。因而，这真是一本值得认真一读的书。

我的体会是，上海世博会的成功是党中央、国务院坚强领导的结果。上海世博会是中国人民奉献给世界的一份厚礼，筑就了世界文明交汇的一座驿站，形成了人类文明发展的一个典范。党中央、国务院对从世博相关研究力量的组织，到最终作出办博决策，直至世博成功举办的整个过程，给予了巨大关怀、坚决支持，对每个重要历史阶段、每件重要工作定向把关。因而，党中央、国务院的英明领导，是上海世博会得以成功的基本保证。

我的体会是，上海世博会的成功是亿万中国人民万众一心、众志成城、艰苦奋斗、玉汝于成的结果。参加世博的人，何止世博局在册的工作人员，何止上海市民，还应当包括全中国人民的热情参与以及世界上一切爱好和平、主持正义、热爱中国的国家、民族和人民的理解、同情及支持。上海世博会迎来了 190 个国家、56 个国际组织，创下 1851 年世博会至今最高的参展纪录，这就是一个明证。我们的朋友遍天下，"得道者多助"有了最好的体现。因而，当年世博会的口号之一，"世界给中国一次机会，中国将还世界一片异彩"，生动而真切地展示了世博会成功的两个元素，即世界人民的支持和中国人民的奋发。

我的体会是，上海世博会的成功是无数个世博人拼搏奋斗、一往无前的结果。路德同志在书中提到的众多事件、有名有姓的众多人物，我基本都是熟悉的。读这本回忆录，眼前展现的就是"他们"，而这些"他们"实际上就是"我们"。我们在同一艘"世博号"上，以为国争光、为城市添彩的心愿，向成功目标劈波斩浪、勇毅前行。

上海世博会闭幕已 12 年，我多么真切地希望有更多的世博人打开尘封记忆，写下恢宏诗章，讴歌时代，讴歌时代给我们的机遇，讴歌把机遇变为成功的我们所有的人！

是为序。

2022 年 8 月 2 日

推荐序二 上海世博会助力上海提升城市能级

王思政[*]

一、引言

世博会是一项重大的国际性活动。上海举办世博会,是举全国之力、全市之力完成的一件大事,还得到了世界各国和各大国际组织的大力支持和积极参与,最终上海世博会实现了"成功、精彩、难忘"的目标,并且创造了参观客流、参展国家和国际组织数量等一系列纪录。

世博会的成功举办推动了上海的整体发展,今天的上海仍然受益于世博会的溢出效应。而上海市发改委作为最早参与世博会的部门,跨越了从申办、筹办、建设、运营,到后世博利用规划实施、世博会志编写的全过程,其间参与了许多关键工作。

上海承办世博会对上海市发改委来说是一项严峻挑战,模式新、时

---

* 上海市宏观经济学会会长,原上海市发改委副主任,曾作上海申博办规划部部长、上海世博局计划财务部部长。

间紧、任务重、涉及委内众多处室。1999年5月我接到任务时，是上海市计划委员会对外经济合作处处长，委领导希望我先把前期的工作任务接下来，临时管三个月。没想到这一干就是十几年，到现在还在研究后世博，其间把历史上130多次世博会和30多次奥运会全部学习研究了一遍，获益良多。

更巧合有缘的是，2018年在上海市发改委主任马春雷的带领下，我们与中国船舶工业集团有限公司（简称"中船集团"）展开多轮磋商会谈，将世博园区内中船集团所属土地权证全部收回，就建造中船研发总部和长兴岛造船基地实行临港"双特"政策达成一致意见，支持中船未来在上海做大做强，解决了世博会最大的遗留问题。

二、背景：世博会是战略性的，要管50年

（一）世博会在世界上的重要地位

现在人们对奥运会了解得更多一些，对世博会可能不是很了解，但历史上奥运会曾经是世博会的一个组成部分。目前，全世界有2万多个国际组织，但是只有国际展览局敢讲这样一句话：一切始于世博会。这句话印在国际展览局的宪章开头，英文是"Everything begins with EXPO"。

1851年第一届世博会举办时，全球基本还在马车时代，却有630万观众参观了首届世博会。当时英国女王给十多个国家发了邀请函，包括清政府，但是咸丰帝的一众大臣认为世博会是蛮夷的奇技淫巧，不以为然，所以中国是以民间身份参展的，当时就有上海的展品。经考证，在上海经商的广东商人徐荣村，精选了12包"荣记湖丝"参加了伦敦世

博会，最后在参展的所有丝绸品中获一等奖，英女王亲赐金、银、铜牌各一枚，并允许湖丝免检进入英国市场。

美国前总统西奥多·罗斯福曾说过："世博会是人类文明进步的阶梯。"今天大家耳熟能详的事物，比如电灯、留声机、飞机、汽车、火车等问世后，都是通过世博会传到全世界的，甚至旅行社、俱乐部、度假村、连锁经营、交流电机、蛋筒冰激凌等，都是世博会上发明的。更重要的是，影响今天人类经济生活方方面面的许多理念也源自世博会，比如可持续发展和循环经济。

（二）世博会对中国和上海发展的意义

成功举办世博会、奥运会，往往是一个国家、一座城市转型的标志，这是我们研究发现的一个现象。英国完成工业革命之后创办了世博会；1900 年巴黎世博会、奥运会同时举办，法国随之成为一流国家和文化大国；1893 年美国芝加哥世博会举办的时候，英国人看到一个大国即将崛起，结果第二年美国国内生产总值（GDP）就超过英国，坐上了全球老大的宝座，一直到今天。另一个有意思的现象是，1933 年美国还在大萧条时期，与 2010 年上海世博会举办在 2008 年金融危机时期如出一辙。同样的规律放在亚洲也是一样，日本在举办 1964 年东京奥运会和1970 年大阪世博会后，开始了长达近 30 年的经济高速增长。

上海终于办了一届成功、精彩、难忘的世博会。我们要怀念老市长汪道涵同志，汪老是最早积极推动这件事的市领导。20 世纪 80 年代，汪老去日本考察，回国之后就提出上海要准备申办世博会，市里有关部门几次作了研究报告。黄浦江上第一座大桥南浦大桥当年就是为世博会而提出的设想。汪道涵同志讲过一句名言："世博会是战略性的，要管

50 年。"今天证明,上海经济和社会的发展仍在许多方面受益于世博会。我们还要怀念发改委老领导、老市长杨雄同志。2020 年 10 月 31 日,他在上海世博会闭幕 10 周年纪念活动上发表感言:此生经历最大的挑战、最难忘的记忆,就是筹办举办世博会。

三、回顾申办:这一票必须投给中国

世博会第一件也是最关键的一件事就是申办工作。世博会是什么?如何申办?万事开头难。令我印象最深的有这么几件事。

(一)世博会选址

上海世博会选择在哪里办最合适?最初我们团队做了三个比选方案。第一个是浦东川沙的黄楼镇,今天迪士尼的位置;第二个是松江的佘山,今天国家旅游度假区的位置;第三个是崇明岛。后来经过方方面面的研究,最终选择了位于南浦大桥到卢浦大桥间的黄浦江两岸区域。世博会跨江举办,这在世博会历史上也是少见的。

实际上,这个选址在我们做可研论证的时候是考虑过的,但是没有放进备选方案,因为实施难度太大了!这一区域地处市中心,周边企事业单位众多,还有承担国家军工任务的央企江南造船厂等机构,再加上黄浦江两岸还有很多居民区,其中一些居民区还是违章建筑,动迁难度和交通组织压力会非常大。

但是,市领导从世博会可持续发展、绿色发展的理念着想,从提升上海城市高品质发展内涵的角度出发,经过权衡,最终选择了黄浦江两岸。21 世纪初,上海市委书记黄菊提出,要按照"百年大计,世纪精品"的要求，高标准、高水平实施好黄浦江两岸综合开发，成为上海新世纪发展的大亮点。世博会选址为今天黄浦江 45 公里岸线全线打通、还江于民找到了最好的突破口。我印象非常深，当年请国家发改委李盛霖副主任来上海调研，爬了近百级台阶登顶卢浦大桥往下看，上海市领导在一旁介绍时讲了一句话：大家看，上钢三厂，江南造船厂，特别是上钢三厂浓烟滚滚，这是插在上海发展喉咙口的最后一根刺，是市中心最大的污染源。

现在看来，当时的决定非常正确且具有前瞻性。整个上海功能的提升，国际影响力的增强，现代服务业的发展，包括世界领先的地铁网络的建设、城市环境的改善和产业基地的形成，特别是长兴造船基地、宝山精品钢基地等，都和当年世博会搬迁有非常大的关系，对上海的转型发展产生了重要的作用。

（二）主题演绎

上海世博会的主题是"城市，让生活更美好"。但是，当时西方国家处于"城市病"蔓延的浪潮中，正在大力提倡城市乡村化、城市反哺乡村，所以国际展览局刚开始并不认同我们这个主题。为了做好与国际展览局的沟通，我们下了很大的功夫，做了很多的解释。

世博会起源于英国工业革命，它本身就是城市的产物。两千多年前古希腊先哲亚里士多德讲过一句话："人们来到城市是为了生活，人们居住在城市是为了生活得更好。"所有人类文明的进步、生活水平的提高、经济的发展、科技的进步等，都是由城市带来的。

大家提出"城市乡村化，乡村城市化"，但其实这两句话的重心还是在城市上。我们渴望乡村更美好的环境、更绿色的森林、更清新的空气、更纯净的水源,但是也要抽水马桶、汽车、空调、互联网,而这一切是由城市带来的。所以上海的这届世博会恰恰要搭建一个全世界最大的平台,让大家共同来研究和讨论:城市发展到今天有哪些"病"?为什么会产生这些"病"?未来如何克服这些城市病?

我们说全世界可能已经过了"城市热"阶段,但中国是全世界最大的发展中国家,正好处于城市化发展的重要阶段。在这个过程中,如何借鉴各国已经走过的路、摸索出一条新的路,这也是国际展览局举办世博会的初衷。大多数国际组织都有一个初心:为全人类的幸福,把各国以往走过的路、总结出来的成熟经验教训,辐射影响到更多的国家。这也是国际组织成功的一个体现。

所以,上海最后确定了"城市,让生活更美好"这一主题,得到了国际展览局的赞同,而且实践证明这个主题是正确的,与现在所提倡的"绿色可持续发展"理念,特别是高质量发展不谋而合。

（三）客源预测

世博会这样一个全球超大型活动,要持续半年时间,到底将接待多少来自上海、长三角乃至全球的游客,客源预测是非常重要的一个参数,就像发改委做五年规划时将人口作为重要参数一样。我们前后做了三次客源预测。第一次请原发改委所属的一个重要咨询企业——上海投资咨询公司来做客源预测。但是,国际展览局认为,上海投资咨询公司是一个以上海为主的企业,只有他们的报告可能还不够。

于是,我们就请了国家统计局城市调查队来做第二次客源预测。国家统计局很有兴趣,第一次动用了全国各大城市的调查队,这在当时是少有的。做完预测之后,我们向国际展览局汇报,他们反馈这两次预测都做得很好，但是又提出一个问题：虽然我们请了上海和国家的权威机构来做调研，但是报告中有一个不足之处，就是没有可靠的海外客源预测。所以国际展览局提出，这是个国际性的重大活动，上海要申办成功，最终还需要国际展览局各成员国投票决定。如果匹配上海国际大都市的定位，请一家国际知名咨询公司来做预测，那么投票的时候会不会更有分量？

后来，上海市委、市政府领导经过讨论决策，在候选的六七家国际知名的咨询公司中，选中了美国盖洛普公司。邀请国际著名咨询公司参与市委、市政府的重大活动评估咨询，这是第一次，开创了先例。盖洛普公司利用在世界各地的网络开展了民调，产生了非常好的推介效果。项目做完后，各方面都非常满意。我们最终预测的 7 000 万客流量，也是从这个报告里提炼出来的。

（四）宣传推介

申办世博会的过程中，除了对内要做好自己的事情，对外的宣传推介也是很重要的。当年几位老领导都是身体力行，其中一位是上海市发改委的老主任、市长徐匡迪同志。1999 年，了解到国际展览局奥尔·菲利普森主席要参加昆明世博会（专业性世博会）闭幕式，徐市长邀请他到上海来访问，准备跟他提上海拟申办最高等级的世博会（综合性世博会）。

菲利普森从未来过中国。徐市长接见他时，两人用丹麦语作了开场交流，一下子拉近了距离。菲利普森原来是丹麦驻法国的副大使，非常激动地对徐市长说："我这辈子长期在外交界工作、在国际展览局工作，我的工作语言就是英语和法语，几乎把母语都忘了。真的没想到你这个市长居然还懂我们一个小国的语言!"这次见面沟通起到了很好的作用,因为当年国际上和国际展览局有一种质疑的声音:凭什么中国一边在申办奥运会,一边还提出申办世博会,好事不能成双。

菲利普森当时也是抱着一种探路心态,带着很多疑问来访,被徐市长一番热情洋溢的对话打消了疑虑,会谈结束的时候就向徐市长表态:"到1999年底,我就卸任国际展览局主席了。卸任之后我愿意无偿为你们做申博的顾问。"

徐市长后来对大家说,他当年在瑞典边境与丹麦交界的小城工作的时候,公司里面有一些丹麦员工。每当工作休息时,他就喜欢跟小青年聊天,还请这些丹麦同事教了他几句丹麦语,没想到关键的时候派上了用场。语言有时候真的很管用。

徐市长在申博时还提出,为了让国际评委更好地了解中国、了解上海,"世博会申办报告"直接用原文写,用英文、法文写。因为语言的特点,写完中文再翻译成外文,意思可能不完全一样了,所以直接用原文写更好,然后再翻译成中文版本。

申博的工作做了很多创新,一共分了四个小组做陈述。发改委负责的是第三小组,内容包括世博会的选址、投融资方案、客源预测、商务运营方案(包括门票方案等)。我们这组的组长是常务副市长蒋以任同志,他坚持全程用英语陈述。其他几组的市领导也全部是用英语陈述的,取得了很好的效果。

我当时在第三组,往事还历历在目。陈述准备期间,蒋副市长半夜里打电话给外经贸委副主任、原来做过上海外国语大学校长的张伊兴同志请教,请她帮忙进行辅导。申博陈述是在当天早上7点,我随上海市发改委蒋应时主任到蒋副市长的房间,他正襟危坐,开始用英文陈述,让我们辅助排练，改进陈述效果。

另外，当年拍申博片花了不少工夫。之前上海自己拍了很多片子，其实拍得也不错，但就是缺一条主线，最后想来想去请了张艺谋导演。因为这部片子要在国际展览局投票大会上放映，非常重要。片子最后请吴仪同志来审。张艺谋非常讨巧地找了一条主线，用代表江南文化并且也是中国最早传到西方的民歌《茉莉花》从头到尾串起来，用不同的方言演唱、用不同的乐器演奏。吴仪同志看完后说，片子拍得很好，但是有一个毛病——没有出现用吴侬细语演唱的片段。吴仪还很形象地说上海人叫女孩子"嗲妹妹"，说这首歌是你们江南的，张艺谋他可能不了解。大家恍然大悟，最后全片最核心的精华就是找了一位姑娘用吴侬细语演唱《茉莉花》，取得了很大的成功。这个片子在申博投票陈述的时候，好几次被长时间的掌声打断。

最终五个候选城市经过激烈竞争，一票一票奋力争取，在 2002 年 12 月 3 日，经国际展览局大会四轮投票表决，上海获得了 2010 年世博会承办权。这是历史上注册类世博会第一次在发展中国家举办。

四、环视当下：今天的上海仍受益于世博会溢出效应

申博成功后，发改委参与了包括全市基础设施配套、世博场馆建设、世博会运营管理、世博会后续利用等多项工作，挑战接踵而至，很多事情都是第一次做，也开创了很多"第一次"。

最终，在各方努力下，上海世博会实现了"成功、精彩、难忘"的目标，并且创造了许多纪录。回顾世博会成功举办十多年，有不少成果，也有一些遗憾。

（一）世博会最大的遗产

上海世博会的最大成果，或者说最大的遗产，就是成功设立了"世界城市日"（10 月 31 日）。这是迄今为止中国在联合国提议唯一获得通过从而设立的"联合国日"。正是因为上海世博会的成功举办，我们在联合国提出议案之后得到顺利通过，这也是一个很大的外交成果。

上海世博会还专门做了一个前所未有的创新，即建立了一个最佳城市实践区，让当时世界上仍在摸索和探索中的一些想法和已经成功了的城市治理案例在上海世博会上能够呈现出来。这也是回应了国际社会对城市发展的关切，兑现了世博会"城市，让生活更美好"主题的初衷。

（二）几个"第一次"

1. 一网通办

那时已有"智慧城市"的概念，世博局专门成立信息化部，建立了一个统一的平台，三大电信运营商和政府部门的相关事项都在一个平台上运作。俞正声书记办公室里安装了个大屏，他在办公室里就能看到建设、运营发生的所有情况，基本做到了"一网通办""一网统管"。

2. 鱼骨图

第二个创新就是科学管理绘制鱼骨图（也叫因果图、石川图），也就是重大项目的对策分析、任务分解施工图。当时中国只有过两次实践，一次是小浪底水库建设，一次是奥运会。我们是第三次实践，整整花了半年多时间，去北京奥组委考察学习，与世博局和咨询公司一起把世博会的所有任务进行分解，做成了密密麻麻的鱼骨图。后来这项管理技术对发改委、住建委搞工程和项目建设有非常大的帮助。

3. 土壤修复

上海世博会是第一次在重大项目中搞土壤修复。我之前了解过土壤修复，是因为参与过圣彼得堡的一个海外投资项目，叫"波罗的海明珠"。当年投这个项目的时候，俄罗斯就提出过土壤修复的要求。

世博会会址以前是上海的一个污染源。很多国家在建国家馆前，提出来要进行勘探和土壤分析，我们跟他们说土壤都修复过了，不用测，因为勘测还涉及主权问题，我们要自己弄。自从世博会做了土壤修复之后，现在重大工程都要进行土壤修复了。比如现在普陀区与以色列合作的中以（上海）创新园，以前是上海桃浦化工区，那里也做了土壤修复。

在"城市，让生活更美好"的主题下，上海通过筹办世博会，学习了很多国际先进做法，也开创了很多"第一"，为后续的发展积累了宝贵经验。

（三）对上海城市发展的推动

世博会对促进上海整个经济和社会发展功不可没。

1. 基础设施建设

今天无论是在上海工作的人，还是到上海出差旅游的人，都有一个非常深刻的感受，就是上海的交通出行，特别是地铁出行非常便利。这实际上要归功于世博会。

筹办世博会的时候，遇上国家宏观调控，所有重大基础设施项目都不能批，但是对奥运会和世博会开了口子。于是我们就抓住机遇，打包做了 4 000 多亿投资的涉及全市的建设项目方案，上报国家发改委，再由国家发改委报国务院批准。

举办世博会得到了国家发改委和国家各部委的大力支持。国家发改委副主任李盛霖同志给予了很多关心与帮助。当年我们陪同周禹鹏副市长赴北京拜访，李主任非常客气地接待了我们，第一次见周副市长时就表了态：之后不管是否提前约好，但凡是与世博会相关的紧急事务，都会尽全力接待协调。

当时上海地铁建设规划里程是 800 公里。至 2021 年底，上海只用了短短 30 年时间，已实现了地铁通车里程 800 公里世界第一的目标；上海成为全国第一个拥有两个机场的城市；黄浦江两岸建成了几十条快速通道等。如果没有世博会，这一切会过很多年才能实现。

举办世博会，使上海全市的基础设施建设实现了跨越式发展，达到了发达城市水平。除了地铁、机场、越江通道的兴建，还有南市发电厂改造、南市自来水厂改造，以及高速公路、中环外环等基础设施建设，都是当年世博会整体建设项目方案批下来后完成的。

2. 现代服务业发展

当然，除了市政交通基础设施，世博会的场馆建设也很重要。世博会后，园区内大量的临时场馆都拆掉了，但是保留了一些永久场馆，这实际上也是当年的一个考虑——世博会举办之后，服务业一定会迎来新的发展机遇。

我们研究借鉴了美国 1933 年芝加哥世博会的经验，那一届世博会对美国整个的经济发展转型，尤其是服务业发展，起了很大的作用。芝加哥市旗上有四颗星，其中的两颗星就是为了纪念 1893 年和 1933 年这两届改变美国历史的世博会。

因此，当时上海就有明确的规划，要建几个永久建筑，满足上海服务业发展需要。于是，今天大家看到了由中国馆改建的中华艺术宫，还有世博中心、奔驰文化中心等。举办世博会后我们才发现，自己缺乏很多门类的专业服务业。现在有不少服务业都是世博会之后才逐渐发展起来的。

3. 城市发展理念更新

世博会推动了城市许多方面的改革以及标准的提升，比如垃圾分类。像英国的零碳馆、荷兰馆、新加坡馆和日本馆都提出了垃圾分类的理念。我们现在也开始实行垃圾分类。

另外，公益志愿事业也是从那时候开始发展加速的。比如，当时招募了7万多名园区志愿者、13万多名城市志愿服务站点志愿者和197万多名城市文明志愿者，总人数超过了200万人，创造了历史，很多"90后"挑起志愿服务的大梁，展示了中国年轻人的形象。世博志愿者身穿绿白相间的制服，"小白菜"的昵称就此传开。值得一提的是，那时上海世博会志愿者部主任马春雷同志后来担任了市发改委主任。

4. 世博后续利用考虑

这次世博会在规划时就做了不少后续利用的安排考虑，也考察了里斯本、汉诺威和塞维利亚世博会，以及巴塞罗那和希腊奥运会场馆后续利用的经验做法。相关问题包括世博场馆项目未来总体投融资平衡、全市基础设施尤其是市交通设施的提升与完善、土地的后续开发与城市功能匹配、永久场馆建设和临时建筑的后续处置等。2008年，我们联手全市80多位权威专家，开展后世博利用规划专项研究，课题获得国家改委历史上唯一全票通过的优秀研究成果一等奖。

（四）一些遗憾

中国美食享誉天下，但世博园区内没有一家像样的中餐馆，而只是以快餐为主，浪费了一个很好的展示平台。当年世博会上大受欢迎的餐馆都是外国餐馆，如法国的米其林餐厅、日本的怀石料理、德国的啤酒餐厅、巴西的牛排餐厅、西班牙的海鲜餐等，定价都非常昂贵，有的甚至提前几个月也订不到座。

不只是餐饮。上海世博会商品销售数量创了历届世博会纪录，但是单价都比较低。与此形成对比的是，一些外国馆的昂贵商品和工艺品却非常畅销，几百、几千甚至上百万元的商品也都被抢着买走。分析背后的原因，当年我们认为我们还很穷，但实际上我们没有认识到中国已经出现了中产消费群体，对功效升级的日用必需品、工艺品、艺术品已有强烈的消费欲望。当我们眼睛只盯着为游客提供盒饭的时候，人家靠仔细研究预判中国人的消费需求能力发了大财。意大利馆的红酒开瓶器很畅销，上千元一个，大师制作，附有签名证书，人见人爱。他们将旅游纪念品上升为工艺品乃至艺术品，大赚了一把。而我们的产品定位还是旅游纪念品，因此无论是餐馆还是商品销售，我们都只赚了小钱。后来编制"十二五"规划，有一次去俞正声书记办公室讨论工作，我还顺便汇报了世博会的这些不足。

世博会上展示的可持续发展、智慧发展和绿色发展理念推广尚需时日。现在中央提出"双循环"是非常正确的，但必须把商品生产的有效供给和居民收入改革落细落地，加快构建完整的内需体系，逐步形成以国内大循环为主体、国内国际双循环相互促进的新发展格局，才能培育新形势下中国参与国际合作和竞争新优势。

五、展望未来：保持定力，练好内功，做好自己的事情

为了做好上海世博会的申办工作，我们挖掘出了一份史料——一本1910年出版的科幻小说，是今天青浦区一位名叫陆士谔的老先生写的

《新中国》。这本书预测 100 年之后在上海浦东将举办万国博览会，一年都不差。书中描述，到那个时候，黄浦江上会有大铁桥通过，桥上车水马龙，锣鼓喧天，但是会产生很大的噪声。如果在黄浦江底下再有几条大通道的话，那么噪声就不会传出来了。当年没有环保的说法，但是这本书的作者已经有环保的理念，真的是很了不起。作者大概率没有出过国，但当年上海对外交往广泛，他已经学习研究了很多这方面的资料，可能还看过郑观应的《盛世危言》，后者最早提出在上海举办万国博览会。

可喜的是，100 年之后，上海人的梦想实现了。

2001 年 12 月 3 日上海申办世博会成功之后，日本的世博会之父、日本经济企划厅长官堺屋太一（相当于中国的发改委主任），给老市长汪道涵发了一封祝贺函，其中讲了三句话："中国恢复联合国的席位，标志着中国政治地位的提升；中国加入世界贸易组织，标志着中国经济地位的提升；中国成功申办世博会，标志着中国文化地位的提升。"

历史是惊人地相似。2008 年举办奥运会和 2010 年举办世博会之后，中国的 GDP 在 2010 年超过日本，成为全球第二。但如今面临百年未有之大变局，美国不断对中国施压；俄乌战事不息，美国建立的新联盟和朋友圈制裁措施频出，形势非常严峻。在这种形势下，我们的经济实力、创新能力和软实力都仍有较大进步空间，还需要继续改革开放；相比之下，我们的世界级强市和强企业也仍较少。

我们要清醒地认识到，外因总是通过内因而起作用的。现在我们确实还有很多短板，有不少问题没有解决好。我们要重温邓小平同志当年的讲话《解放思想，实事求是，团结一致向前看》，要保持定力，练好内功，做好自己的事情，把自己的短板补好，尊重常识，顺应规律，把利益激励做对，坚持改革开放，坚持以经济建设为中心，敢于担责，突破常规，服务好企业和民众。这是我们的初心，这样我们就不会害怕任何外来的压力。

六、寄语

我想还是讲句老话，就是我在发改委退休告别仪式上讲的"珍爱"。

第一，珍爱上海这座城市。上海是一座非常独特的城市。"海派文化"在国际上广受欢迎，其实它是由中国文化、外国文化、红色文化、江南文化和移民文化等融合而成的，世博会再次促进了融合创新。以前我们总说，越是民族的，越是世界的。其实还有另外一个观点：越是多元文化融合，越会得到世界上更多人的喜爱。上海这座城市之所以得到那么多外国人的喜爱，最终是由文化软实力决定的。我在发改委大家庭工作了近36年，其中从事涉外经济工作超过20年，一些外国友人经常发自内心地感慨："你们作为上海人真的太幸运了，这是一座能干事、能干成事的城市。"

第二，珍爱这个时代。我们赶上了一个好时代，改革开放的时代，创新创业的时代。我真的是非常有幸，这辈子经历了一些上海第一、中国第一的事，但是相信年轻后辈未来能经历更多中国第一、世界第一的事，这些都会在你们的努力奋斗中实现，你们在未来会有更多的机会。退休后我给自己写了句新的感言：读万卷书，行万里路，历无数事，阅无数人。

过去40多年的发展，主要是靠勤劳革命换来的。勤劳革命能够实现一个民族的小康。未来中国要建设世界强国，还要加上智慧革命。勤劳加智慧才能使一个民族真正屹立于世界之林！

2022 年 3 月 13 日

目　录

第一章　参博启程

20世纪80年代，上海即有了举办世博会的设想和相关研究。2010年上海世博会的决策，则是在1999年完成的。

一、前期调研

我于1984年进入复旦大学攻读经济学企业管理专业硕士学位，1987年毕业留校任教。1996年8月，我从复旦大学管理学院财务学系副主任岗位上，调到上海市对外经济贸易委员会（简称"上海市外经贸委"），先在研究室工作了一段时间，经过短暂的财务处副处长、服务贸易处副处长的经历，1998年夏，又回到研究室任副主任。当时市外经贸委研究室有四位副主任，分别对应四位委领导。我对应的是市外经贸委副主任、市外资委（上海市外国投资工作委员会）副主任胡仲华同志，他分管外事处、服务贸易处、审计处。其时，外经贸委参与了上海'99《财富》全球论坛的筹备，主要工作是策划与组织这个著名论坛中的中国企业家论坛。在外经贸委，此项工作由外事处负责。我随胡主任参与了这项工作，并通过原复旦大学朋友的协助，开展了企业家调查活动。在这个过程中，我和精力旺盛、每天风风火火的外事处处长景莹女士有了很多交往。

1998年11月，《财富》全球论坛的筹备告一段落。一天，景莹对我说，胡伯伯（当时我们私下里都这么称呼胡仲华）接到市领导电话，要求我们就2010年世博会作一些调研，我们有更多的活要干了。景莹还说，她已派刚从上海国际贸易促进委员会（简称"上海市贸促会"）调到市外经贸委的周先强、贾开京去北京，因为中国参加历届世博会的事都是由中国国际贸易促进委员会（简称"中国贸促会"）负责的，她请周、贾二位到中国贸促会展览部去了解情况。

周先强等回上海后，起草了《世界博览会有关材料》，由市外经贸委上报市政府。1998年12月30日，市政府主要领导在市外经贸委上报的这份材料上批示：按照市委书记办公会的精神，建议先请外经贸委了解世界各城市申办2010年世界综合性博览会的有关情况，然后再视情况报市委。12月31日，市领导批示，请外经贸委抓紧时间了解相关情况。1999年1月14日，徐匡迪市长圈阅了市外经贸委的报告。

根据市领导的上述指示，市外经贸委很快整理了《世界各城市申办2010年世界综合性博览会的情况》（简称《情况》），1999年1月底上报市政府。在这个阶段，外经贸委关于世博会方面的文件，基本上由外事处的周先强、贾开京、叶穹、沈宇、马化麟等调研、起草，市外经贸委副主任胡仲华同志签发。因为我作为研究室副主任协助胡仲华，所以一般情况下，他在签发之前通常由我从文字角度核稿。因此，我从这个时候开始接触世博会工作。《情况》称，截至目前，尚无城市提出申办

2010 年世博会。2 月 12 日，徐匡迪市长就市外经贸委上报《情况》提出意见："黄菊同志：我们想，上海可结合浦东博览中心的建成，争取承办 2010 年世博会。妥否，请示。"黄菊书记当天批示道："赞成匡迪同志意见。"

"1999 年 2 月 12 日"这个日子在上海世博会历史上有重要意义，因为主政上海的一、二把手在同一天里都表示上海要举办 2010 年世博会！

二、上海地方决策

当时我们已经知道，不同于奥运会可以由城市提出申办，世博会是国家行为，上海只是代表国家去申办，在中央政府未批准之前，上海需要做好申办前的筹备工作，包括资料收集、程序设计等。1999 年 3 月 12 日，市外经贸委向市政府提出《关于上海为承办 2010 年世界博览会提出申办方案开展前期工作的请示》(简称《请示》)。《请示》表示，已初步了解 2010 年世博会的申办形势，对申办的几个阶段性工作也已设计了比较粗的轮廓；《请示》提出，为了拟定申办方案，一是邀请中国贸促会副会长、中国驻国际展览局首席代表刘福贵来上海介绍情况，二是组织人员赴德国汉诺威、国际展览局所在地法国巴黎等地考察，三是成立由市主要领导牵头的申办工作领导小组，四是组织力量对拟作为世博会场馆的地块进行评估。3 月 30 日，徐市长批示"同意外经贸委所拟四项建议"。

市领导对世博会的重视超出了我们的预料。市外经贸委主任朱晓明、副主任胡仲华都认为，市政府将很快作出决策，为此，市外经贸委要做好汇报准备。5 月初，市外经贸委出面邀请中国贸促会副会长、中国驻国际展览局首席代表刘福贵来上海，详细介绍有关情况。胡仲华要求我多了解情况，准备一份上海市政府向国务院请示文件的草稿。为此，我向刘福贵副会长请教了关于世博会意义、主题、举办条件等方面的看法。

终于，5月31日，上海市政府举行第34次常务会议，会议的一个重要议题是关于上海举办世博会的可行性。会议由徐匡迪市长主持，各位副市长、秘书长都出席了会议，市计委、市建委、市外经贸委、市外事办公室、市经济体制改革办公室、市公安局、市人事局、市财政局、市劳动和社会保障局、市政府机关事务管理局、市民政局、市统计局、市城市规划管理局、市卫生局、市医疗保障局、市地矿局、市妇女联合会、市妇女儿童工作委员会和浦东新区管理委员会等有关部门和单位的负责人列席了会议。

胡仲华代表市外经贸委在会上作了《关于上海市申办2010年世界博览会情况的汇报》。我现场操作PPT并作会议记录。

胡仲华汇报后，市领导都表现出很热情、积极的态度。会后，我很快整理了会议记录，6月2日上报市外经贸委领导。市政府会议内容当时是保密的，现在23年过去了，可以公开了。以下是我整理上报的会议记录主要内容。

几位市领导在讨论中，表达了以下感想和观点：

第一，昆明世界园艺博览会对昆明的推动不可估量，对昆明城市建设推动很大。举办世博会对上海的发展很有意义，上海应该积极争取申办。

第二，国际会展是浦东的重要功能，浦东国际展览中心周围还有一些尚未开发，如果决定办世博会，要保留下来，交通也很方便。

第三，如果定下来，就要好好做下去，展示什么内容很重要。这类会展时间长，气势大。尽管要到 2010 年才举行，但实际上时间不多了，现在不起步就来不及了。

第四，上海一直有举办世博会的想法，以前汪道涵同志做了许多工作，要办综合性的世博会。现在，根据黄菊、徐匡迪同志的要求，上海外经贸委做了一些前期调研。应该说现在到了申请的时候，还没有出现上海不能申办的重大问题。

徐匡迪市长在听取了发言后说：

"第一，大家都同意上海申办 2010 年世博会。这件事是从 80 年代开始的。当时道涵通过香港中介，希望争取承办 1993 年博览会。国际展览局来上海考察后，认为上海的基础设施不行。后来 1993 年的世博会在韩国大田举办。当时黄菊要我、蔡来兴、胡仲华，还有外办、汽车公司等几个人去看。确实，世博会不是推销商品的展销会，而是参展国自己出钱造馆，全面展示自己的社会、经济、文化。

"第二，今天我们通过仲华介绍的基本程序，下一步是成立一个有几位副市长参加的班子，工作机构放在外经贸委，计委、财政、建委、规划都参加。排一个工作进度，请市长们圈一圈就可以了。另外成立一个研究班子，请王战牵头，专门研究主题。21 世纪是信息时代还是什么，提出的主题要吸引人。要找一些专家，外经贸委、外办也参加。考虑主题的人要和工作班子分开，不要有框框，要有想象力。

"第三，明年汉诺威博览会，我们多去一些人，或者分两个团，一个团专门研究博览会的申办，把汉诺威吃透。

"第四，花木建设要一体化。要三结合：国际展览中心是开放式的，可以给一些国家布展；但美国等大国大概不会进去，可以让他们自己造,还有些国家的展览以文化为主;轻型、小巧、永久性的建筑,可以放在浦东中央公园里;把中国馆设在科技馆里,如果地不够,浦东中央公园里再用一些。计委、建委、规划局要研究交通问题,那么大的展览,用腿是不行的。

"世博会的效益可以分为两部分。一是推动本地的建设,二是展览期间的旅游和其他带动效应。世博会和奥运会不同,奥运会来人都要东道国招待,费用很大,而世博会一开,全市的酒店都会住满,花木一带全都会带动起来。

"请秘书长与仲华商量,搞一份专题纪要,我们几个圈一圈,不再另外开会了。这件事一定要抓紧。"

徐匡迪市长的讲话,基本上就是这次常务会议的决议内容。正式决议中,关于世博会的内容是:会议听取了市外经贸委副主任胡仲华关于上海市申办 2010 年世界博览会情况的汇报。会议原则同意市外经贸委提出的关于上海市申办 2010 年世界博览会的程序。会议确定:(1)成立上海市申办 2010 年世界博览会工作筹备小组。小组成员由市计委、市外经贸委、市建委、市政府外办、市财政局、市规划局、浦东新区等部门和单位组成,日常工作机构设在市外经贸委。全市各有关部门和单位要密切配合,明确分工,各司其职,积极做好有关工作。(2)由市政府发展研究中心主任王战牵头,组织有关专家、学者根据 21 世纪的发展趋势,就 2010 年世界博览会主题的选题进行研究,提出意见。(3)要学习借鉴 1999 年昆明世博会的经验,并利用 2000 年德国汉诺威举办综合性世博会的机会,组团考察,学习各方面的经验。(4)若上海市申办成功,要研究在浦东花木展览中心举办 2010 年世界博览会的可行性,可将浦东花木地区国际会展中心、中央公园和科技馆展地面积统筹考虑。同时，市计委、市建委、市规划局等有关部门要统筹考虑该地区的交通问题。（5）由市政府秘书长会同市外经贸委等有关部门，根据会议讨论意见，抓紧形成书面材料，提交市政府党组会议审议后报市委。

三、中央政府决策

市政府常务会议后，胡仲华嘱我赶紧代市政府研究室拟一份上海市向国务院提出申博请示的草稿。因之前我已经有针对性地请教了刘福贵副会长，市外经贸委研究室又有很多关于上海市市情的资料，我很快写出了初稿。随后，胡仲华召开座谈会，请市外经贸委机关部分干部来讨论修改申博请示初稿。大家的主要意见是：申博涉及对外宣传，要避免引起国际争论。有些话可以内部讨论，不宜过于明确地写在文件里。例如，原稿中有这样一段话："最近，北约野蛮轰炸了我国驻南斯拉夫大使馆，我们要通过申办和承办世界博览会全面展示中国的形象，既要把'中国威胁论'转为'中国机遇论'，又要显示中华民族屹立于世界民族之林的气概。"这段话，大家认为不妥。除此之外，上海的优势要准确、客观。

我根据座谈会的讨论又作了些修改，后交由市政府研究室根据请示的格式定稿。请示分三部分，即举办世博会的意义、上海的条件、需要做的准备工作。

关于办博的意义，即必要性，有三点：有利于展示中国的综合国力；有利于增强中国对外资的吸引力；有利于中国社会稳定和经济持续发展。特别是第三点，请示里写道：世博会的举办离不开全国各地的支持。长达八九年的筹办，将是中国社会经济的整合过程，也是全国各地共同努力的过程，有利于促进中国社会稳定和经济持续发展。

关于办博的条件，即可行性，基本上是从上海角度来谈的，包括对外开放度大、对内辐射力强、硬件设施较好。即使在当时，这样的角度也值得推敲，因为世博会是国家行为，从道理上讲，应该从国家角度来谈优势。但可能当时考虑到中央尚未批准，无法把全国的优势作为办博的可行性。

关于准备方案，主要是表达一旦获批准，需要做哪些事。这是表明上海方面已经对世博会有了相当的了解，并且已经有了工作方案。这方面内容主要包括组织落实、主题选定、场地选定、游说策略、举办设想。其中，关于主题，原稿中有这样一段话："20世纪经历了两次世界大战，到了世纪末，还出现'人权高于主权'的谬论，出现严重违反国际法的战争行为。在进入21世纪的时候，世界上大多数人关注的应该是反对战争，寻求和平的主题。建议组织力量，研究21世纪的大趋势，从'和平与发展''多元文化的和谐共处'等方面提出中国的主题。"大家在讨论中都认为这一段内容不妥，因此在修改时删除了。

6月14日，市政府党组就上海申办2010年世博会请示市委，市委常委会批准了市政府的申博请示。

7月16日，徐匡迪市长签发了《上海市人民政府关于申办2010年世界博览会的请示》。7月21日，上海市人民政府向国务院提交了申办请示。

8月10日，国务院办公厅将《上海市人民政府关于申办2010年世界博览会的请示》批转给中国贸促会，请中国贸促会征求外交部、国家计划委员会（简称"国家计委"）、国家经济贸易委员会（简称"国家经贸委"）、财政部、对外贸易经济合作部（简称"外经贸部"）和国家科学技术部（简称"科技部"）的意见。

9月27日，市政府主要领导会见了专程来沪参加'99《财富》全球论坛上海年会的中国贸促会会长俞晓松并共进早餐。我陪同胡仲华参加了这次会见。市领导向俞晓松介绍了上海申博意向，希望得到中国贸促会的支持。俞晓松说："十五届四中全会期间，黄菊同志已找我谈了此事，我们已经把国务院批转的上海请示发到国家计委、经贸委、科委、财政部、外交部和外经贸部等六个部委征求意见，并要求在10月8日以前返回。由于国庆放假，可能10月8日以前难以完成，但我们会抓紧的。上海申办简报，我都看过。有两点看法：一是要重视申博的难度。国内不仅上海有这个意向，北京也想申办世博会，当然可以协调，不过时间比较紧。二是申办世博会是中央政府的行为，国家应拨款，不要提'上海完全有能力承办'这样的话。"

11月4日，中国贸促会将各部委的支持申办意见汇总后呈报国务院。

11月15日，国务院副秘书长石秀诗在上海市政府的请示和中国贸促会的意见上批示："建议同意贸促会商有关部门提出的原则同意上海市申办2010年世界博览会的意见，请吴仪同志批示。"

11月18日，国务委员吴仪圈阅了国务院副秘书长石秀诗的批示。至此，中国申办2010年世博会完成了从地方到中央的调研、酝酿、决策过程。

第二章　申博"你、我、他"

毛泽东同志曾说过："政治路线确定之后，干部就是决定的因素。"
这个判断蕴含着深刻的管理学原理。所有的项目管理都是这个过程：
"做什么"明确之后，立马需要解决"谁来做"。申办世博会也是这样，
决策完成后，就需要选择人员，成立机构，形成工作机制。实际上，
"决策"和"组织"是交替进行的，因为"决策"所依赖的资料收集和
可行性研究，也是需要有人来做的，选择哪些人，直接关系到决策的质
量。这样，决策过程中形成的工作团队，更有利于决策的细化和落地。

当然，实际工作不可能像教科书那样标准、规范。申博组织在摸索
中不断发展、完型。令人尴尬的是，组织趋于理想状态之时，也是目标
达成之日，原来的组织已无必要，需要加以更新。我的体会是，有三个
方面体现了"申博组织趋于理想状态"。

一、框架逐步完善

（一）申博办的前身

1999 年初，市外经贸委启动世博会调研时，基本上是副主任胡仲华领导外事处在操作。处长景莹当仁不让，周先强、叶穹、王军玮、沈宇、解冬等人以世博会事务为主，外事处其他人员也不同程度投入其间，客观上形成了一个工作团队，但没有明确是专职世博机构。我在参与 1 月《情况》核稿、3 月上报为申博开展前期工作的请示调研、5 月向市政府常务会议汇报材料准备过程中，也逐步加入了这个团队。外事处办公室在 18 楼，他们给我在 1807 室安置了一张办公桌。多年后，"1807"成为我们回忆当年起步的代号。

1999 年 5 月 31 日，上海市政府第 34 次常务会议作出申博决定，将申博工作筹备小组办公室设在市外经贸委后，市外经贸委领导曾考虑在筹备小组办公室内设立秘书组、对外联络组、信息宣传组、合同文本组、申办财务组、后勤保障组、内勤文秘组，但后来由于人员调配不易而未完全落实。不过，此时申博工作已开始落实主体，各项工作开始项目化、具体化：市政府发展研究中心负责牵头世博会主题研究，市外办负责牵头 2000 年德国汉诺威世博会考察组织，市规划局负责浦东花木地区是否适合作为世博选址的研究工作，这些都是"2010 年世博会申办工作"的逻辑延伸，需要在同一个框架下开展，需要相互沟通协调。于是"1807"也越来越忙碌。外事处处长景莹为我们作了大致分工：我主要负责文稿，包括参与市政府发展研究中心牵头的主题研究；周先强主要负责与中国贸促会联络；外事处其他人员负责国际联络，以及与市政府各部门联系。

8月9日，申博工作筹备小组举行预备会议，市领导以及市政府办公厅、市计委、市外经贸委、市政府新闻办公室（简称"市政府新闻办"）、市外办、市建委、市旅游事业管理委员会（简称"市旅委"）、浦东新区管委会、市财政局、市规划局、市政府发展研究中心、上海市贸促会的有关领导出席会议。我起草了筹备小组领导的讲话稿，报告里有"下一个决心，抓两项工作，提三点要求"的说法。其中，一个决心是指要努力争取世博会申办成功，领导讲到这里，补充了一句，要横下一条心，不是可成功可不成功，而是要尽全力争取。

8月23日，市政府主要领导召开申博工作筹备小组专题会议，要求尽快提出主题选择、场地确定和资金预算方案。

（二）上海成立申办工作筹备小组

1999年8月31日，上海市政府发出《关于成立上海市2010年世界博览会申办工作筹备小组的通知》。该通知明确，根据5月31日市政府第34次常务会议的决定，成立由市政府主要领导为组长、几位副市长为副组长的筹备小组。筹备小组下设办公室，朱晓明担任办公室主任，副主任有沈希明（市政府办公厅副主任）、蒋应时（市计委副主任）、张惠民（市建委主任）、胡仲华（市外经贸委副主任，1999年9月，胡仲华退休，由当时外经贸委分管外事处的副主任汪均益自然接替）、姚明宝（市旅委常务副主任）、胡炜（浦东新区管委会常务副主任）、陈仁凤（市政府外办副主任）、焦扬（市政府新闻办副主任）、许谋赛（市财政局副局长）、夏丽卿（市规划局局长）、朱林楚（市政府发展研究中心副主任）、肖哲夫（上海贸促会副会长）。

这个筹备小组是市一级层面的决策协调平台，筹备小组下设办公室则需要明确具体的"事"和具体的"人"。除了主题、场地、考察等各项工作以外，当时很明确的一项工作是请示中央、获得批复，并尽快成立国家层面的申博机构。筹备小组办公室为此进行了大量的京沪联络沟通工作。

（三）国家成立申博委员会

在中国贸促会的支持和帮助下，1999 年 11 月 18 日，上海市政府的申博请示获得国务院的批准。12 月 6 日，中国贸促会将国务院领导同志的批示转发给上海市政府，并要求上海市政府尽快提出成立申办委员会的请示，由中国贸促会上报国务院。

1999 年 12 月 29 日，上海市政府致函中国贸促会，建议成立由国务院主要领导担任主任委员，国务院有关部委领导组成的国家申办委员会，建议国务院两个涉外部门——外交部、外经贸部，以及专门负责世博会的中国贸促会、世博会举办地上海市等四个单位（部门）的负责人担任副主任委员，国家计委、国家经贸委、财政部、科技部等中央机构的负责人担任委员。之后，就每个部门由哪位领导出任，又进行反复沟通。有的部门认为，世博会是国际项目，因此优先推荐本部门负责国际联络的领导。但后来发现，需要由负责本部门主要业务的领导出面，因此，这个名单来回磋商了好几轮。2000 年 2 月 18 日，中国贸促会向国务院行文请示成立上海世博会申办委员会。3 月 9 日，国务院有关部委、中国贸促会和上海市政府正式确定了申办委员会的人选，并由中国贸促会呈报国务院。

2000 年 3 月 17 日，国务院办公厅发出《关于成立 2010 年上海世界博览会申办委员会的通知》，决定成立"2010年上海世界博览会申办委员会"。经朱镕基总理批准，国务委员吴仪担任主任委员。

（四）上海的"申办工作筹备小组"改为"申办工作领导小组"

2000年4月4日，国务委员吴仪主持了上海世博会申办委员会第一次会议。会议之后，根据上海市领导的指示，上海层面的原"上海市2010年世界博览会申办工作筹备小组"改为"2010年上海世博会申办工作领导小组"。领导小组下设办公室，办公室内设六个部，分别是：（1）上海市外经贸委牵头的综合部，负责文秘、总务、督办、会务、简报、财务、人事；（2）上海市外办、外经贸委牵头的联络部，负责国内外联络、翻译、接待、游说；（3）上海市政府发展研究中心牵头的研究发展部，负责主题、调研、法律事务、信息汇总；（4）上海市政府新闻办牵头的宣传推广部，负责新闻宣传、对外宣传、社会宣传、文化艺术和民间团体的推动；（5）上海市计委牵头的规划部，负责场地规划、后期利用、标书方案制订；（6）上海东浩服务贸易（集团）有限公司牵头的资源开发部，负责集资、网站管理、事业开拓、广告策划。4月下旬，领导小组办公室向相关单位发出通知，要求各牵头单位尽快确定一名部长和一名联络员；非牵头单位明确参与人员，5月10日前到领导小组办公室报到。

2000年6月26日，上海市政府发出《上海市人民政府办公厅关于成立2010年上海世博会申办工作领导小组的通知》，徐匡迪任组长，几位副市长任副组长，朱晓明任秘书长。领导小组下设办公室，汪均益任办公室主任。

这个通知的下发，标志着从中央到地方、专职人员和兼职人员结合、决策层和操作层结合、职能基本完整的申博组织框架基本形成。

（五）"申办工作领导小组办公室"名称的演变

"2010 年上海世博会申办工作领导小组办公室"这个名称使用频率很高，为此需要有个简称。1999 年 8 月，"上海市 2010 年世界博览会申办工作筹备小组"刚成立时，参照北京奥组委的名称，下设办公室的简称是"世申办"。2000 年 6 月，"上海市 2010 年世界博览会申办工作筹备小组"改为"2010 年上海世博会申办工作领导小组"，办公室依然简称为"世申办"。2001 年 8 月 29 日的一次申博工作会议上，市领导认为，中国正在申请"入世"，申办世博会如果简称为"世申"，容易混淆，因此要求把申办的对象从"世"转为"博"。当然，"世申办"转为"博申办"也不入耳。于是，会议之后，"2010 年上海世博会申办工作领导小组办公室"简称为"申博办"。国家层面的"2010 年上海世界博览会申办委员会"没有明确的简称，一般情况下，我们称其为"国家申博委"。

二、人员逐步到位

世博会是一个巨型工程，参与者成千上万。大致来说，参与世博会的所有人员可分为三类。一是专职人员，即从各单位抽调来，全职从事世博工作的。这类人员的数量不是很多，却是整个办博系统的核心，所有的任务都是从这个核心发出的。二是兼职人员，即与办博有关的政府部门、工商企业、高校研究机构在接受任务后所确定的参与世博会工作的人员。他们承接了各种性质的涉博工作。不过他们还有自己的本职工作，不必每天拘泥于世博项目。三是社会上为世博会献计献策、出力出汗、不求报酬的广义上的志愿者，他们是上海世博会成功的社会基础。

世博会的成功，离不开这三类人。我这里所说的"人员逐步到位"，主要是指列入申博办编制的专职人员。大致情况如下。

（一）申博办领导

申博办的第一任主任是胡仲华。他生于 1938 年 8 月 8 日，本应在 1998 年退休，因为申博的需要，推迟了一年。1999 年春，外资委副主任汪均益接替胡仲华分管外经贸委的外事处等工作。9 月，汪均益接替胡仲华担任申博办主任，主管全局工作。汪均益的办公室在新虹桥大厦的东南角，从窗口看出去，是国际贸易中心。中国申博的主要竞争对手韩国驻上海领事馆就在国际贸易中心。因此，可以讲，汪均益是在韩国人的眼皮下带领我们申博的。

2000 年 8 月起，随着申博工作的展开，市侨务办公室副主任黄耀诚、上海第二医科大学副校长陈志兴、浦东新区副区长周汉民、市贸促会副会长陈先进等陆续来到申博办担任副主任。黄耀诚主要负责宣传，曾为申办报告的编辑、校对、印刷常驻深圳一个月。陈志兴主要负责外事、国际联络，他的办公室墙上挂着一幅世界地图，上面插满了各种颜色的图钉。周汉民是根据吴仪提出的派人常驻巴黎的指示精神，市委下决心专门从浦东新区调出来的，为此，他除了担任申博办副主任外，还被任命为中国驻国际展览局代表，在巴黎与各国驻国际展览局代表周旋游说。陈先进是展览行业的权威，先是担任国际展览局来沪考察时的中方陈述人之一，考察结束后进入申博办担任副主任，负责与办博有关的方案准备。2002 年 7 月，申博到了关键时刻，国务院副秘书长徐绍史牵头成立一个小组，协调中央各部门的相关事宜，陈先进代表上海申博办参加这个小组，每周开会，研究竞争态势，商量对策。

为了便于开展工作，申博办还配了六位兼职副主任。他们是：上海市计委副主任蒋应时，市政府发展研究中心副主任朱林楚，市政府新闻办副主任焦扬，市外办副主任陈仁凤，浦东新区副区长王安德，市贸促会副会长肖哲夫。

除了上述各位申博办领导外，申博办还有两位特别顾问，一位是胡仲华，另一位是上海市外办原主任、担任过联合国教科文组织负责人的老外交家、时任上海航空公司副董事长的徐兆春。我们工作人员称他们"胡伯伯""徐伯伯"。很可惜的是，胡仲华于 2007 年 8 月逝世，徐兆春于 2010 年 4 月卧病住院，10 月逝世，两位特别顾问都没能看到这个国际项目的盛况。

（二）职能部门负责人

前面说到，申博办有六个内设部门，即综合部、联络部、规划部、研发部、宣传部、资源开发部等。说起来很有意思，1999 年 8 月，我们还在讨论申博办部门设置，有一次接到韩国领事来电，说是希望会见上海申博办综合部负责人。我们听了很紧张：这仅仅是我们的内部方案，是否设综合部、谁担任负责人还在讨论，韩国人就已经知道了？他们的情报工作做得也太好了。

综合部的第一任部长是市外资委的处长梁恭杰。2000 年 4 月，上海世博会网站开通，梁恭杰出任世博网董事长，我接任综合部部长。由于综合部工作日趋繁忙，我想到了沈权。沈权是我之前在外经贸委研究室工作时认识的，他那时在市委办公厅综合处，我觉得他很能写，又熟悉政府运作模式。2000 年末，我得知沈权已调到外经贸系统的一家单位任职，而申博办文字工作一直很吃紧，就和他电话联系。2001年1月，沈权进入申博办。他的文笔很好，协调能力也很强，他提出的奥运会与世博会是推动中国社会发展的"双引擎"的说法，被写入中央领导的世博讲话里。2001年是申博办编写《2010年中国上海世界博览会申办报告》（简称《申办报告》）紧张的一年，沈权较多地投入了这项工作。2001年底，申博办牵头筹备了一次有市相关部门参加的专题工作会议，但组织工作不够理想，有的单位没有得到通知。市领导批评说，你们申博办自己的办公室建设要加强。这以后，沈权就主要负责秘书、会议等方面的事务。世博会申办成功后，他担任了上海世博会事务协调局（简称"上海世博局"）办公室主任。到我今天写此文时，他担任中共徐汇区委副书记。

联络部部长先是由景莹担任。她是拼命三郎的性格，做起事来不顾一切。她曾对我说，"你看过的稿子，我可以放心"；也曾和我争论，情急之下，双方都拍过桌子。在2001年筹备亚太经济合作组织（APEC）会议期间，她曾因过度劳累而昏倒在工作现场。申博办成立后不久，她被提拔为外经贸委副秘书长，身负各种任务，十分繁忙，于是由外资委的处长戴馨接替她担任申博办联络部部长。景莹曾担任过南汇区、普陀区的副区长，现在是上海市人民对外友好协会常务副会长。戴馨中英文俱佳，工作责任心很强，又很关心下属，在女孩子甚多的外事工作团队里，堪称"大姐姐"。世博会申办成功后，戴馨没有继续从事世博会筹备工作，而是留在外经贸委继续担任外事处处长。联络部副部长是周先强。他的日语极好，我们和日本人座谈，当对方语塞时，他能用日语纠正、启发日本人。他的责任心也非常强，常常直言不讳表达观点，即使对方听了不舒服也无所谓。他是从上海市贸促会调到外经贸委的，和中国贸促会的联系工作非他莫属。周先强后来到北京综合工作组工作，申博办又提拔王军玮担任联络部副部长。军玮身材偏胖，动作却十分敏捷，当然，代价就是出汗。我多次看到他一边擦汗一边跑步送文件。还有一次，我们去巴黎参加国际展览局会议，需运送一批物质，在浦东机场海关受阻，军玮和对方理论，最后，问题解决，他也满头大汗！

宣传推广部部长是市政府新闻办的陈静溪。他思维敏锐，讲话不多，一旦发言则一针见血，激情之下偶尔也会冒出粗话。他不在申博办上班，市政府新闻办另派杨庆红担任副部长。杨庆红性格外向、开朗，敢于也善于表达观点，有她在的场合，很快就会出现笑声欢语。但有一次，她在电脑上输入了几个小时的文件突然消失，顿时泪光莹莹。世博会申办成功后，她也没有继续从事办博工作，而是在上海市文化和旅游局从事群众文化活动、非遗推广和管理的工作。

规划部部长是王思政。那时他是市计委外经处处长，对上海的长远规划、对外开放都很有思考。世博会申办成功后，他担任世博局计划财务部部长，这个部门相当于世博会的计委和财政局。不久他离开世博局，回到市发改委担任副主任。他前几年退休时，在微信上发了一篇《厅级干部临别感言》，有"干部参阅""决策杂志""EMBA 总裁研修""人民时政评论""长安学者"等近 20 个公众号转发。上海防治新型冠状病毒肺炎疫情关键时期，他在上海老年大学作了一个讲话，传播很广。到我写作此文时，他担任上海宏观经济学会会长。规划部副部长朱嘉福也来自市计委，他年龄比较大，很稳重，看似慈眉善目，但在是非面前敢于表态，体现了成熟公务员的素质。

资源开发部负责人由东浩集团的张新龙担任。他思维活跃，办事机灵，为组织中外企业支持申博尽心尽力。

研究发展部部长是市政府发展研究中心处长许学石，副部长是钱智。其时，申博办研究发展部主要承担主题研究以及关于竞争对手的状态分析。这些研究工作主要是在市政府发展研究中心本部进行，许、钱两位没有在申博办常驻。

（三）人员充实

申博办的工作人员来自三大方面。一是政府各部门、单位调派或借调，二是社会招聘，三是其他。

第一方面主要是市外经贸委。除了前述部门负责人以外，先后从市外经贸委各处室抽调来专职从事申博工作的有解冬、陈江、叶穹、沈宇、蒋红霞、曲元敏、宋宝发、熊敏华等，其他处室特别是外事处的不少人员也兼职参与申博工作。

除了市外经贸委机关以外，来自其他部门和单位的有：市外办的周乐意，市财政局的罗虹，市规划局的傅茅，浦东新区贸促会的王晓帆、周琴，市投资咨询公司的黄柬、孔军，市贸促会的励钟贤、吴昂，市安全局的章采，东浩集团的张伟杰、杨雅军、蔡怡琳，《解放日报》的胡志刚，市园林局的俞力，上海国际信托有限公司的黄宏音等。

第二方面是社会招聘。申博办举行过两次对外招聘。第一次是 2000 年 3 月，主要面向当年的大学毕业生。当时市外经贸委干部人事处负责此事，因为申博办没有编制，也不可能进市外经贸委机关，朱晓明主任给予很大的关注，要求干部人事处出面与几家外贸公司打招呼，请公司协助，凡是申博办需要的人员，人事关系挂在各公司。这次招聘后，人事关系挂在外贸公司、实际上在申博办工作的有官文蕙［人事关系挂东方国际（集团）有限公司］、唐磊［人事关系挂上海兰生（集团）有限公司］、陈骅［人事关系挂上海轻工国际（集团）有限公司］、王樑［人事关系挂上海轻工国际（集团）有限公司］、曹晓红［人事关系挂中国上海外经（集团）有限公司］、朱琳（人事关系挂上海市对外经贸服务中心）、陈勇（人事关系挂上海爱建集团股份有限公司）、余春骅（人事关系挂上海外经贸商务展览有限公司）、黄一蓓（人事关系挂上海市对外经贸服务中心）等。第二次是 2001 年 8 月，在报上公开招聘，人事关系在世界展览公司。这次进入申博办的有罗杰、曹兴龙、娄彦简、郁震宇等四人。

第三方面是在申博过程中，根据工作需要和实际可能，以聘用方式陆续招入一些人员，包括牛晓钟、金声浚、窦荣林、杨静静等从其他单位退休的人员，还有杨蓓（从上海长江农场借调）、张黎萍（人事关系挂上海华惠国际货运有限公司）等。

随着申办形势的发展和竞争态势的日益激烈，游说任务越来越重。根据申办工作领导小组的决定，2001 年 8 月，上海市金融服务办公室从 10 家金融机构抽调了 10 人，成立了联络二部。全市金融系统有职工 10 万人，这 10 位骨干堪称万里挑一。2002 年 8—9 月，中共上海市委组织部又分两批从相关部门、各大企业、高校、医院等选调了更多的骨干，联络二部达到 88 人，每个人负责收集、整理、分析一个国家的资料。部内分"亚洲块""欧洲块"等，确定了各块的"块长"。

申博办"鼎盛"时期，专职申博队伍有一百二三十人。

说起当年的申博人，有一些趣事。

张黎萍是 1999 年 11 月来申博办实习的，那时她还不到 18 周岁，属于"童工"。尽管年龄小，做事却很认真，管文件、管文具一丝不苟，俨然一个小当家。申博成功后，她进入上海世博局，自学取得了大学本科文凭，考取了会计资格证书，加入了中国共产党。

罗虹据说是市财政局在执行财政资金专管制度后派出的第一名管理

人员，她当然要恪守职责，做出榜样，不辱使命。在综合部，我是她的上级。一天她向我请示，如果出访不按批件规定的路线，是否可以报账，我说当然不行。罗虹听罢拿出我和周先强、沈宇出访韩国、日本的账单说，那么这怎么办？原来，我们这次出访的正式报告中只有日本，没有韩国，罗虹是转着圈子考验我了。我解释道：因为韩国是竞争对手，我们需要去看看，但又不想惊动韩国领事馆，反正从中国去日本可以转道韩国，过境不需要签证，所以批件上没有体现。说罢，我心中略微一惊，财政局来的这位很认真啊！

张伟杰，身材微胖，一脸笑容。申博时他负责联系企业，上海世博局成立后，担任后勤保障部部长。人们找他办事，他一边说"没有问题，一句话"，一边微微摇晃，也不知道是点头还是摇头。实际上，和他相处，总感到暖呼呼的，可靠。到我写作此文时，他担任上海展览中心（集团）有限公司副总裁。

励钟贤，生于1939年，是申博队伍中年龄最大的。他曾在部队情报部门工作，退伍后到上海市贸促会，然后到申博办研发部工作，利用外语优势收集各国资料，老当益壮，为年轻人做出榜样。

当然，人一多，也必然有让人心烦的事。

比如，2000年5月15日，我们去北京参加在昆仑饭店举行的情况介绍会，回到上海已经是半夜了，我把一个小型摄像机放在办公室的桌上，没有锁进柜子。第二天，这架摄像机不见了……

再比如，人员刚集中时，由于分工不明确，难免有人没事做，有事没人做。有位年龄比较大的员工，常常每天上班后，到办公室露露面，就离开办公室到处转悠，引起其他员工议论。我即劝这位员工注意影响。我说，我们刚集中，确实很难立刻有明确分工，但你不应该每天来晃一晃就离开，如果觉得实在没有什么事，不妨多看看报纸、资料，收集媒体信息。这位员工认为我是在嘲弄，当即和我吵起来。

还有两个机构不在申博办组织系统内，但与申博密切有关。一是上海世界展览会议有限公司（简称"世展公司"），二是世博网站。世展公司是 2000 年 9 月成立的，汪均益任理事长，朱贤钢任总经理。申博成功后，世展公司的潘凡、吕疆、方颖、王炜、王英川、朱铁斌、胡修齐都进入上海世博局。世博网站是 2000 年初成立的独立经济实体，梁恭杰任董事长（梁退休后由徐祖华接替），外经贸委外事处的马化麟任总经理。小马为此付出很多的心血，先是在申博刚开始时，注册了若干个网址，以免被抢注，之后和几位年轻人在经验、资金都不足的条件下，艰苦支撑，为申博作出了独特的贡献。申博成功后，网站的张伟萍、郁蕾、袁琳等都进入了上海世博局。

这些申博人员中来得早的，一起工作了有 1 000 多天。这段经历既为这座城市作出了贡献，也极大地影响了我们自己。正如景莹在 1998 年末对我说的："我们做世博会，一辈子这么一件事也值了。"

还有一点很有趣。胡仲华、我、景莹、马化麟，分别生于 1938 年、1950 年、1962 年、1974 年，都属虎，世博会也在虎年举行，是不是一种缘分？

三、机制逐步完善

（一）不断磨合的过程

机构成立，人员到位，是一种静态的结构。而具体怎么工作，是动态的。同样的组织结构，同样的人员素质，如果采取不同的制度，工作效果也会不同。由于申博办是临时机构，人员来自四面八方，如何形成良好的工作机制，还需要不断磨合。

总的来说，申办工作涉及面很广，工作量很大，绝不是申博办这些人能够完成的。申博办其实是一个项目平台，全市的政府部门、企事业单位，包括广大市民，需要通过这个平台参与申博，发挥作用。在2001年8月29日的一次申博工作领导小组会议上，有领导说了这样一段话："我们在座的很多同志，回去后有其他工作。申博办要加强力量，要有综合考虑、总体考虑、统筹考虑。即使北京的事也不能全部靠北京。整个申办水平，主要看申博办的水平，你们的工作谁都不能替代。想不到，是你们的失职；想到了，做不到，你们也要提出来。你们要有责任感，有这个决心，其他同志全力支持。两手都要硬，两手都不可替代。"

从这一点上讲，申博办承担的具体业务并不是很多，主要是一些世博专业性很强的工作，包括与国际展览局联系、研究各竞争国动态、研究世博会的主题、完成国际展览局所需报告等。大量的宣传、规划、社会（包括企业）动员等，需要依托政府部门的现有职责来完成。因此，市政府一些部门表示，"希望申博工作能用我们的机器，而不是用我们的零件"。市领导也多次提到，各部门不要一讲申博就伸手要钱，很多工作是部门本来就要做的，是履行本职工作。

由于大家都是初次接触世博会，究竟如何把部门本职工作和申博工作结合起来，不管是申博办还是政府各部门，一开始都不是很清楚。在一次申博办主任办公会议上，有位兼职副主任说：开会要集中，需要解决什么问题，希望事先能告知，不要到时候来了，话题不集中，议而不决；我们派出的同志只是联络员，不能做决定的。

即使在申博办内部，这种临时性分工造成的相互不衔接也时有发生。我所在的综合部负责文秘、会议、人事、财务、和政府部门沟通等事项，不承担具体的申博业务。当我们需要其他部门提供资料时，个别人就会说："我们部门的东西，为什么要给综合部？"在财务制度尚未完善、难以满足办博需要时，有的部门提出能否自己部门单独设财务。这些都说明，临时机构的职能往往比较松散，需要更多的沟通协调。我在申博成功后的上海世博局里也时常观察到这一点。

（二）申博办的财务管理机制

我在大学里学的是企业管理专业。我认为，在这个不断变化的时代，临时机构可能是常态，其管理结构和工作机制很值得研究。世博会工作机制是一个很大的课题，需要全面调查。我这里重点回忆申博办的财务管理机制。

如果从 1999 年 8 月 31 日上海市政府发出《关于成立上海市 2010 年世界博览会申办工作筹备小组的通知》算起，到 2002 年 12 月 3 日，三年多时间内，从申博办发生的费用达 1.4 亿元，平均每天近 12 万元。根据我的观察，对这些费用的管理，即申博阶段的财务管理大致分为三个阶段，是一个从依附既有财务系统到逐步独立的过程。

第一阶段是 1999 年到 2000 年 2 月，这是申博工作基础阶段，费用基本上用于信息调研（如邀请国际展览局主席、秘书长访沪，出访德国、法国等）、出差北京、邀请中国贸促会领导来沪等。由于没有独立的世博会财务管理体制，因此这些费用都作为当时市外经贸委的外事经费来核销。

第二阶段从 2000 年 2 月开始，随着中央批准和国家申博委的成立，申博工作开始展开，原来纳入外经贸委外事预算框架的申博财务已不相适应。2000 年 2 月 16 日，市外经贸委、申博办联合向中国工商银行上海分行发出开列"上海市对外经济贸易委员会（世博会）"专用账户的函件，从此开始了独立的申博财务管理体系。

申博专用账户开设不久，申博办向市财政局提出了 2.05 亿元的三年总预算。预算包括的项目有：参加国际展览局各种会议及会议期间招待各国代表；接待国际展览局考察团；上海与北京的联络；市领导出访；游说出访；编写申办报告；宣传品制作；请国际公关公司；申博办办公费用（房租、维修、通信、设备、临时人员等）；信息（网站、调研）；礼品制作与采购；研讨会；汉诺威常驻团及中国馆日活动；常驻法国巴黎；不可预计费用等。

这份三年总预算的编写有个小插曲。当时我和市财政局预算处沟通后，即起草总预算，写完后在提交市财政局前要给外事处处长景莹审核。由于时间紧张，景莹出国在即，人已在浦东国际机场，我即请周琴、张黎萍两人叫了一辆出租车赶往机场（和驾驶员谈好价钱，从新虹桥到浦东机场来回 300 元）。这是 2000 年 3 月的事，当时手机还不太普及，她俩借了一台公用手机，随时和在机场的景莹联系。到机场让景莹看后，再带回申博办。

经与市财政局预算处沟通，预算先按 2.05 亿元的 60% 即 1.2 亿元执行。一个月以后，财政局派出罗虹担任财务主管，负责申博财务管理。申博办又从东浩集团调来王炜担任出纳（2001 年 2 月，王炜调到世展公司，申博办聘请了杨蓓担任出纳）。申博办没有独立的财务部门，罗虹的编制在综合部，实际工作受申博办主任领导，具体职责是：（1）监督管理市财政拨付的世博会申办经费；（2）负责制订和监督实施申博办财务管理制度；（3）协助申博办领导审核重要项目的预算；（4）负责日常财务报销工作和财务报表编制；（5）负责就财务事宜与市财政局、市外汇管理局联系（世展公司成立后，增加了与世展公司联系的职能）。

不管是 2.05 亿还是 1.2 亿，数字都很大。在市里对申博预算没有明确说法之前，市财政局只能通过上海申博办的一笔笔申请来解决。

整个 2000 年，申博办开支 1 200 万元左右。申博办分上半年、下半年两次申请。市财政局接到申请后核拨到"上海市对外经济贸易委员会（世博会）"专用账户，这个账户仍由市外经贸委财务处代为管理。我还记得当时的申博办有位工作人员在离申博办 700 米远的商店购物，因为所携物品太多，于是便乘坐出租车回到大厦。后来外经贸委副总会计师、财务处处长向月华问我，这张 700 米距离的出租车票是怎么一回事。

第三阶段从 2000 年末开始。第二阶段虽然解决了管理体制问题，但资金流转渠道并未解决。从 2001 年起，《申办报告》编写（其中又包含园区场地规划编制）、出访游说、参加国际展览局大会进行陈述（其中又有申博宣传片的拍摄）、接受考察等大项目逐次展开，依靠财政局临时拨款或一事一报的办法已难以为继。

2000 年 7 月，市政府办公会议决定，由市外办、市外经贸委分别牵头成立上海会展公司和上海世展公司，分别承揽 2001 年 APEC 会议和申办 2010 年世博会。上海世展公司的注册资金为 1.2 亿元，投资方是东浩集团、上海国有资产经营有限公司（简称"国资经营公司"），不过这 1.2 亿元不需要这两家公司出资，而是由市财政局分别向东浩集团和国资经营公司注入 0.6 亿元，再投向世展公司。公司成立的初衷，就是在上海世博会申办工作领导小组办公室指导下，保证申办的必要开支，经营世博会申办工作中由企业承担的市场运作项目，同时承揽其他大中型会展业务。

2000 年 8 月 29 日、9 月 8 日，上海世展公司召开两次理事会会议，我作为世展公司推进小组成员列席会议。会议通过了东浩集团和国资经营公司关于成立世展公司的协议书、理事会章程和公司章程；决定由汪均益担任公司理事长，东浩集团董事长黄耀文、国资经营公司总裁祝世寅担任副理事长，东浩集团常务副总裁王烈、东浩商展总经理龚维刚、国资经营公司副总裁庄国华、国资经营公司财务融资部副总经理陈刚、市计委贸发处处长王思政、市财政局企业财务处副处长曹吉珍担任理事，聘请朱贤钢担任执行理事、总经理，市财政局企业财务处处长任广辉担任财务总监。

2000 年 9 月 16 日，上海世展公司成立。之后，市财政局用于申博的 1.2 亿元资金即通过公司投入到具体项目中。具体做法是：申博办每半年向公司发出"半年度申办预算通知"，预算包括用于申办工作的政府行为和市场采购两类需要，其中用于政府行为的划入申博办专用账户，用于市场采购的按申博办通知，从世展公司直接到相关企业。

如果说，第二阶段的专用账户和委派财务主管解决了财务管理体制，那么世展公司的成立解决了资金流转渠道。就申博本身来说，这已经足够了。但这种做法留下一个问题，即这 1.2 亿元资金是世展公司的资本金，如果作为可消耗的流动资金，以后如何补足资本金？当时，这个问题没有很明确的说法，以致到上海世博局成立以后，还留有后遗症。

第三章　走向国际

　　整个 1999 年，申博项目基本上是在内部运行，没有在社会上宣传。2000 年初的一天，我在出租车上听到广播里说浦东要举行"世博会"，大吃一惊。当时确实已有方案，要把上海世博会园区设在浦东黄楼地区。难道开始公开宣传了？我到办公室后，一查询，原来是关于"世界企业孵化与技术创新大会"的报道。这个简称为"世孵会"的国际会议，准备于 2000 年 4 月 18 日至 19 日在浦东召开。

　　不宣传，不是因为不想宣传，而是不知道该说什么。无论是 1999 年初提出申博请示的市外经贸委，还是后来成立的上海申博办，都对世博会不甚了解，因此，更重要的不是对外发出什么信息，而是向内吸收什么信息。当然，国际社会是敏感的。在我们走向国际、吸收信息的同时，也传递了中国申博的愿望。

一、多渠道了解信息

"吸收信息，了解世博"这项工作，1999年主要通过三条渠道进行。

一是拜访中国贸促会。据了解，1979年1月1日中美建交时，美方为了表达善意，特意邀请中国参加将于1982年在美国诺克斯维尔举办的以"能源"为主题的世博会。中国方面接受了邀请，由当时负责全国出国展览业务的中国贸促会承办中国参加世博会事宜。之后，中国贸促会牵头参加了历届世博会，并基于北京申办1999年世界园艺博览会的需求，于1993年申请加入了国际展览局（因为非成员国不能举办世博会）。中国政府派驻国际展览局有三位代表，中国贸促会副会长是首席代表，另外两位代表由外经贸部司局级官员、中国驻法使馆公使担任。中国贸促会为我们提供了中国参加前几届世博会的材料。我印象很深的是中国贸促会展览部刘晓冬写的关于世博会的背景、历史介绍，他的这篇文章是我系统了解世博会的开始。

二是请上海市市长国际企业家咨询会议协助。1999年11月，上海举行第11次上海市市长国际企业家咨询会议。外国企业家确实很敏感，他们未必是世博会专家，但他们在得知上海申博意向后，很快就了解了很多信息，在当年的咨询会议上踊跃发言。

申博办没有参加这次咨询会议。会后，咨询会议秘书处为我们提供了会议材料，我编入了1999年8月开始的申博办简报。这些信息，在当时非常有价值，对我们的下一步工作很有帮助。

外国企业家们提供的信息主要是：（1）基本情况。包括对国际展览局、综合性世博会和最近几届世博会的情况以及世博会成功举办一般条件的介绍。有位企业家引用了国际展览局主席菲利普森的话，认为昆明世博会的成功证明了发展中国家可以成功举办世博会。（2）对中国申办策略的建议。包括日本与加拿大竞争2005年世博会情况、历届世博会举办国是否在各大洲转移的分析、如何看待游说作用，等等。（3）关于场地的建议。包括国际展览局关于场地的选择标准、历届世博会后留下的地标情况。（4）关于主题。包括主题在申博竞争中的作用、历届世博会主题选择、主题的国际性应重于民族性的分析、关于采用"生态"作为主题的分析、关于将中国古代航海作为主题的设想，等等。（5）关于日本2005年世博会的情况介绍。

平心而论，这些信息未必准确、到位，但是从中可以体会到外国企业家的一片苦心。而且在当时，在我们对世博会了解甚少的时候，这些信息还是很解燃眉之急的。

三是邀请国际展览局高层来访。经过中国贸促会牵线搭桥，1999年11月初，上海市政府邀请国际展览局主席菲利普森、秘书长文森特·冈萨雷斯·洛塞泰斯访问上海。根据我的统计，到2010年10月末上海世博会闭幕，国际展览局秘书长洛塞泰斯到中国来了34次，1999年11月是他的第一次。这次访问既让国际展览局亲身体会到中国的申博决心、上海的办博能力，也使我们进一步了解了申博程序、世博会举办要求等权威信息。

11月2日，徐匡迪市长在金茂大厦会见菲利普森和洛塞泰斯，市外经贸委主任朱晓明陪同会见，市外经贸委外事处王军玮担任翻译。当天下午，王军玮回到办公室，拿着翻译时的速记本，拉着我坐到电脑前，他口授，我打字，我们一边讨论一边整理，很快完成了一篇《国际展览局官员访问上海》简报。简报把菲利普森和洛塞泰斯的谈话分为"七条信息"和"九点意见"。

其中，七条信息是：（1）申请函的格式要求；（2）缴纳注册费的规则；（3）申办文件的工作语言；（4）到当时为止，有哪些国家已提出申办 2010 年世博会；（5）小国家在国际展览局里的重要性；（6）历届世博会国内外游客的比例情况；（7）国际展览局官员考察申办城市的必要性。

九点意见是：（1）"中国申办 2010 年世博会有很好的机会。"两位官员谈了这次访问中国的印象，认为最后的结果取决于投票，但上海是一个面向未来的城市，对各个成员国都很有吸引力。（2）"希望中国早日确定派驻代表。"因为外经贸部派驻国际展览局的代表迟迟没有到位，菲利普森建议中国尽快派员入驻，以便开展工作。2001 年底，经过沟通协调，外经贸部同意上海申博办副主任周汉民使用外经贸部的名额，出任中国政府驻国际展览局代表。（3）"不宜在今年的国际展览局大会上宣传申办意向。"两位官员认为，过早宣传对申办不利。但后来的情况证明，他们也很灵活，一个月之后，在洛塞泰斯的推动下，中国成为第一个在国际展览局大会上公开表示申博的国家。（4）"充分利用明年汉诺威世博会宣传上海。"（5）"要重视政府与企业的合力。"（6）"要重视主题的选择。世博会的投票选择是政治性决定，是一个国家的政治决策。但有些国家关心的是经济利益，好的主题必须能引起各国经济界的兴趣。"（7）"对硬件设施的建议。上海是一个大城市，场地控制在 250—270 公顷比较合适。"后来，上海世博会的实际围栏区为 328 公顷。（8）"一旦承诺，不能放弃。匈牙利、菲律宾申办成功后再放弃，造成极坏的负面效应。"事实证明，这一点是国际展览局最不需要担心的。（9）"希望中国支持摩纳哥人担任新一届国际展览局主席。今年 12 月 8 日召开国际展览局大会，将选举国际展览局新主席。"菲力普森希望中国能投摩纳哥人吉尔斯·诺盖斯的票。这也许是他们此次来访的唯一"私货"。

毫无疑问，这些内容是我们当时收到的最权威、最需要重视的信息和建议。这一期简报发出后，徐匡迪市长马上作出批示，请申博办把这期简报传到国务院新闻办公室主任赵启正那里。

二、初次宣布

国际展览局每年举行两次代表大会，由各国驻国际展览局代表共同参加。在菲利普森、洛塞泰斯离沪一个月之后，1999 年 12 月 4 日，上海派出以市政府副秘书长、市外经贸委主任朱晓明为团长的访问团赴法国巴黎拜访国际展览局，并列席国际展览局第 126 次代表大会。这是上海自决定申博以来首次组团拜访国际展览局。12 月 6 日，菲利普森、洛塞泰斯在国际展览局总部会晤朱晓明一行，中国政府驻国际展览局首席代表、中国贸促会副会长刘福贵同时在座。

朱晓明表示非常高兴再次见到菲利普森、洛塞泰斯，并就申博事项再次请教两位。菲力普森和洛塞泰斯详细回答了上海提出的问题。

随同访问的市外经贸委外事处解冬担任翻译，事后她很快传来会谈记录，我也很快编辑成简报。和 11 月初他们访问上海时的谈话一样，这些内容的权威性不容质疑，对我们编制今后几年申博工作计划有很大的价值。会谈大致内容如下。

关于申办程序。菲利普森和洛塞泰斯明确说：正式提出申办要求不得早于设想中的世博会开幕日的前九年。所有要求申办的国家必须在第一个国家提出申请后的六个月内提出自己的申请，但第一个申请没有特别的意义。中国政府可以根据本国情况确定提交申请信的时间，不一定要第一个提交。

关于申请函的形式和内容。申请函由中国政府提出，国家主席（或总理、副总理、外交部长签署），通过外交渠道（即中国驻法国大使）提交。

关于申办程序。申办国提出申请后，国际展览局将组织对申办国的考察。2010年世博会申办的投票表决大致在2002年6月至2003年6月之间的某一时间举行。

此外还介绍了投票表决方式、目前申办国情况，讨论了社会宣传、外交游说的策略。

我们不知道国际展览局的这两位高官是否同时接待了其他申办国的代表团。当时的感觉是他们很支持、很希望中国能够赢得举办权，只不过囿于身份，不能明确表示，而是尽量热情，让我们去体会他们的立场。

此次拜访国际展览局，有一个意想不到的情况：11月初国际展览局这两位高官访问上海时，建议中国不要急着宣布申博。而此次访问得到的信息是，韩国、阿根廷将在大会上宣布申办2010年世博会。洛塞泰斯表示，如果中方希望表达申办愿望，他可以给予安排，让中国成为第一个宣布的国家。但在国际组织大会上宣布中国申博立场，属于中央政府的行为，一定要事先得到外交部批准。由于11月的信息，不管是朱晓明所带领的这个访问团还是刘福贵首席代表，事先都没有这方面的准备。如果按照洛塞泰斯的建议宣布，那就需要立即向国内请示。

事态的最终走向是，1999年12月8日，中国政府驻国际展览局首席代表刘福贵在国际展览局第126次大会上发言说："1999年昆明园艺博览会是中国第一次举办这一类活动，但这绝不会是最后一次，因为今天，我要在这里正式宣布：中国政府支持上海申办 2010 年世博会，希望成员国能给予我们大力支持。"于是，中国成为在国际展览局会议上第一个提出口头申请的国家。

这个宣布是如何得到国内批准的，长期以来我听到的说法不一。最初的说法是刘福贵获知洛塞泰斯的建议后，马上打电话给国内，中国贸促会派员到外交部坐等，很快得到批准并通知在巴黎的刘福贵。整个过程也就是三四个小时。后来我又看到有回忆文章写道，朱晓明团长在会见洛塞泰斯后，打电话到上海，请示黄菊同志，黄菊在与外交部沟通后，同意表态。

2017 年 10 月，我开设了一个微信公众号，发一些世博回忆文章。我约了上海市外办的申博同事杨伟皓写文章，又经她联系，2018 年 1 月 12 日，我和原市外办综合业务处处长郭企元餐叙。郭企元是市外办老前辈，长期从事上海地方外事工作。席间谈起往事，郭处长说，关于世博会，他有一件事很难忘，就是 1999 年 12 月参加国际展览局大会，突击请示国内，把握住一个很好的机会。我一听，这真是踏破铁鞋无觅处，得来全不费工夫啊！我马上请他详谈，当场作了记录。回家后我整理了一下，请杨伟皓转给郭处长审定。这样，从洛塞泰斯先是建议中国不要主动表态，到后来建议中国表态，这个转变得到中央政府批准的过程，终于形成闭环。

遗憾的是，郭企元已于 2019 年 10 月逝世；同时我也感到有点侥幸，如果杨伟皓当时没有邀请郭老师，或者郭老师没有主动提到这件事，是否这个转变的细节就湮没了呢？

以下是郭企元审定过的《关于中国首次宣布申博情况的回忆》，谨以此文作为本章的结束，也以此文寄托我对郭老前辈的思念。

1999 年 11 月，市领导召集市外经贸委朱晓明、市政府发展研究中心朱林楚、市外办我等几人开会，要求尽快组团访问国际展览局，和对方就中国申博事宜进行沟通。领导强调，到了巴黎，多听情况，少讲话，如果真的需要有什么表态，要请示中国驻法使馆党组。12 月上旬，朱晓明率团出访巴黎，团员有胡仲华、景莹、陈静溪、周先强、解冬和我。

到了巴黎，在拜访了国际展览局主席、秘书长后不久，因市外经贸委系统有急事，根据市领导的要求，朱晓明和周先强提前回国。我们其余人留在巴黎继续出席国际展览局会议。

12 月 6 日，大约下午 5 点，国际展览局秘书长洛塞泰斯约见我们一行。洛塞泰斯说："据了解，阿根廷、韩国将在 12 月 8 日上午国际展览局第 126 次大会上提出申办 2010 年世博会。中国是否要发言表态，请你们决定，如果要发言，请告诉我，以便提前安排。"

洛塞泰斯离开后，我们立即赶赴驻法使馆。下午 6 点半左右，我们来到中国驻法国大使馆。此时使馆已闭门。在和中国籍门卫交涉时，使馆走出一人，恰好是我认识的外交部原新闻司干部马德云同志。我和她简单说了情况。马说，吴建民大使现在不在使馆，而且接下来还有几档活动，一时不会回使馆。你们或者向赵进军公使汇报吧。

我们向赵公使简单汇报了情况。我们说，关于申办 2010 年世博会，代表团如果要表态的话，恐怕要北京点头才行。而且在行前，上海市领导指示过我们，如有紧急情况要向使馆党组请示。赵公使当即要求我们起草拟发回国内的情况汇报。赵公使说，现在国内还是下午上班时间，这个情况汇报他请吴大使签发后马上发回国内，并请我们回去等消息。

我们离开使馆回到宾馆已经是晚上 8 点，大家都无心休息。第二天一早，吴建民大使的秘书来电，邀请我们去大使官邸共进早餐。见到吴大使后，大使拿出国内回电，一字一句读给我们听："中国政府支持上海申办 2010 年世博会。"

我们非常高兴，马上与中国贸促会驻巴黎办事处联系。于是，就有了 12 月 8 日中国驻国际展览局首席代表刘福贵宣布中国申博这样一个举动。

第四章　参与主题研究

上海世博会的主题研究，从 1999 年就开始了。申博阶段，这项工作由市政府发展研究中心牵头，我作为专职申博人员，也参与了此项研究。在这里，我从个人角度，回忆我所了解的主题研究过程。

上海世博会的主题研究和呈现，贯穿整个申办、筹办、举办过程。"主题演绎"是后来出现的新名称。我虽然直到 2006 年 6 月才担任刚刚成立的主题演绎部部长，但在早期的文字工作中，也不同程度地参与了这项具有挑战性的工作。

"主题演绎"（theme development），按照国际展览局的要求，包括了从主题确定到项目落地的全过程。在与世博局的长期沟通中，国际展览局都是从这个角度提出要求、批评和建议的。今天回顾起来，主题演绎分为三个阶段：主题选择和表达，主题理念的阐述和深化，主题项目呈现。

在申博阶段，1999 年、2000 年主要做了主题范围选择和主题词的选定，即上述第一、第二个阶段。在办博阶段，主要是继续进行主题理念的阐述和深化。2005 年起，逐步进入主题项目呈现，即主题如何体现在展览、论坛中。

一、"主题演绎"起步

1999 年 5 月底的市政府常务会议决定，由市政府发展研究中心负责世博会主题研究。我作为申博工作筹备人员，也参与了中心的研究。这项研究由市政府发展研究中心主任王战领衔，副主任朱林楚具体负责。林楚是一位亦兄亦友的领导，他曾动过大手术，走路慢悠悠，说话慢声慢气，但思维很敏锐，讨论时略一思考，就能说到点子上。20 年后，即 2019 年，朱林楚兄在担任《上海经济年鉴》主编时，我还和他有过合作。

办博时我听到一个说法：世博会的主题是从 1933 年开始的。一查，好像是这么回事，但同时我也产生了疑问，1933 年之前的世博会，难道没有动机，组展参展难道没有指导思想？

其实这是把"主题"（theme）和"标题"（slogan）混淆起来了。

世博会的主题，应该是办博的初衷。任何一个大型活动都有强烈的目的，或为了展示成就，或为了推销某个想法。1933 年之前的世博会，实际上是在推介"科技发展推动人类进步"；每一届世博会上，参展国都争相展示本国的新成就，客观上表现了"知识就是力量，科技改变一切"这样的思想。也正因为如此，出现了"一切始于世博会"这样的说法。

1933 年的世博会有了一个明确的标题——"一个世纪的进步"。之后每届世博会都有一个"标题"来体现组织者希望展现的"主题"。

上海世博会的主题研究，不是灵机一动的结果，不是头脑风暴瞬间出现的"绝句"，而是经历了定原则、定范围、定表述、定副主题、定核心思想等几个阶段。世博会申办成功后，有人说"我参与了世博会主题讨论，这个主题是我确定的"，有人说"这句话是我想出来的"，还有人说"是我把上海世博会的主题从中文翻成英文，我是英语表述的作者"。当时世博局办公室收到此类信，都转给我，由我来起草回函。如果他们都是原创者，为什么不继续解释上海世博会主题内涵呢？为什么只停留在一句话上呢？当然，上海世博会主题的中文表述过于简单，这是一个缺陷，需要世博局不断解释。如果以后再有类似项目，这是一个教训，要加以吸取。

二、1999—2000 年，主观努力和外援的结合，确定原则、范围

（一）确定主题选择的原则

1999 年 8 月，上海市 2010 年世界博览会申办工作筹备小组成立。从 8 月初起，我所在的申博办综合部开始编辑简报。最初的几期简报，除了几次必要的会议信息外，就是主题研究成果的通报。9 月底，上海申博办研究发展部部长、市政府发展研究中心处长许学石给我发来近三个月的主题研究情况，我马上编了第七期简报《上海 2010 年世界博览会主题研究》。

主题研究组成立之后，研究了历届世博会主题选定的背景、特征和 2010 年国内外的发展背景和趋势，并提出上海世博会的主题选择应遵循以下原则。

（1）体现时代特征。应反映人类社会发展的主旋律，代表当时生产

力的水平。21世纪世界发展的主流将是合作、和平、可持续发展等，因此，上海世博会的主题应体现这些特征。

（2）体现举办国家的特色和地区特点。具体来说，应有利于展示中国、上海的历史和文化，特别是改革开放以来经济社会发展取得的巨大成就。

（3）可参与度大。主题内容应有一定的广度，体现全人类的共同兴趣，能激起社会各界的广泛兴趣，增强世博会对世界各国的吸引力，有利于所有国家前来参展，而不是只关注少数政治大国、科技强国的热点。

（4）可展示性强。应体现虚实结合的原则，内容丰满实在，能通过各种手段表现出来。

（5）具有可塑性。1999年距举办日超过了十年，在此期间，世界、中国、上海都可能发生变化，因此，今天确定的主题应具有可塑性。

（6）与节庆相结合。历届世博会中，很多是与节庆相结合的。2010年是上海浦东开发开放20周年，上海世博会可与这个纪念活动结合起来。

（7）能融入主办单位的意图。我们举办世博会的目的，是向世界展示上海的成就，促进世界人民对上海的了解。但世博会是平等交流，不是自我表现，世博会不带政治色彩。

（8）主题词具有广告语色彩。世博会的主题词应易翻译，让外国人一看就懂，且朗朗上口，便于记忆和传播。

（9）可比优势。目前已有若干国家提出2010年世博会的举办申请。上海在申办中，主题选择是一个竞争，应注意可比优势。

以上九条原则，有的非常关键，有的是策略建议。以后几年的主题研究，基本上符合这些原则。我在之后的主题宣传稿中，特别强调三点：一是时代性，即当代国际社会面临的重大话题；二是独特性，即虽然大家很关注，但是以往世博会没有出现过；三是普遍性，即不论大国小国、内陆国海洋国都可以展示，诸如外太空、基因工程、海洋等，虽然也是重大话题，但是一些国家无法展示。

（二）自主研究和外援结合，确定主题范围

1999 年 10 月以后，根据上述原则，主题研究小组开始探索主题选择的范围。经过多轮专家咨询，研究小组归纳出六组主题：以城市为主线；以文明和文化为主线；发散性思维（如"已知与未知""人：现在与未来""多元世界——理解与沟通"）；以探索与创新为主线；以环境为主线；以信息为主线。最后集中到六个主题，即"人、城市与环境""面向信息时代""已知与未知——信息时代的都市圈""多元的世界""沟通与跨越——科技与文化""探索与创新"。

恰好在这个时候，上海的申博工作获得了国际支持。

1999 年 11 月举行的第 11 届上海市市长国际企业家咨询会议讨论了上海申博工作，并对主题选择提出了建议。具体包括：（1）申博竞争中最重要的是要有一个有吸引力的主题。优秀的主题能使不同的展览得到统一。世博会应强调教育意义，而不单纯是经济或艺术的展现。（2）早期世博会，工业化主题比较多，其次是新技术的前途和未来世界发展方面的主题。近年来，生态和大自然环境很受重视，但同时要指出，2010年世博会再用这个主题就显得重复。（3）如果选择具有纪念意义的事件，应该是国际性的，而不是民族性的。葡萄牙里斯本纪念达伽马发现印度航线 500 周年的主题就非常成功。上海应该避免只有东方意义的主

题，比如说对辛亥革命 100 周年纪念日，很多国家就没有共鸣。（4）现在申办，信息技术是个有吸引力的主题。但要注意突出信息技术的教育意义而不是商业意义。作为移民城市，凡是能突出上海工业发展，以及独特的历史和技术方面的主题，对发达国家和发展中国家都有吸引力。（5）上海的申办主题也可以同与国外交往的历史有关。例如，纪念 15 世纪航海家郑和诞辰 600 周年，应该会很成功。因为郑和从明朝的海岸到亚太国家、印度、中东、非洲的航海有很强的教育意义。作为一个航海家，郑和对西方国家而言比较陌生，但在发展中国家广受欢迎。

1999 年 11 月初，国际展览局主席菲利普森、秘书长洛塞泰斯应邀访问上海，他们对上海世博会的主题选择提出了非常重要的建议。

徐匡迪市长在会见两位高管时就上海世博会主题的选择谈到，2002 年就要投票决定承办城市，因此我们必须提前十年就确定 2010 年的主题。十年的时间很长，会有很大的变化。比如，当年汉诺威申办 2000 年世博会时，很难知道今天会进入信息时代。所以恐怕我们也很难预测十年后将会是什么样的时代，只能定一个笼统的、比较大的主题。

对此，洛塞泰斯回应道，作为申办城市，一开始只能提出一个宽泛的主题。这个主题以后会不断发展，随着时间的推移，也可以增加几个副标题，以便吸引参展。真正确定主题，是在登记注册承办前的四到五年。所以，主题在不断调整，直到最后注册。汉诺威一开始的主题是"人、自然、技术"，随着时间的推移，又加入了一些更具体的内容，比如，联合国有关会议上讨论过的人类社会可持续发展 21 世纪议程、健康、教育与环境等。

菲利普森谈了一段历史。20 世纪 80 年代，日本处于经济上升时期，举办世博会的愿望很强烈，遂决定在 1996 年举办东京世界城市博览会。

但到了 90 年代，经济泡沫显现。1995 年 1 月 17 日，日本发生阪神大地震后，政府对举办大型活动持谨慎态度。3 月 20 日，发生东京地铁毒气事件，12 人死亡，5 000 多人受伤。4 月，东京举行地方选举，有候选人表示，一旦当选，将停办世博会。5 月底，青岛幸田当选为东京都知事，宣布取消 1996 年的"世界城市博览会"。

菲利普森对日本东京取消原计划在 1996 年举办世界城市博览会表示很遗憾，他很希望上海世博会能以城市为主题。不仅如此，他还在结束访问离开上海之前，专门写了十条上海世博会主题表述的建议，每条都含有"城市"，有九条含有"生活"。这十条建议是：

Life in big cities;

Better life in a big city;

Quality of life in the city;

Towards a better life in the city;

The city—home to millions;

Life in the city—future trends;

Future life in the city;

Big cities and quality of life;

A better life in the city;

City—quality of life.

2000 年 3 月，新当选的国际展览局主席、摩纳哥人诺盖斯接受上海申博办的祝贺并来信明确表示"上海申办能否成功，主题选择是关键"。信中建议，世博会主题要有时代感，并能同主办国的特点有机结合。城市问题越来越受到世界的关注，如果上海能对 21 世纪城市发展提出新的想法，例如城市应该如何把工商、金融、文化、娱乐、教育、生活、环境等各因素协调起来，把办法和前景展现在观众面前，那么一定会受到欢迎。

可以说，国际展览局的意见，在我们之前研究的基础上，帮助我们下决心，对我们选择将城市作为主题起了"临门一脚"的作用。2000 年 4 月 17 日，徐匡迪市长会见来访的诺盖斯及其夫人和洛塞泰斯，明确了这个思路。在会见诺盖斯、洛塞泰斯时，徐匡迪谈了上海方面对主题的思考。徐匡迪透露，我们将从"提高大城市的生活质量"这一角度来考虑主题。作为市长，他面临很多值得探讨的问题，包括老龄化、终身教育，还有休闲、健康等。这些都可以融入"提高大城市生活质量"这一主题，加以认真探讨。

2000 年 5 月 15 日，国家申博委在北京昆仑饭店举行情况通报会，向外国驻华使节、记者介绍中国申博情况。我负责起草领导讲话稿，经申博办领导研究，最终提供的徐市长讲稿中有这样的话："上海世博会的主题将围绕'城市、环境、生活质量'这些概念展开。"

三、主题表述和副主题设计

（一）主题表述

主题范围确定后，接下来就需要研究如何表述。

在 2000 年 4 月初举行的国家申博委第一次会议上，国务委员吴仪要求上海方面就主题选择请教国家科技部。5 月中旬，我在参加北京昆仑饭店举行的情况通报会期间，陪同朱林楚副主任和上海市科学技术委员会（简称"科委"）副主任张鳌拜访国家科技部副部长邓楠。朱林楚介绍了上海对主题的研究思考，表示目前范围是"城市"，但究竟如何表述，还需要斟酌。我们定了几条原则，其中有一条就是具有广告语色彩、易传播、易记忆、易翻译，让外国人一看就懂，朗朗上口。比如北京申奥口号"新北京，新奥运"就很好。我们有一个考虑，就是"新城市，新生活"。

邓楠首先赞扬了上海，说上海的申办准备很充分，在主题研究方面已做了许多工作，希望能选好主题，争取申办成功。大家都认为，上海人做事可靠。关于主题表述，她谈了几点个人看法。

第一，"新城市，新生活"这个主题不错，符合上海的特点。不过与北京申奥口号"新北京，新奥运"有点相似。第二，"新世纪的探索""沟通与跨越"这些主题不错，有时代特征，可以做副标题。副标题的内容还要广泛一些，这样可以增加各国参展的不同切入点，以便各国自己进行选择。第三，世博会有不少年轻人参加，主题太务实，对他们吸引力不大。因此最好还要有"未来"的含义，增加想象空间。

之后几个月，主题研究小组邀请广告界人士、高校外语专家座谈。2000年7月，主题研究小组在复旦大学召开复旦大学、上海交通大学、上海财经大学、华东师范大学四校研究生征询会，还在网上就世博会主题表述征询意见，收到320多个提法。11月，主题研究小组再次在复旦大学召开专家座谈会，邀请该校外文系的资深教授就主题的英语表述和翻译提建议。

关于如何表述主题，专家们提出了不少有价值的意见。比如城市（city）的概念需进一步界定清楚，以免引起误解。因为未来城市和乡村差距越来越小，在主题阐述中要将城市（city）说清：上海主题中所说的城市（city），包括大都市（metropolis）、城市（city）和小城镇（town）。

还有，当时有专家认为，"新城市，新生活"这个提法中的"新"字易引起误解。一方面老城市生活不一定不好，另一方面究竟以什么来衡量"新"很难界定。"新"的对立面可能是"旧"，也可能是"传统"。"旧事物"当然应该否定，但"传统"却未必没有价值，有的传统是需要保存、保护的。

经过几个月的讨论，最终确定了今天广为传播的"Better City, Better Life"。专家认为，这个表述一是含义明确，既要追求"Better"，又不乏想象空间；二是语意温馨，专门研究西方语言的专家很强调这一点，认为它虽不像"挑战""超越""创新"那样动感、响亮，但亲和力强，有利于英语国家的接受和参与；三是简洁，20个字母组成几个单词，略懂英语的人都知道是什么意思，在非英语国家也叫得开，连用两个"Better"，易记易读，有韵律。

这个主题是先有英文，再翻译成中文的。关于中文表述，据朱林楚介绍说，有点周折。当时他们向市领导汇报时，采用了直译方式，即"更美好的城市，更美好的生活"。有位市领导直摇头说，中文表述太平淡，缺乏激情，不够响亮。于是，研究小组又开始苦思冥想，绞尽脑汁。在回顾1999年以来的主题研究全过程时，研究小组想起为了确定将城市作为主题，曾经阅读过的亚里士多德的一句话："人们来到城市是为了生活，人们居住在城市是为了生活得更好。"于是，"城市，让生活更美好"脱口而出，从直译变为意译，从某种程度来看，既表达了英文主题的内容，又体现了中华文化的创意。

2000年11月30日，上海申博办向市政府提出关于主题表述方案的请示，徐市长批复同意。至此，上海世博会主题的英文、中文表述都已确定。

后来，景莹对我说，英语表述是在中国贸促会副会长刘福贵建议基础上形成的，刘福贵曾提出"Better Environment，Better Life"。刘会长已仙逝，今天，我们回顾主题表述的产生，借此奉上一瓣心香！

（二）副主题设计

2001年春节后，申博办的一项主要工作是牵头编写《申办报告》。这个报告的一个重要内容是深化主题，包括这个主题包含哪些具体内容、如何应用于展示等。主题研究小组在1999年和2000年工作基础上继续研究。2001年秋完稿的《申办报告》中文版提出了四个副主题，即城市多元文化融合、城市新经济繁荣、城市科技创新、美好城市社区的重塑。前三个可以说是"Better City"的展开，即什么样的城市是美好的；第四个副主题是"Better Life"的具体化，即美好生活应落实到社区。

这一年，我基本上没有参与主题研究组的讨论。据了解，这四个副主题也是经过了好几轮反复而成的。《申办报告》定稿时，我们都认为，这几个副主题很理想。

在《申办报告》编写过程中，申博办一直保持与国际展览局的联系，编写小组也时刻关注国际社会对城市、生活的思考。在研究中，编写小组注意到发达国家存在反城市化的倾向，出现从城市到乡村的趋势，因此认为只强调"从乡村到城市"的趋势而忽视乡村本身，不一定能得到发达国家的共鸣。随着认识的深化，2001年底，在《申办报告》准备付印前，编写小组在原来的四个副主题的基础上，增加了共计59个字的一小段话，标题是"城市与乡村的互动"。于是，在2002年1月31日中国向国际展览局提交的《申办报告》中，有五个副主题。而我电脑里保存的《申办报告》（照相版）中，还是四个副主题。

事实证明，最终版增加的这 59 个字非常有必要，国际展览局对主题中增加"乡村"的内容十分关切。2002 年 3 月起，国际展览局组织了对五个申办国的考察。在对上海考察时，考察团认为在赞扬城市的同时，不能忽视农村。

四、确定主题核心思想

（一）中文表述有缺陷

2000 年申博办完成了主题表述，2001 年完成了副主题设计。然后，这个主题就随着申博工作社会化而广为传播。而中英文的含义有着微妙的差异——英文是两个"美好"并列，中文则把城市作为生活美好的前提。这个差异开始被社会关注，特别是申博成功后，在办博过程中，我所在的主题演绎部在主题宣传中，不断接触到各种质疑。有专家问，为什么要如此歌颂城市？也有人发表演讲"城市，让生活更糟糕"，举了很多例子，倒也不是胡说八道。网上也出现一些议论："上海世博会提出了一个奇怪的口号，城市让生活更美好，难道乡村就让人们生活不好吗？"提出疑问的很多人是出于好心。有位市民来信说，这个主题不妥，我约他来上海世博局谈，见了面才知，他是一位住在杨浦区的 78 岁退休教师。我很不好意思，连连道歉。我解释了这个主题表述的来龙去脉，他表示理解，但也认为，如果需要这样补充解释，那至少说明表述有缺陷。对这一点，我很赞同。

实践是检验真理的唯一标准。如果一句口号引发了复杂的社会反响，有同意，有理解，有误解，有反对，那么恐怕不能说这句口号完美无缺。

（二）副主题加核心思想才是完整的

上海世博会筹备期间，我作为主题演绎部负责人，参加了一些世博讲座。我在主题宣传过程中，思考、辩解了中文表述容易引起误解这样一个现象。我力图解释，这句口号当时是考虑了广告效应，但是语句一简单，确实容易被误解。现实生活中，这样的例子很多，比如说"生命在于运动""时间就是金钱"，这些判断都有道理。但如果这些提法被绝对化，那么都是站不住脚的。我的理解是，"城市，让生活更美好"是对的，但也是有条件的，就是必须克服"城市病"。而上海世博会恰恰就是展示我们如何克服"城市病"、如何使城市能够让生活更美好。说心里话，我当时对那些把这个中文表述往死胡同里推的做法有点反感，觉得那些说"城市让生活糟糕""难道乡村让生活不美好"的人是钻牛角尖，但是我不能直接反驳，只能在力所能及的范围里努力解释，当然，效果也有限。

2006年末，由于国际展览局秘书长洛塞泰斯的推荐，西班牙专家卡门·布宜诺女士来到世博局，担任我们的主题演绎顾问。我至今觉得她的思路对上海世博会的展馆策划很有启发，甚至对很多展览都有价值。她明确反对"符号指挥思想"的做法，认为展示策划应该从你想表达什么思想出发，而不是一开始就想"我进了展馆，左边看什么，右边看什么"。因此，她首先和我们讨论了"城市，让生活更美好"这个主题的内涵。她没有从几个副主题深化下去，而是另辟蹊径，认为要从人、城市、环境三个角度来思考城市和生活的关系。最终上海世博会主题的核心思想形成，即必须达成"人、城市、环境三者和谐"关系。

卡门女士的这个思路和上海在申博开始时的主题研究，恰如一张唱片的 A、B 两面。如果说，申博阶段关于副主题（新经济、科技、文化、和谐社区）的设计，提出了"城市能够让生活更美好"的判断，那么办博阶段提出的核心思想，则是回答了"城市如何让生活更美好"的使命。如果没有"能够美好"的判断，人们不愿意生活在城市里；如果没有"如何美好"的努力，人们同样不可能生活在城市里。从传播角度来看，展现"人、城市、环境的和谐关系"更符合当前人们对城市的喜忧交加的复杂情感，比单纯歌颂城市更容易被接受。因此，在 2005 年完成的《中国 2010 年上海世博会注册报告》（简称《注册报告》）中，关于主题馆的篇章介绍了根据五个副主题而设计的五个主题馆。而实际上，从 2007 年开始，主题馆的布局不再以五个副主题为依据，而是设计为"城市人馆""城市生命馆""城市星球馆""城市足迹馆""城市未来馆"。

第五章 "跑部进京"

举办世博会是国家行为，这注定上海的申博工作必须在中央政府领导下进行。1999年末开始，我们就不断"跑部进京"，求得中央有关部门的支持。

一、忙碌的两天之行

这里回顾一下2001年1月9日、10日两天的在京活动。

2000年，国家申博委成立，申博工作全面启动。根据外交部的要求，在2001年7月奥运会申办结果揭晓之前，申博工作主要在国内进行，外交游说暂缓。眼看2010年世博会的几个竞争国家动作不断，我们很着急。根据了解到的信息，2001年5月，各申办国家可以向国际展览局提交申请函。我们考虑，提交申请函这项工作，可以成为一个重要抓手，带动其他工作进行。2001年初，申博办总结2000年工作、思考新一年的工作计划，需要得到中央有关部门指导。1月9日上午，我和周先强、周琴陪同汪均益、陈志兴、徐兆春飞北京。

（一）拜访中国贸促会

1月9日下午2点，我们拜访中国贸促会，见到会长俞晓松、副会长马跃，以及徐晨滨、赵会田、于江、刘晓冬等。

俞晓松说："我一会儿还有事，先说几句。关于游说，一要积极，二要恰当，三要用好各方面资源，要请熟悉的人。中国贸促会有能出力的地方，一定会出力。但是现在还有APEC会议筹备，人手比较少。"

汪均益说："我们经常到北京，向几个主要部门求助。这次来北京求助，希望能尽快明确全年工作。我参加了上个月国际展览局第128次大会，有两点体会，一是看到各国对世博会都很有兴趣。外交部西欧司写了关于德国汉诺威世博会的报告，各级领导都有批示，我们也想研究、借鉴德国经验。第二点体会是，感觉对2010年的争夺很厉害，俄罗斯也提出了，似乎历史上没有出现过五个国家竞争同一届世博会。

"今天想请教的是：第一，能否请示国务院，尽快召开国家申博委会议，尽快作出下一步工作的决策？第二，关于外交游说方案，最近外交部部长助理张业遂到上海，提到7月北京申奥揭晓之前，外交游说活动要谨慎，但上海方面可以做一些工作。我们一定服从大局，7月之前不进行正式外交活动。那么上海方面能开展什么样的地方层面活动？第三，关于申请函。已和洛塞泰斯明确了申请函的具体程序，外交部长署名，由中国驻法使馆加一份外交照会，今年5月1日递交。希望能尽快确定申请函文本及递交程序。第四，今年11月在上海举行APEC，其中的工商领导人峰会由中国贸促会主办。能否在适当场合提一提中国申博？外交部张部助已同意写入领导人讲话中。第五，可否请外交部向驻外使节发通函？我们希望能够推动下一步的工作。第六，能否开始对一些与申奥无关的发展中国家出访游说？"

马跃说："上海的工作抓得很紧，一环扣一环。目前北京申奥，面临大阪、巴黎、多伦多等对手，竞争非常激烈。现在全市所有的活动都为申奥让路。关于你们说的几点想法：申博委会议要尽早举行，我们联系国务院秘书二局，争取2月中旬以前排进去。中国的申请函、外交游说方案等很重要，要在会上过一过。你们先把文件准备好，一方面让申博委各个成员单位了解情况，另一方面，即使申博委会议延期，这些文件也需要早准备的。关于请外交部发通函，不必等申博委会议，直接与外交部沟通商量即可。"

（二）拜访外交部国际司

1月9日下午3点半，我们拜访了外交部国际司，吴海龙司长和张越、房梅接待了我们。

汪均益说："我汇报两件事：一是申请函，已与洛塞泰斯联系了，可以简单一些，外交部长签名，赵进军公使递交并附一份使馆照会即可。第二件事是拟出访纳米比亚等几个国家。请志兴介绍我们的考虑。"

陈志兴说："目前我们考虑，出访与申奥无关且与我关系较好的国家，吹吹风，不强求承诺，原则上5月之前访问。请国际司把关，协助签证。"

吴海龙说："关于申请函，请上海市政府致函外交部即可，说明请部长签发，我们同时给驻法使馆电报，请他们准备好。

"关于出访，在递交申请函之前，是否有必要出访？我们可以商地区司，商量一下选择哪些国家。出访不宜零敲碎打，什么时候到什么国家、谁带队，要有总体考虑，需要有一个大致计划。派出的级别低了，不解决问题；级别高了，现在不合适。以前我在以色列时，国内昆明举办世博会，先后来了两个招展团。我现在考虑的是效果。"

汪均益说："我们记住两条原则，一是递交申请函之前，二是申奥明确之前，在这两个'之前'，我们只是通报，是非正式接触。有的不是专门拜访，是市领导顺访，在访问特定国家时，顺便提中国申博。"

吴海龙："去年 4 月，外交部给驻外使馆发了一份通函，现在考虑发第二份通函。请上海方面提供：（1）2000 年 4 月以来做的主要工作，（2）下一步需要使馆做什么。"

（三）与上海驻京办沟通

1 月 9 日晚上，上海驻京办事处副主任周晓应约来到我们下榻的昆仑饭店。

汪均益说："世博会申办机构有中央、上海两个层面，所以我们经常要到北京来，与中央部门的联系很重要，希望得到驻京办协助。"

周晓介绍了驻京办情况，编制 20 人，目前 15 人，分为四个处：一处是业务处，二处是经委派出的，三处是计委派出的，四处是浦东派出的。周晓说："我们人手确实比较紧，但很愿意提供协助。近期需要做什么，我们指定专人和你们联系，从长远考虑，或者你们派人驻这里。请你们把工作简报发给我们。"

（四）拜访中外运

1 月 10 日上午，我们到北京金运大厦拜访了中国对外贸易运输（集团）（简称"中外运"）总裁罗开富，以及陶素云、赵品东。中外运是专司物流的著名央企，之前写信给外经贸部，表示支持中国申博，希望能出力协助参与申博。

汪均益说:"你们的信,吴仪国务委员已经批了,朱晓明主任也对我讲了,希望你们能参与。"

罗开富说:"这两年是最重要的,我们想尽绵薄之力,需要我们做什么,希望能尽早定位。我认为,申博工作中,公关要占到60%,其他条件占40%。好比谈朋友,人长得漂亮,但是不讲话不活跃,人家也不要的。"

汪均益说:"上海市领导也认为,做不做工作,结果大不一样。"

罗开富说:"要选精干的人,懂外语,会打交道,会 follow up,每天一起床,就想着找什么碴,寻什么由头去谈。不能飘飘然,总觉得'我们有优势',这没用。要落到实处,落实到具体的人。我们进入联合国就是靠第三世界,靠扎实的工作。这方面我们有不少经验和教训。"

汪均益:"我们希望中外大企业参与。一是参与申博工作,二是结合企业本身业务。你们有全球运输网络,这是很难得的优势,其他企业没有。"

罗开富:"我们可以承担整个运输,这很重要。举办世博会,各国对运输都有要求,我们要有一整套计划。比如昆明世博会,我们承担了鲜活物资运输,有的是海运,有的是空运,涉及94个国家和地区,有的为它们的独特产品定制了独特运具。没有经验,提不出设计要求,我们就派了两个人常驻昆明。"

汪均益说:"国际展览局提出的12类问题中,有物流方面的,运输、报关等。"

(五)拜访外经贸部发展司

1月10日下午,我们拜访了外经贸部发展司,发展司司长王晖接待了我们。

汪均益首先汇报了上海方面的申博简况，表示了解我驻外使馆在经济方面的很多工作是由外经贸部派出的经商处负责的。

王晖说："北京申奥、上海申博，不是零和的，很可能是双赢或双输。因为北京若输了，外国很可能把'输'的理由也用到上海，上海是躲不过去的。APEC 在上海举行，成功了，本身就是对上海申博的宣传，说明整体形象好，不一定要把两件事硬拧在一起。

"上海申博的对手没有北京申奥对手那么强。中国市场的吸引力很大，中国申博的竞争对手中，或者国内市场不大，或者经济不景气，不能和上海相比，所以国际大企业对它们不会有很多兴趣。中国市场这张牌很好，所以我认为成功的可能性很大，10 年后，综合国力将更强。

"我们条件很好，高出一筹，虽然各国有各国的优势，但只要工作到位，我对成功很有信心。部领导很重视，我们一定会要求前方同志了解情况，做好工作，全力以赴。我们可以通过一些在华有重大利益的外国公司，向它们国家政府游说。因为不管什么制度，都要做生意，要赚钱的。我们人口多，参观者一定不少，这也是吸引力。"

1 月 10 日晚上，我们回到上海。1 月 11 日上午，申博办主任办公会议研究 2000 年总结、2001 年工作计划。

二、感受高层决策

除频繁赴京拜访相关部门之外，最重要的北京之行，是参加国家申博委会议。

2000 年 3 月，国家申博委成立，当年 4 月，申博委举行第一次会议；2001 年举行两次会议；2002 年举行四次会议。这七次会议，除第二次在中国贸促会大楼举行，其余六次是在中南海国务院会议室举行。我有幸列席全部七次会议，并作了较详细的记录。参加这些会议，使我深刻意识到上海申博的成功，离不开国家综合实力和国际地位的提升，是政府各部门集体努力的结果；同时也让我亲身感受到公共管理与企业管理的区别，以及体制和机制的重要性，在一定程度上促使我进一步反思管理学原理。

（一）参加申博委第一次会议

2000 年 4 月 3 日，我和景莹随同申博办主任汪均益、特别顾问徐兆春，陪同市政府领导到了北京。当天，市政府主要领导先向国务委员吴仪作了汇报。4 月 4 日，2010 年上海世博会申办委员会第一次会议在国务院会议室举行。我们一早从下榻的驻京办出发，从中南海的西北门，也就是府右街北端的门进去。那时不查身份证，而是事先由驻京办报名单，警卫根据名单，查看了我们的工作证后放行。

会议由国务院副秘书长石秀诗主持。因为是第一次会议，石秀诗首先宣读了国务院办公厅《关于成立 2010 年上海世界博览会申办委员会的通知》。在听取了中国贸促会领导关于世博会情况介绍和上海市领导关于前一阶段申办工作情况及下一阶段工作安排的汇报后，参会的各成员单位领导讨论发言。

外经贸部领导说："举办世博会有很重要的意义，外经贸部一定大力支持。一是在所有的外事场合进行游说，请有关国家支持中国。二是通知所有的驻外商务参赞了解情况。三是把申博工作纳入双边经贸关系，如在与外国贸易部长谈判时，希望得到他们政府的支持。"

外交部领导说："外交游说很重要，外交部责无旁贷，要全力支持，动员 100 多个驻外使馆，做好这项工作。驻外大使每年回国休假一次，集中办班。到时候请上海同志来讲一讲世博会申办工作。"

财政部领导说："申博对宣传中国改革开放形象、对取得社会效益和经济效益都有重要意义，应该支持。"

国家计委领导说："这几年上海发展迅速，浦东开发开放，中国人高兴，外国人惊讶。上海做事情，做一件成功一件，我们计委一直是在力所能及原则下，给予支持。"

科技部领导说："主题对申办成功与否非常重要，要早点确定。建议公开征集主题。既可以丰富主题思路，又可以起到宣传作用。"

国家经贸委领导说："举办世博会，政治意义重大。我们经贸委全力支持，也相信上海能办好这件事。"

国务院新闻办领导说："办博不仅是宣传上海，更是宣传中国。新闻办要大力做好这件事。需要研究几件事。第一，每一阶段的宣传重点是什么。第二，要研究什么时候开展宣传高潮。低调宣传可能引不起注意，但若宣传过分，也有问题。第三，不同阶段用什么形式、从什么角度去宣传，等等。这些方面上海更清楚，请上海提出意见来。我们一起商量，一步一步形成很大的舆论攻势。"

中国贸促会领导建议成立申博委秘书处，由外交部、外经贸部、贸促会、上海市政府派人组成。

在听取了大家发言后，国务委员吴仪作总结发言："上海的申办，既要有信心，又要看到难度。外部环境的难度有两方面。一是地域，2005 年在日本，2010 年是否还在亚洲？二是中国又申奥又申博，会不会都成功？所以首先要对难度有充分认识。"

关于申办世博会的意义，吴仪念了一段江泽民总书记在 1999 年昆明世博会上的讲话。江泽民说："本次世博会的成功举办，长了中国人的志气，充分显示了中华民族的凝聚力、创造力和伟大的奋斗精神，显示了我们社会主义国家可以集中力量办大事的优越性，显示了我们社会主义国家高度的组织和管理才能。"

吴仪指出："上海申办的是综合性世博会，不亚于云南世博会，所以更能显示中国的优势，更能推动经济发展，更能提高全民素质。今天参加会议的各部门领导，都要承担起本单位的世博会工作领导责任。所有的工作都要在 2002 年以前完成，本届政府要把 2010 年世博会举办权拿到手。"吴仪同意成立一个联络小组，在国务院指导下开展工作，由外交部部长助理牵头，外经贸部、中国贸促会、上海市政府派员参加。

关于各部委下一步工作，吴仪提出了具体要求。

关于外交部，吴仪说："申博是国家层面的外交行为，国际展览局的各成员国是否会投中国票，很大程度上取决于它们与中国的双边关系。因此要重视，一个国家一个国家地做工作。"

关于外经贸部和中国贸促会，吴仪说："国际展览局各成员国在投票时，很大程度上是出于经济利益的考虑。所以外经贸部派出的商务参赞、中国贸促会派出的驻国外办事处，非常重要。"

关于国家计委、财政部，吴仪说："世博会的投资主要是地方承担，但中央政府要给予必要的支持。一是立项，长江三角洲地区发展规划，要适当提前落实交通、通信、服务设施、环保等项目。二是财政，国家大量投入不现实，上海有实力，中央再给一些支持。"

关于国家经贸委，吴仪说："你们主要是从企业参与世博会项目的角度开展工作。企业可以在世博会里找到商机，需要政府多宣传，动员企业投入,主要工作在申办成功后。"

关于科技部,吴仪说:"工作重点之一是研究主题。2010年世博会展示什么,什么样的主题既有超前性,又不流于空想,既有拓展余地,又比较具体,有利于展示。这项工作请科技部协助。"

关于国务院新闻办,吴仪说:"大众宣传由新闻办承担。具体计划可分为中央、上海两个层次。对内不要炒得太热,要有平常心态,不要让全民情绪大起大落。"

关于上海市政府,吴仪说:"上海市政府在申办委员会中负有特殊责任。上海要编制详细的作业计划,要组织好班子,实行责任制。"

吴仪提出的要求,后来都明确写入了申博委第一次会议纪要里。

会议结束后,各位参会领导离开了会议室,我和景莹收拾会议桌上的文件。吴仪还在笔记本上写着什么。我们收拾到她附近时,她抬起头,笑着对景莹说:"怎么样,今天的会议还满意吧?"我当时突然有种感觉,吴仪是在帮我们大忙。

(二)参加申博委第二次会议

2000年4月4日的会议是申博委第一次会议,因此具有通报情况、统一认识、初步但全面部署的含义。以后的几次申博委会议,逐步根据形势要求,强调专题工作的推进。

2001年2月16日,吴仪委托中国贸促会组织申博委第二次会议,这次会议主要讨论外交游说、中国递交申请函等工作。

会议肯定了上海提出的申办工作总体方案和配套措施,要求进一步细化、具体化。会议明确,7月奥委会投票前积极而不张扬地开展非正式的游说活动。既要做好国际展览局每个成员国政府决策部门的工作；也要努力争取各国驻国际展览局首席代表的支持。要采取多样化的手段和方式加大宣传力度，争取更多的支持，例如请我国领导人在出访和接待外国领导人时表达中国申办 2010 年世博会的立场和决心。要抓住 2001 年在中国上海举行 APEC 会议的良机，在不冲淡主题的前提下，适当表达中国申博意愿。在申请函及宣传、游说中，要突出宣传中国、上海的优势，使有关国家相信中国的信心和能力。上海要与北京、昆明、香港等地有关部门加强联系，汲取其申办世博会、奥运会和大型会议的成功经验和教训。会议同意向国际展览局递交由中国外交部长签署的 2010 年世博会申请函。

（三）参加申博委第三次会议

2001 年 7 月 13 日，北京成功获得 2008 年奥运会举办权，这对上海申博是巨大的鼓舞，一方面，这显示了中国举办大型国际活动的信心和能力，另一方面，世博会的很多申办工作将全面铺开。8 月 21 日，吴仪主持召开了国家申博委第三次会议。会议回顾了第二次会议以来的工作进展，包括：向国际展览局递交 2010 年世博会申请函，外交游说有序进行，申办宣传方面已选出部分口号和海报，《申办报告》编写工作进展顺利。

会议要求各有关部门和上海市在前一阶段工作的基础上，借鉴北京申奥成功的经验，认清形势，抓住机遇，团结一致，乘势而上，全方位、多层次、高水平地开展工作，力争 2002 年申办成功。

会议对下一步工作作了全面部署：一是加大申办世博会外交游说工作力度。二是积极采取措施做好申办世博会宣传工作。三是高质量完成世博会《申办报告》的编写工作。四是精心准备迎接国际展览局 2002

年 2 月的申办考察。五是对参加国际展览局第 130 次、131 次、132 次大会提出原则要求，要统筹安排，早作方案，精心准备。六是请国家经贸委、外经贸部动员、组织国内外各种类型和所有制知名大企业组建世博会企业后援团，参与世博会的申办及承办工作。

（四）参加申博委第四次会议

国际展览局决定在 2002 年 12 月举行的第 132 次大会上，对 2010 年世博会竞争国进行投票表决。国家申博委加快决策和推进步伐，2002 年一年里召开了四次会议。

2002 年 1 月 8 日，吴仪主持召开了国家申博委第四次会议。会议讨论了几项重要且具体的工作：一是抓紧做好国际展览局考察团的接待安排工作，其中关于请江主席、朱总理会见考察团事宜，要抓紧按程序报批。二是认真做好参加国际展览局第 131 次代表大会的准备工作。三是申博宣传要突出重点，把握好力度。四是继续有针对性地开展外交游说工作，要特别重视和加强中国在巴黎的外交游说工作。

（五）参加申博委第五次会议

2002 年 7 月 30 日，吴仪主持召开申博委第五次会议。这次会议的背景是国际展览局已决定在 12 月 2 日至 3 日召开第 132 次大会，投票决定 2010 年世博会举办国。会议认为，申博工作进入最后攻坚阶段。会议议定：第一，游说拉票是下一阶段申办工作的重中之重，申博委各成员单位要根据各自的职能分工和工作特点，积极主动献计献策、出人出力。第二，认真做好参加国际展览局第 132 次代表大会的各项准备工作。为确保参会各项活动紧张有序地开展，要建立现场快速反应机制。

第三,加大对外宣传工作的力度。第四,为确保申博工作协调高效,成立综合工作组,由上海市、中国贸促会抽调专人(脱产),外交部、外经贸部选派司局级干部(可半脱产),其他成员单位各指定一名司局级联络员。

8月初,新成立的综合工作组在中国贸促会大楼开始集中办公。一般来说,我们希望某国支持我们,对方都会提出一些要求。听闻有的竞争国采取贿赂成员国投票人的做法,中国当然不会使用这种不正当手段。但是很多诉求表面上看起来还是合理的。比如有的国家要求中国扩大进口它们国家的农副产品,有的希望开通航线等。我所在的申博办综合部汇总信息,至今我的电脑里还保存着60多条各方面的"诉求"。这些诉求能否满足,国家申博委自己不能决定,需要和国务院相关部门沟通。综合工作组的一项主要工作,就是研究如何回应这些需求。

(六)参加申博委第六次会议

2002年10月11日上午,吴仪主持召开申博委第六次会议。这次会议的一个重要内容,是审查中国宣布的1亿美元参展援助资金的使用方案,上海申博办事先准备了草案。会议听取了截至10月10日的国际展览局各成员国投票可能分析报告。会议认为,前一阶段的申办工作富有成效,成绩来之不易,应充分肯定。但同时必须清醒地看到,竞争已经进入白热化状态,形势仍然十分严峻,各有关单位要认真贯彻李岚清副总理"分秒必争、逐票落实、力争成功"的批示精神,扬长避短,一鼓作气,在冲刺阶段,把各项工作做得更细致、更扎实。会议议定以下意见:第一,原则同意《参加国际展览局第132次代表大会方案》等文件,要切实做好参加国际展览局第132次代表大会的各项准备工作。第二，坚持不懈、持续不断地推进游说拉票工作。会议讨论了上海提出的援助资金使用方案草案。第三，请相关负责同志赴法参加 10 月 23 日中国驻法使馆举行的国际展览局各成员国代表招待会，并到摩纳哥现场考察第 132 次大会会场。第四，决定 11 月下旬召开申办委员会第七次会议，检查中国参加国际展览局第 132 次代表大会的各项准备工作，并进行陈述彩排。

（七）参加申博委第七次会议

2002 年 11 月 22 日，即国际展览局第 132 次大会前 10 天，吴仪主持召开申博委第七次会议。这是一次名副其实的冲刺动员会议，吴仪发表了决战动员讲话。

会议回顾了 2000 年 4 月申博委成立以来的工作，认为总体形势对中国比较有利，但最终投票结果仍难以预料，必须保持清醒的头脑和昂扬的斗志，坚持把申办工作做到最后一刻。会议要求抓紧最后冲刺事件，继续做好游说拉票工作；在摩纳哥现场，中国所有与会人员是一个整体，要服从统一指挥，为此成立前方总指挥部。会议还就投票结果公布后致电各方、专机经停上海机场举行欢迎仪式以及庆祝大会等事项提出建议。

三、花絮

那几年飞北京，有多次是当天早晨出发，下午拜访，晚上回到上海。当然更多的是住一两个晚上。若当天不回上海，有时候住在上海驻京办，有时候则住北京昆仑饭店。这是一家五星级饭店，因为是锦江国际（集团）有限公司管理，对上海来京出差的人员很是照顾，价格也很优惠，上海的领导同志在那里接待客人、开会也很方便。饭店门口有一家饺子店，我们工作人员常常在那里吃晚饭，三五个人，每人点一种饺子，每个品种半斤，放在一起聚餐。哎！今天回想起来，还是很香的。

当然，因为是五星级的酒店，虽然打了折扣，住宿还是比较贵的，能省就尽量省。有几次我和周先强、周乐意去北京，三人订一间客房，常常是周乐意自告奋勇睡在加床上。

如果不是拜访，而是到北京开会，往往需要上海方面准备会议材料，因为到了北京再打印装订就来不及了。因此，我们常常提着箱子拎着包，装很多材料上飞机。领导一般都在前面公务舱，飞机落地后，有的领导很照顾我们，在机舱口等着，待我们拎着会议材料到机舱口，帮我们一起拿。也有个别领导径直下飞机，并不等我们，我们只得大包小包紧赶慢赶往前冲。也有很舒心的时候，一次我随陈先进、焦扬去北京，陈先进看我很忙碌，到了机场说，我们出点钱，让路德也进头等舱休息室吧。虽然因为时间关系，一会儿就要登机，我没有办理，但听了这话，心里一阵温暖。

当时，申博办在位于虹桥开发区的新虹桥大厦办公，到人民大道市政府开会，沿着延安路高架来来回回是常事。时间久了，高架来回和京沪来回两个场景混在了一起。一天晚上我做了个梦，乘飞机去北京。突然，飞机前面出现了红灯，飞机急停，原来不是在天上，是在高架上。一会儿绿灯亮了，飞机却发动不起来，驾驶员说，这是真正的"死机"。这时候，清障车来了，要价1 000元，驾驶员说，不是每次拖车都是300元吗？怎么要1 000元？清障车司机说，那是拖汽车，现在我们是拖飞机，当然价格翻倍了。呵呵，梦境又回到天上了。

第六章 编写《申办报告》

《中国 2010 年上海世界博览会申办报告》(以下简称《申办报告》)是中国政府在世博会申办阶段向国际展览局提交的重要文件。上海申博办具体负责《申办报告》的组织编写工作,而实际上,编写人员远远超出了上海申博办人员范围,有些需要中央有关部门参与。我曾担任上海申博办综合部部长,根据办领导的要求,较多地参与了这个报告的编写组织工作。根据当时的工作笔记,我回顾了《申办报告》的编写过程,深感申博成功来之不易。

一、《申办报告》的地位

一国申办世博会能否成功,除了国际展览局各成员国和申办国的"私下"双边关系之外,能够摆在桌面上的理由就是看这个国家有没有能力举办世博会。而这种能力证明,除了通过在国际展览局大会上的数次陈述、国际展览局到举办地进行现场考察以外,非常重要的是申办国要提交一份《申办报告》，全面回答国际展览局提出的 12 大类问题。理论上说，国际展览局成员国投哪个国家的票，应该依据该国在陈述、考察、《申办报告》中表现出来的准备工作的质量。因此，虽然写好《申办报告》不一定能获得胜利，但写不好，人家就没有理由投你的票。可以说，各国申博竞争，一定程度上是《申办报告》质量的竞争。

2002 年 1 月 30 日，中国政府向国际展览局递交了《申办报告》。这份报告获得了国际展览局的高度赞扬。国际展览局的评价是："计划可行，质量卓越，无愧于一届伟大的世博会。"国际展览局秘书长洛塞泰斯表示："中国的报告中有国家元首和政府首脑亲笔签署的支持函，此外还有五位政府部长及上海市市长亲笔签署的承诺函，这在国际展览局的历史上前所未有。"

二、从"标书"思路入手

《申办报告》的编写，既是国际展览局的要求，也是办博工作本身内在的要求。

1999 年 8 月，上海申博办成立之后，即开始思考申办工作究竟要做哪些事。所谓"申办"，原义应该是提出申请，要求举办。但举办世博会并不是一方申请、一方批准的关系，而是若干国家相互竞争。这里的"申办"，英语不是"application"，而是"bidding"，即竞标的意思。因此在考虑如何向国际展览局表达意愿时，上海申博办很自然地用了"标书"这个概念。申博办刚成立时的几次会议都在讨论，这个"标书"应该包括什么内容。

2000 年 4 月 17 日，上海市市长徐匡迪会见了来参加浦东开发开放

10 周年活动的诺盖斯和洛塞泰斯。洛塞泰斯谈到各申办国需要提交一份方案。该方案包括世博会的正式名称、开闭馆日期、中国及上海申办世博会的原因、上海的政治经济状况、公众及社会不同组织阶层的态度、主题及分主题等；同时还要列出一些具体的条件和方法，例如，如何邀请各国参会、有关签证和个人所得税的问题等。关于个人所得税的问题，各国代表往往会在会展期间居住达六个月以上，而按照惯例，183 天以下可免缴所得税，在中国如何处理，这需要由中央政府提供政策性文件。可以说，这是我们当时能够得到的关于竞争"标书"比较权威的信息，但依然没有关于这份文件详细内容、规范格式的具体要求。

2000 年 7 月 26 日，上海申博办主任办公会议上，顾问徐兆春说："标书中是否有主题、场地、吉祥物、会标？这些内容，市政府是否认可？如果上海努力了，写了，但中央不同意怎么办？或者先写一个框架交国际展览局看看，不能背靠背做。"申博办主任汪均益说："上海的内容和中央的承诺，我们先放在一起写吧，9 月底先出标书初稿，至少是提纲，到国际展览局去请教。"

2000 年 8 月 10 日，在和中国贸促会副会长、中国驻国际展览局首席代表刘福贵座谈时，汪均益说："我们通过各种渠道，都得不到标书样本。现在准备和国际展览局直接联系。"徐兆春说："日本、葡萄牙、西班牙都举办过世博会，能否通过外交部找朋友，请协助。因为它们已举办了，他们的标书也不保密了。可否请外交部出面发函，向加、日、西、葡的朋友索要，有一本就可以。"上海申博办国际联络部部长、汉诺威世博会中国馆副馆长戴馨说："德方提供过一份关于申办报告的'问题表'。"

2000 年 8 月 23 日，上海申博办走访外交部国际司二处，张越、黄河两位同志接待了我们。他们表示："关于请驻外使馆帮助取得标书一事，请上海出一份函，外交部向我驻西、葡、德、日四国使馆发电，附上海请求函。"

2000 年 8 月 25 日，市计委副主任蒋应时主持专题会议，讨论标书提纲，大致包括概述、场地、主题、资金、运行、法律、后续等内容。

三、明确《申办报告》的内容和形式

2000 年 9 月下旬，上海申博办特别顾问徐兆春、规划部部长王思政等一行赴法国巴黎，就世博会申办程序与国际展览局官员会谈。10 月 8 日，上海世博会申办工作领导小组秘书长、市政府副秘书长朱晓明听取此次访问的汇报。徐兆春、王思政汇报了与洛塞泰斯会谈的情况。

据了解，申办国家必须先提交一份申请函，只需要外交部长以上官员签署即可。关于提交的方案，英文名称确实是"Bidding Document"，但不是标书概念，而是详细的举办方案介绍。我们的理解是，它就是一份申办报告。这是一项重大工作，要在 2001 年底前完成，官方语言是法文。洛塞泰斯谈了对中国举办方案的一些看法。他认为，中国方面提出了举办世博会的几方面优势，这是正确的；组织机构要精简高效，要包括政府、企业两个层面，申办成功后再增加总代表，对外代表中国政府；主题很好，抓住"城市"是关键；门票价格应适中；关于世博会项目的运营，除水电煤之外，不能出现垄断；后续利用方面有概念即可，不必很详细。

徐、王汇报之后，申博办主任汪均益说："之前我们信息不灵，把它理解为'标书'。今天明确了，要写的是申办报告。请联络部梳理一

下到 2002 年投票前的程序，与国际展览局确认。"

此时，上海申博办已经意识到，国际展览局对申办国提供的文件在内容和形式上都有相对明确的要求。内容方面，就是戴馨在 8 月 10 日会议上提到的"问题表"。在得到这个"问题表"英文版之后，我联系了上海国际问题研究所（现为上海国际问题研究院）的赵干城老师，请他翻译成中文。从此以后，关于申博工作的系统化思考，逐步集中到《申办报告》编写上来了。

国际展览局提出的 12 类问题是：世博会名称和日期；申办世博会的理由；当地对举办世博会的态度；主题和目标；展览对象的分类；立法组织财政等措施；公共宣传策略；举办地；参展者；给外国展馆的面积和场馆；预期的参观者人数和类别；为参展者提供的信息等。每类问题下面又有若干个小题，合计 58 个小问题。

这 12 类问题，从内容上来看，包括申办国关于举办世博会的理由和决心、地区概况、一旦举办世博会拟采取的措施、对外承诺；从写作角度上来看，则涉及理论阐述（如对举办理由的理解，对上海发展前景的预测）、事实信息（如国情、市情）、需要地方和中央决策的内容（包括各种措施和承诺）等。因此，这是一份需要经过充分酝酿、逐级决策产生的纲领性文件，绝非依靠几个笔杆子能完成的。

2001 年 1 月 8 日，上海申博办专题研究了 12 类问题的分工，考虑请市政府发展研究中心、市计委、市政府新闻办等（这几个机构的负责人都是申博办的兼职副主任）共同编写。比如关于客源调查，拟由市计委出面。当时考虑了两个方案：一是请上海市城市社会经济调查队（简称"城调队"），缺点是境外样本不够；二是请国际公关公司，虽然费用比较大，但对国际展览局来说可信度大。专题会议还提出，5 月底之前完成初稿，并请国际展览局秘书长洛塞泰斯，以及洛塞泰斯推荐的加拿大专家克劳德·塞凡来上海指导。

四、正式开始编写

2001年3月13日，上海申博办召开主任办公会议。会议认为，之前申博办组织力量编写了申办大纲、申办方案等文件，现在要根据国际展览局提出的12类问题，对这些文件"重新编辑"，有些方面可以只写原则，比如10年后的税收优惠；有的要详细，比如场地。大家都认为，对于内含58个小问题的这12类大问题，写作过程的落实要细化，先切块派单，分到各委办，抽调专门写作人员，组成班子，脱产两个星期。这工作只能通过市政府常务会议落实。

3月19日，上海市政府举行常务会议，听取上海申博办关于编写《申办报告》的建议。会议原则同意上海申博办的设想，决定由市政府副秘书长李关良牵头，成立《申办报告》起草小组，市政府发展研究中心、市计委、市建委等都要派专人参加。

3月23日，上海申博办向市领导提交了《申办报告》编写小组成员、工作模式、时间进度等具体方案的请示。

4月25日，上海申博办和来访的国际展览局秘书长洛塞泰斯、主席菲利普森就《申办报告》内容，讨论了一整天。我们准备了一份文件，全面讲述了对12类问题的理解，也提出了一些疑问。洛塞泰斯却误认为这个文件是上海方面提交的《申办报告》初稿，他表现出不解、不满，说"你们很重视申博，也花了很大的功夫，但是却提交了这样简单的文件，你们应该在报告中提供大量信息，然后我们才能逐条讨论"。经我方解释，他才明白我们的本意。这个细节从一个侧面说明，与国际展览局的要求相比，上海申博办在编写《申办报告》这件事上有很多事需要做。

4月27日，申博办致函相关单位，要求抽调骨干参与《申办报告》编写工作。函件中有这样的说明文字："3月19日，上海市府常务会议决定成立世博会申办报告起草小组，由市府李关良副秘书长担任组长，各有关部门和单位参加。申博办已成立相应的执行小组，由申博办汪均益主任、兼职副主任市计委蒋应时副主任、兼职副主任市政府发展研究中心朱林楚副主任负责。下设资料准备组（中文起草）、专家咨询组、外文写作组。"

4月28日，上海申博办草拟的《关于成立世博会申办报告资料编写组的通知》报李关良副秘书长审阅。李关良阅改后转市政府办公厅，然后正式发文。通知要求市政府研究室、市计委、市外办、市规划局、浦东新区、市新闻办、市政府发展研究中心、市贸促会、国际问题研究所等派专人参加编写小组。

5月9日，李关良主持召开了《申办报告》编写组第一次会议。李关良要求："这个报告是写给外国人看的，不要写成国内宣传小册子；关于举办世博会的优势，不要仅仅看眼前，要看到10年后的变化；所有的人要静下心来，与原单位脱钩，一个月拿出送审稿。凡是涉及长远规划的，需要资料的，你们提出来，我来落实。"

这次会议明确，编写人员分为四组，每组负责若干个题目。A组由市计委、规划局、浦东新区、旅委等单位派出人员组成，B组由市政府发展研究中心、国际问题研究所等单位派出人员组成，C组由上海申博办、市外办、市贸促会、市政府新闻办等单位派出人员组成，D组由上海申博办、市政府研究室、市政府法制办公室（简称"法制办"）等单位派出人员组成。我代表申博办参加 C 组，沈权代表申博办参加 D 组。

5 月 10 日到 14 日，加拿大专家塞凡在接受了上海世博会申办工作领导小组授予的顾问证书后，分四次与四个小组进行座谈，逐题讨论。在参加第三组讨论主题时，塞凡提醒道，西方人习惯看逻辑性比较强的文章，比如主题的目标、分类、展示内容，可以做一张表格；主题与副主题的联系要界定明确，防止副主题很宽泛，离主题很远；副主题明确后，展示内容自然而然就形成了。

5 月 15 日、24 日，上海申博办组织了两次专家座谈会，先后参加的有来自市委研究室、市政府研究室、市政府发展研究中心、上海对外贸易学院以及复旦大学、同济大学、华东师范大学、上海社科院、上海城市经济研究会等单位的专家。虽然没有人有编写申办报告的经历，但专家们从两个方面提出了很有价值的意见：一是方法论，包括报告写作的一般规律、申办报告的编写思路和策略、科学性与超前性的平衡、报告内容灵活度的把握等；二是具体观点，包括对中国上海举办世博会优势和劣势的分析、中国对发达国家和欠发达国家吸引力的异同、对 21 世纪发展前景的展望、"城市"主题的内涵、世博会宣传策略等。

为解决编写过程所需资料，5 月 21 日、22 日，李关良副秘书长两次召集会议，分别要求市计委、市建委、市旅委、市政府法制办、市规划局、市绿化局、市统计局、市环保局、市气象局、同济大学、上海现代建筑设计集团、市规划设计研究院、市交通规划所、上海图书馆等单位积极参与《申办报告》相关内容的准备。李关良还提醒这些单位，不仅要准备目前的中文资料，还要准备今后参与国际展览局考察团的应答。

5 月 25 日，上海申博办邀请北京 2008 年奥林匹克运动会申办委员会（简称"北京奥申委"）副秘书长孙大光专程到上海，向《申办报告》

编写组全体成员介绍北京申奥的报告。孙大光详细介绍了北京奥运会申办报告的三卷结构、编写组织过程等。

五、新的挑战

到了 2001 年 6 月上旬，《申办报告》中文稿基本完成。此时编写小组面临着新的挑战：一是外文翻译，二是关于中央政府的承诺，三是场地内容的变更。

国际展览局要求《申办报告》使用其官方语言法文，同时要有英文。上海方面在启动编写工作时，曾考虑直接用英语写，以避免"中式英语"（Chinglish），不过后来还是先写了中文版，再翻译成英文。翻译工作在上海外国语大学的全力支持下，以中外文专家通力协作的方式，最终胜利完成。

关于需要中央领导和中央有关部门写信、签署承诺书的事，先是由上海申博办联系了中国贸促会。2001 年 12 月 11 日，市政府主要领导听取《申办报告》编写工作汇报。汪均益说："关于中央机构的承诺书，我们准备派黄耀诚到北京与吴仪同志秘书刘玉亭同志联系。"市领导说："你们去之前，我和吴仪同志通个电话，你们给我一份需要中央部门承诺的详细目录。"之后，这件事也圆满完成了。

主要挑战来自场地变更。《申办报告》的主要内容是关于世博会的举办方案，包括主题、场地、投融资、推介、招展等。这些内容到 2001 年春天已有基本框架。而世博会场地，原来考虑在浦东黄楼。但到 2001 年五六月间，由于多个因素，市政府决定把拟议中的世博园区从黄楼变更到浦江两岸。这个决定对《申办报告》按期完成的影响非常大。

2001年6月中旬的一天，上海申博办主任汪均益出访归来，我去机场接机。在回办公室的车上，汪对我说，他在国外时，市领导给他打电话，说已决定世博园区选址从黄楼变更到浦江两岸，要求上海申博办尽快启动新选址方案准备工作。汪要我尽快安排会议。

6月14日，上海申博办召开会议，汪均益、黄耀诚、蒋应时、胡仲华、徐兆春等办公室领导，以及市规划局总规划师汤志平，市城规设计院总工程师苏功洲，市投资咨询公司黄俊、马念君等出席，研究市领导提出的场地变更要求。

6月18日、7月7日，市领导听取申博办关于场地变更下一步工作的汇报，讨论浦江两岸方案的可行性。

7月9日，市规划局总规划师汤志平召集市相关设计单位，部署浦江选址方案设计工作。

8月21日，国家申博委举行第三次会议。关于《申办报告》，会议决议要求：高质量完成世博会《申办报告》的编写工作；《申办报告》要体现科技创新，展示中国科技实力和水平；各有关部门对《申办报告》中需本部门作出承诺和给予优惠政策的内容，要进行认真研究，予以积极支持和配合；上海市尽快就需要有关部门支持和配合的内容进一步细化后报国务院。

9月6日，市领导听取由上海市两家设计单位承担的浦江两岸选址规划设计方案汇报。在汇报后的讨论中，市领导要求再请外国设计公司来做方案，并指出：当前主要目的是申博竞争；设计越开放，越有利于申办，这是上海最好的机遇；世博会，就应该是世界招标。之后，市规划局即组织了世博会场地方案的国际招标，有七家外国公司前来投标。经过紧张的工作，10月下旬，这些公司拿出了文字规划，11月中旬完成了规划模型。

9 月 17 日、18 日，李关良接连召集会议，研究《申办报告》编写中出现的问题。一是虽然已有初稿，但是有些关键点，如场馆、费用（投资）、承诺口径、参观人次等，还需要推敲。二是接下来的翻译，不能误认为中文只是外文再创造的基础，外文固然很重要，但实际上中文本身的要求是很高的，不能放松。三是客源调查、场地变更、中央各部门承诺书等需要抓紧，否则要耽误整体工作的完成。四是凡是需要领导决策的，列出一张清单，包括人次、参展国、对发展中国家的优惠口径、投融资预算、最终需要中央出多少钱等，同时尽量附上以往世博会的经验数据，说明其他国家是怎么做的。

关于编辑，明确分为三册：第一册是 12 类问题，请朱林楚协调；第二册是场馆，请汤志平协调；第三册是附件，请黄耀诚协调。中文定稿后就进行翻译，边翻译边修改。

10 月 2 日，上海申博办举行例会，讨论《申办报告》编写工作。此时，由朱林楚协调的第一册，已交上海外国语大学翻译。由汤志平协调的第二册，要求 10 月 22 日出文字规划，11 月 15 日出园区场地规划模型。第三册是附件，其中由公安部、海关总署、物价总局、财政部、税务总局、出入境检验检疫局等中央有关部门签署的承诺书，需要申博办尽快拿出草稿。

12 月 11 日，市领导再次召开专题会议，听取《申办报告》最新进展，主要是场地方案和中央有关部门承诺书。关于场地，明确以法国 AS 建筑工作室（Architecturestudio）方案为主，吸收其他六家公司方案的部分内容。

12 月 24 日，上海市副市长蒋以任主持会议，研究 2002 年 3 月迎接国际展览局考察团来沪考察的准备工作。蒋以任强调，明年2月1日起集中办公，所有参与《申办报告》编写的人都要参加。

2002年1月初，《申办报告》在深圳印刷厂开印。由于场地方案和中央各部门的承诺书需要边交稿、边翻译、边校对，上海申博办副主任黄耀诚为此常驻深圳三个星期，负责两地联络、现场拍板。

六、终于成功

2002年1月13日至19日，国际展览局名誉主席、上海申博办顾问菲利普森应邀访问上海。上海世博会申办工作领导小组常务副组长、副市长蒋以任会见了菲利普森。在此期间，菲利普森与申博办等有关部门，连续四天就即将开始的国际展览局来华考察事项准备工作进行座谈。谈到《申办报告》时，菲利普森说："考察团会仔细研究你们的报告，你们不需要再提交其他资料。你们的陈述应严格按这12个问题来进行，考察团提的问题都将与这12个问题紧密相关。"

当地时间2002年1月30日上午9点半，中国驻法国大使吴建民在中国驻国际展览局首席代表刘福贵，中国驻国际展览局代表、中国驻法公使赵进军，中国驻国际展览局代表、上海申博办副主任周汉民陪同下，向国际展览局递交了《中国2010年上海世界博览会申办报告》。

2月10日，上海市召开全市申博工作动员大会。副市长蒋以任在大会上指出：

"去年3月，我们开始对国际展览局关心的12类问题进行详细研究，由一位市政府副秘书长牵头编写世博会《申办报告》。这是迎接考察的很重要的前期准备工作。

"到去年年底，编写工作全部结束。在这八个多月里，中央有关部门和木市十几个政府部门、院校、出版社的领导、专家、工作人员积极工作，中文稿改写了 10 稿，英法文稿改写了八稿。为了拿出最好的场地方案，我们向国际上著名的七家设计公司征集场地设计方案。

"中央对《申办报告》的编写非常重视。江泽民主席、朱镕基总理分别签署了申博支持信。国家申博委所有成员单位和公安部、海关总署、质检总局等中央部门对《申办报告》提出不少很具体的修改意见，有的还出具了承诺书。外交部的资深翻译专家为《申办报告》的外文版把关润色。

"此外，我们还请国际展览局官员、外国专家到上海审阅《申办报告》的具体内容。

"今年 1 月 30 日，中国政府向国际展览局递交了《申办报告》。国际展览局秘书长洛塞泰斯先生认为，这份三卷本、270 多幅图片、15 万字的报告太好了，印刷精美，内容涵盖了国际展览局需了解的所有基本问题。"

2003 年 1 月，申博成功后的总结报告中有这样一段话："2002 年 1 月 30 日，中国驻法大使吴建民代表中国政府向国际展览局递交了中国《申办报告》，成为第一个向国际展览局递交申办报告的国家。报告共三册。第一册是报告正文，对国际展览局提出的 12 大类问题作了系统回答和全面阐述。正文前面是江泽民主席和朱镕基总理的支持信。第二册是场馆规划设计报告，包括选址地区的概况、设计理念、总体规划、主要场馆与标志性建筑的形象设计等内容。第三册是对报告正文的详细阐述和必要补充，包括参展合同、政府承诺书和支持信、附件、介绍上海概况的小册子等。三册共 15 万字，几百幅图片，是中央有关部门、上海市有关部门的官员、学者 200 多人历时八个多月齐心协力的成果。"

第七章　参与申博宣传

在回忆、撰写参与申博宣传工作这一章时，我有点为难。一方面，作为上海申博办综合部门负责人，我参与了一些宣传活动，但是总体上，全市范围的申博宣传不在上海申博办工作范围内，因此我的回忆肯定不全面，几次落笔都难以继续；另一方面，申博阶段的宣传推介工作是申博成功的重要因素，我必须根据自己的文字记录和电脑文件，努力回顾我所了解的这一段历史。

一、对申博宣传工作的认识

（一）申博宣传很重要，也很特殊

可以说，申博工作在一定程度上就是让各方说"Yes"的过程，大致分为三类。一是编写《申办报告》、参加国际展览局大会、迎接考察等。这是让国际展览局说"Yes"。二是外交游说。这是让有投票权的各成员国说"Yes"，因为即使国际展览局承认中国有能力、有优势，具体到某个成员国也未必愿意投中国票。三是宣传推介。这是让社会大众说"Yes"，形成有利于中国举办世博会的舆论环境。这对中国赢得举办权也极其重要。

2000年7月19日，上海市政府召开2010年世博会申办工作动员大会，这是全市范围的第一次世博会工作会议。市领导在主报告中指出，申办工作的三大任务之一是宣传推介。这项工作的目的是营造良好的国内外舆论环境，以形成赞同、支持和参与上海举办世博会的氛围。要通过多形式、多渠道，并且是生动活泼、喜闻乐见的宣传推介，在国外促使国际展览局成员国的企业和民众，对上海举办世博会产生好感并加以支持；在国内吸引企业和民众，使他们关心、支持和参与上海世博会。

不管是编写《申办报告》还是外交游说，其工作内容和工作方式都带有一定的世博特征，比如场地规划、主题研究、考察接待、参会方案、对参展国有针对性的游说等，很多是专门为了世博会而设计的。而旨在提高社会大众支持率的宣传推介，其内容当然也必须与世博会有关，但是大量的工作是宣传渠道、载体、方式等的选择，是现成的。因此，申博宣传有一定的独立性、系统性，上海申博办不可能也没有必要另起炉灶。

上海申博办兼职副主任、上海市新闻办副主任焦扬是一位富有经验的宣传部门领导，她在几次申博办主任办公会议上都表示了这样的观点：上海世博会的宣传，要与全市其他大型项目宣传工作资源共享。只要基调定了，外宣方面我们有很多资源。目前上海的很多大型活动，如APEC、五国元首会议等，都需要宣传部门参与，所以我们新闻办与申博办之间形成有效的工作机制非常重要。我们需要参与申博宣传决策，了解申博宣传的策略要求，特别是了解整个宣传工作的基调，什么时候讲什么话，什么时候需要低调，什么时候需要高调，这要统筹安排，否则总是纠缠在具体项目中，浪费资源、重复劳动。

（二）申博宣传工作面临挑战

但是在申博初期，整个申博工作还处在摸索中。今天回顾起来，我认为申博宣传遇到的难点是：第一，如何形成一个有效的工作机制，用好现有的宣传"整机"而不是"零部件"，防止上海申博机构与现有的宣传体制出现任务重叠或踏空现象；第二，如何根据不同阶段的要求，传播特定信息，什么时候要高调，什么时候要低调，要根据申博进程不同阶段的特定需求来选择内容；第三，如何处理艺术创作与市场规律的关系，既要强调宣传推介的政治意义，又要符合价值规律。

其中，第一个难点，即如何用"整机"而不是用"零部件"的问题，通过领导层面的协调和理解，逐步得到了解决。第三个难点，即很多项目既要通过市场招标，又要保证政治质量，这并不是申博独有的问题，宣传部门在实际操作过程中很有经验。

在我看来，申博宣传很棘手的一个问题，是第二个难点，即"内容"选择。宣传内容相当于子弹，其生产和储备与宣传策略密切相关。回顾整个申博过程，我们在不同阶段的宣传，不仅关乎强度、方式的选择，更是不同内容的选择。比如，申博刚起步时，主要是宣传中国申博得到中央和全国民众的坚决支持，以引起各国的关注；在各国开始关注中国申博时，需要着力宣传我们的优势和能力，特别是国际展览局非常关心的参观人数、场地面积、主题；在各成员国虽然相信中国的申博优势，但未必赞同中国办博（就是普通人也有的"你虽然很有能力，但是对我有什么好处"这种心理）时，需要强调中国举办世博会给世界各国带来商机，是一个"共赢"的项目；等等。由于种种原因，这些内容的产生和明晰过程滞后，宣传品的制作跟不上需要。

在几次赴京汇报中，外交部、外经贸部都表示积极支持上海申博工作，同时要求上海提供宣传资料，包括宣传品、说帖、工作手册等，而我们这方面的"产品"无论是数量还是质量远不能达到要求。在一次申博办主任办公会议上，特别顾问徐兆春直言不讳批评道："对外接待需要的背景材料，每次都来不及，为什么？我们参加国际展览局大会的短片，和竞争国的宣传比一比，有差距。竞争国的外交攻势，我们听了都很紧张，那么他们的宣传片质量好，我们为什么不紧张？"申博办主任汪均益说："我们每个月需要向上海外事部门、外交部提供一份材料，这不是宣传部门一个部的事，各部门都要关心。驻外使馆要得很急。"

上海申博办意识到这个问题后，成立了宣传品工作小组，申博办宣传部作为牵头联络部门，各个部门均参与。整个申博办作为一个平台，联系社会力量，逐步满足了申博要求。

二、若干征集活动

除以文字内容为主的宣传品制作外，一些以艺术形象为主的传播项目，如徽标、海报、口号及其衍生产品制作等，总体上也是比较成功的。

徽标、口号、吉祥物、海报、歌曲等，是某个项目或机构在成立之初，为了推介自己、扩大影响而产生的用于传播的艺术作品。其中，徽标、吉祥物都是图案形式，区别在于徽标往往是简洁的线条，而吉祥物一定是有眼睛图案的某种生命体；口号是文字形式；歌曲是音乐形式；

海报一般是人物加场景的美术形式。

上海世博会在申办过程中，开展了徽标、口号、海报的征集活动，共收到来自全国各地的应征申办徽标 165 件、海报 467 幅、口号 6 141 条。2003 年以后，世博会的筹办过程主要集中于徽标、吉祥物、歌曲的征集。

（一）徽标征集

2000 年 3 月 20 日，在国务院发出关于成立国家申博委的通知三天后，上海申博办向全社会公开征集上海世博会徽标（当时考虑主要用于申博工作），同时向全国多家单位和个人发出定向邀请信，被邀请者包括清华大学美术学院、中国美术学院上海设计艺术分院、上海大学美术学院、上海轻工业高等专科学校、上海工程技术大学、上海广告公司、上海现代传播公司、上海现代国际展览公司，以及韩秉华（香港）和陈少华（深圳）等知名徽标、标志设计者。到 4 月 20 日，收到 165 件作品，经征求市各有关部门和领导的意见，初选出 19 幅作品供专家评定。

4 月 29 日，上海申博办邀请上海美术界、广告界、美术教育界的专家徐昌酩、丁浩、周峰、赵佐良、任美君、许承兴、杨艾强、柯烈、朱国勤、柴虹耀、顾传熙、钱原平等，对初选出的上海世博会申办徽标进行评审。专家们认为，世博会在中国举办，徽标必须体现世界性和区域性，既要符合国际观念，也要反映中国特色，要表现中国人民放眼世界的气度，也要给人以很强的视觉冲击力。

经过讨论和投票，专家们选出五幅作品。上海申博办汇总专家意见后，反馈给设计者进行修改调整。6 月中下旬，上海市领导分别对作品进行评选，评出三幅作品，申博办将这三幅作品反馈给作者继续修改。

8 月 30 日，上海市政府就徽标审定一事致函国家申博委，函件推荐了这三幅作品，并提出了先后排列意见，建议从中选择上海世博会徽标。10月，国家申博委成员单位分别提出评审意见。11 月 16 日，国务委员吴仪批准了中选方案。

2001 年 1 月 16 日，上海市政府新闻办公室、上海申博办联合举行 2010 年上海世博会申办徽标揭晓新闻发布会。上海市政府新闻办副主任、上海申博办副主任焦扬主持新闻发布会。中国贸促会副会长、国家申博委委员马跃，上海市副市长、上海世博会申办工作领导小组副组长蒋以任为申办徽标揭牌。上海市政府副秘书长、上海世博会申办工作领导小组秘书长朱晓明向会徽设计者、中国美术学院上海设计艺术分院学生刘敏、吴琼、邱小燕颁发证书。中选的徽标由飞旋的绿色和紫色两个圆组成，设计者代表刘敏在介绍时说，"大团圆"是中国人民的传统愿望，两个互动的圆又体现了各国人民相互交融的亲和力和开放活力。各国驻沪领事、境外媒体驻沪记者、市政府有关部门、各界知名人士等 150 多人出席徽标揭晓新闻发布会。

从此以后，上海世博会的申办活动，包括各种宣传材料，有了醒目标志。

（二）口号征集

在 2001 年 1 月 16 日的上海世博会申办徽标揭晓仪式上，上海申博办同时宣布在全国范围征集申办口号和海报。之后，上海新闻办、上海申博办组织了一系列的口号、海报征集推介活动，包括上海东方广播电台 792 千赫"周日作文""动员全市各大院校大学生参加口号、海报征集活动"等。

2月24日，上海的天气还很寒冷。上海新闻办、上海申博办在黄浦区宣传部、《青年报》的大力支持下，组织南京路步行街世博会申办口号征集活动，活动包括文艺表演、知识竞赛、现场直接征集口号三个部分。下午，在世纪广场中心搭建的舞台上，华东师范大学学生艺术团顶着寒风表演精彩节目；大屏幕连续三个小时滚动播出《走近世博会》电视片；广场一侧的大型宣传板介绍世博会历史，展出上海新闻记者采访2000年德国汉诺威世博会的照片。三个多小时的活动中，3 000多市民顶着寒风热情参与，当场征集申办口号1 600多条。

至3月16日，上海申博办共收到全国各地送来的"申办口号"6 141条，经初步整理和筛选，从四个角度（申博决心、上海世博会主题、上海城市特点、其他）选出55条口号。4月18日，上海申博办在上海图书馆召开"申办口号专家评审会议"，市政府发展研究中心主任王战、复旦大学外语系教授褚孝泉、华东师范大学外语系教授张春柏、隆图广告公司总经理邵隆图、同济大学世界银行研究中心主任兼上海市外文学会副会长彭运鹗等领导和专家出席，上海教育电视台台长汪天云提交了书面意见。上海申博办主任汪均益作了情况介绍，并请每位领导、专家当场选出10条口号，提出评论意见。

经过专家的多次推敲和修改，最终确定10条口号为上海世博会申办口号。这10句口号是：

（1）中国如有一份幸运，世界将添一片异彩。（Grant us an honor and Shanghai will return the world with more splendor.）

（2）2010年上海世博会——亿万华夏儿女的期盼。（EXPO 2010 Shanghai—Anticipation of Hundreds of Millions of Chinese over the World.）

（3）荟萃世界文化，铸创城市文明。（Converging Various World

Cultures，Exhibiting Civilization of Cities.）

（4）城市手牵手，世界心连心。（City—Hand in Hand；World—Heart by Heart.）

（5）自然中的城市，城市中的自然。（Nature in City and City in Nature.）

（6）领略城市韵律，博览世界风情。（Feel Rhythm of City，Enjoy Beauty of World.）

（7）汇聚上海，博览世界。（Gather in Shanghai to Discover World.）

（8）走近东方文明，展现世界未来。（Approach Oriental Civilization，Demonstrate Future of World.）

（9）生态、人文、科技——城市发展的主旋律。（Ecology，Humanity，Technology—Basic Melody of City Development.）

（10）人类创造城市，城市造福人类。（City is created by humankind；humankind benefits from city.）

其中第一句"中国如有一份幸运，世界将添一片异彩"脱胎于"世博会给予上海一片天空，新上海回报世界无数星光"。这句后来被广泛引用。

（三）海报征集

2001年1月16日，上海申博办通过《人民日报》《解放日报》《文汇报》以及世博网，向全国公开发布上海世博会申办海报征集消息。除公开征集外，上海申博办还专门赴外地专业院校进行宣传和邀请。三个月后，申博办收到来自清华大学美术学院、西安美术学院、武汉理工大学、江苏理工大学、四川美术学院、南京艺术学院、中国美术学院、中国美术学院上海设计艺术分院、华东理工大学、上海影视学院、上海工程技术大学艺术设计学院、上海工程技术大学服装学院、上海应用技术学院、上海交通大学、华东师范大学、东华大学、上海大学美术学院等院校师生，以及上海、浙江、山东、福建、江西、广西、云南、青海、新疆、黑龙江、吉林等地民众寄来的海报作品共计369幅。经过初评，上海申博办挑选了118幅作品供专家进一步评审。

5月25日，上海申博办邀请专家对这118幅作品进行评审。清华大学工艺美术设计学院教授陈汉民、上海美术家协会副主席徐昌铭、上海大学美术学院教授郭力、香港设计师协会前主席韩秉华、上海广告协会顾问丁浩、上海广告公司顾问任美君、隆图广告公司经理邵隆图等参加评审。上海申博办副主任黄耀诚介绍了申办海报征集情况，并代表申博办提出了评审标准，即有利于表现主题，有利于体现上海大都市形象，用好的视觉语言来表达意境。清华大学教授陈汉民补充道，还要强调"三个不要"：一是政治上有歧义的不要；二是不能体现主题的不要；三是没有美感的不要。

此次评审会，经过两轮淘汰，专家们最终选出10幅作品，并对这些作品提出了专业修改意见。会后，上海申博办与这10幅作品的作者和指导老师联系，商量进一步修改。

6月22日，上海申博办就如何在申博中广泛应用申办口号和海报向市政府提出请示。请示简要汇报了口号、海报征集、评审过程，并以附件形式介绍了经专家评审、修改而产生的10条口号和10幅海报。请示建议，在今后的街景宣传、活动宣传、媒体宣传中，根据申办工作不同阶段的要求，分批次地应用这些口号和海报。

9月7日，上海世博会申办工作领导小组举行申博口号、海报揭晓新闻发布会。上海世博会申办工作领导小组副组长、副市长周慕尧，上海世博会申办工作领导小组秘书长、市政府副秘书长朱晓明揭晓优秀海报、口号。市政府有关委办负责人、组织参与征集的各高校负责人、优秀海报口号的作者、上海市广告设计专家等 200 余人出席仪式。

朱晓明介绍了口号和海报的征集、评选过程，宣读了中选的 10 句优秀口号。他说，经过中文、外国语言、新闻、广告、设计等专业的教授、专家和市领导的评审和修改，确定了 10 句优秀口号和 10 幅优秀海报。根据申办需要，申博工作领导小组决定，目前阶段先集中推广一句口号和两幅海报。朱晓明表示，相信所有入选和未入选的申办口号和海报在世博会申办的各个阶段都将起到重要的宣传作用。

发布会上宣布的优秀口号是"上海如有一份幸运，世界将添一片异彩"。两幅优秀海报，一幅是安徽作者王峰创作的《期盼》，画面是一个小孩举起双手，背景是大海，大海上方是双色螺旋申办徽标，画面的右下方写着"期盼中国 2010 年上海世博会"。这幅海报较好地体现了普通民众对世博会的期盼。另一幅是香港著名设计师韩秉华创作的《心愿》，画面是世界各著名城市的标志性建筑和申办徽标交相辉映，左方是"上海如有一份幸运，世界将添一片异彩"口号。

王峰是个在上海工作的安徽小伙子。据他回忆，他在看到申博海报征集消息后，带着创作愿望开始寻觅拍摄对象。在一家幼儿园里，他见到了天真可爱的男孩张骋昊，当即拍了一些形象照。几经修改，终于诞生了后来广为传播的那幅海报。小张同学也因此与世博结缘。2002 年 12 月，他和母亲随中国申博代表团访问摩纳哥，见证了中国申博成功，成为年轻最小的申博工作者。2022 年，我在参与策划编辑出版《世博与我》[1] 这本书时，通过当年的申博同事杨雅军，和张骋昊取得联系。小

---

[1] 周汉民主编：《世博与我——亲历者谈那些日子那些事》，上海交通大学出版社 2022 年版。

张同学提交了一篇稿子《世博男孩回忆录：从上海，一起"向未来"》。今天回顾起来，我很佩服当时的评审机制，能坚持标准第一，大胆选用普通作者的优秀作品。

三、形象片拍摄

"形象片"指主要用于中国代表在参加国际展览局大会进行陈述时播放的宣传片，或在大众媒体上播放的宣传片。这是比文字、图像等更生动、更有效的传播形式。但由于成本比较高，因此宣传片的作品数量也有限，不能像以文字为主的宣传资料那样，说拿出一篇就能够拿出一篇。上海的电视台在申博期间拍摄制作了不少宣传世博会的视频作品，除此之外，在上海申博办工作范围内，我有印象的也就是几部短片。

2000年6月1日，德国汉诺威世博会开幕。为了在这届世博会上宣传上海申博，1999年11月，上海市政府新闻办开始策划拟在汉诺威世博会上播放的上海城市形象片。2000年2月，上海申博办就此事向市政府呈上报告。报告称：这部宣传片长约八分钟，涵盖上海的交通、金融、工商业、教育、科研、人民生活、城市景观等方面，并融合'99《财富》全球论坛等在上海举办的重大国际活动。市政府新闻办已于1999年11月中旬牵头完成创意大纲，并听取市计委、市建委、市外经贸委、市旅委、浦东新区、市外办、市规划局、市发展研究中心、上海市信息港领导小组办公室（简称"市信息港办公室"）等部门的意见。该片计划于4月下旬完成，以满足6月1日开幕的汉诺威世博会的需要。

2001年，为配合在国际展览局大会上进行中国申博陈述的需要，上海申博办配合相关部门拍摄了一些短片。4月中旬，申博办副主任黄耀诚拜访市规划局，与总规划师汤志平讨论描绘 2010 年上海世博会场地的动画片。参加会谈的动画片制作公司当场表示："这件事我们不计成本，全力以赴，你们可以把我们公司作为申博办的技术部门来管理。但是需要内容。现在更需要的是花时间收集资料，而不是制作本身。10 年以后是什么样的生活方式？能源情况如何？还有，希望明确什么时候交。要有初步的脚本，脚本决定了动画片的详尽程度。"规划局处长俞斯佳也谈到内容的重要性："重要的是概念。究竟如何反映'城市'？客流量如何？周边的交通、产业情况如何？我们相当于自己给自己编任务书。"汤志平表示："我们规划局出一份任务书，包括客流量、园区面积、交通等市政设施、主题、标志性建筑、后续利用。当然，有些只是我们的建议，我们尽量提供，然后请市计委、申博办会稿。过去一两年做过的研究、形成的资料，可以用起来。"

2002 年初，面临将于年底进行的国际展览局大会投票决战，借鉴北京申奥的成功做法，大家都意识到要有一部高质量的宣传片。8 月13 日，上海文化广播影视集团（简称"上海文广集团"）邀请著名导演陈凯歌来上海座谈，讨论拍摄城市形象片。上海申博办也受邀参加，在座谈会上介绍短片背景。根据汪均益的要求，我写了一份关于这部短片的立意和构思的设想，代表申博办提交这次座谈会。我提交的设想是：这部短片要反映中国的千年文明史，表现东方大国的魅力，建议以"开放"和"自信"两个理念相辅相成为基调，即因为自信，所以敢于开放，而越开放，越能够吸纳不同文化，中华民族也越自信；关于短片构思，建议把黄河、长江作为贯穿全片的线索，两条水系从青藏高原，一路奔向太平洋，沿途的历史典故就是中华民族不断发展壮大和中华文化孕育、丰富、多元化的过程。

陈凯歌谈了他的初步设想。他说,上海的特点是变化的速度,影片应该充满动感,而不是以静态画面为主——这不是技术层面的考虑,而是立意。可否设想一个"奔跑"的主题,比如一个奔跑者,从中国西部开始跑时,是个小孩,从西跑到东,有涓涓细流,有急速奔跑,从虎跳峡那里跳过去,经过壶口,穿过中原,跑到上海。在这个过程中,小孩也长大了,变成了强壮的男人,他从黄浦江那里走向世界,对世界感到新奇。这里有很多视觉元素可以设计。

这次座谈会没有得出实质性结论。此后不久,根据国务院有关领导的指示,上海邀请张艺谋担任上海申博片总导演,最后制成的就是在国际展览局投票表决大会上播放的《茉莉花》。据参与这部片子拍摄的上海电视台导演王光建回忆,因为时间紧迫,张艺谋组成了六个摄制组同时开拍,这些组的导演基本上都是成熟的广告导演,画面的控制力很强。《茉莉花》音乐小样也很快出来了,作曲家张磊用交响乐对江南小调《茉莉花》的处理,赢得了一片喝彩。然而第一次审片时,尽管张艺谋亲临现场,但这部西北味儿很浓的样片播完之后,全场默然,无人喝彩。

我曾和申博办领导陪同市领导看了《茉莉花》申博片。我的基本感觉就是北方的孩子或汉子用沙哑的嗓子一句一句地低声吼着本来应该用吴侬软语吟唱的《茉莉花》,其中的反差感很特别。这也许是导演追求的风格?但是领导不接受,副市长周慕尧在审片后直言,《茉莉花》这首歌是很软的江南风格,为什么拍得那么硬?

当然,会议之后,摄制组进行了较大的修改,然后送到北京请更高级别的领导审片。

11月11日,中央领导李岚清、吴仪,国家申博委几位副主任、上海市领导、中国驻法大使吴建民等在北京共同审阅中国参加国际展览局第132次大会的宣传片、动画片。为审查这样两部各不超过五分钟的短片，这个阵容令人震撼。

我曾在一本回忆申博的书里看到这样一段话：上海拍摄的申博形象片，用了较大篇幅描绘上海，受到中央领导的批评，领导要求增加国家层面的内容，减少上海的内容。

但我亲耳听到李岚清副总理是这样说的："上海发展得那么好，我们又是用城市作为世博会的主题，为什么上海这座城市的镜头那么少？"

我不知道为什么各人回忆会有那么大的差异。我的电脑里储存了11月12日以上海申博办名义发给上海文广集团的《关于修改申博宣传片的函》。这份函件的主要内容是，11月11日晚，中央领导同志审阅了我国参加国际展览局第132次大会的宣传片、动画片，领导同志关于宣传片的修改意见综合如下：（1）重点反映上海。全国和上海的片长比例可掌握在1分钟至1.5分钟比3.5分钟至4分钟左右。（2）突出反映上海的东西文化交流、历史与现实结合的特点，反映上海的经济建设成就，反映上海人民的好客和热情、上海人民对世博会的期盼。（3）片中的《茉莉花》歌曲要采用江南风格的唱法，不要用变调唱法，配以江南风光的画面。

与此同时，我还专门以上海申博办的名义给朱家角相关部门发了传真，通知对方摄制组将在某日到朱家角拍摄，请协助安排船娘等。申博成功后，我的脑海里经常浮现一位穿着蓝印花布的女子，站在蜿蜒于江南水乡的小船上，悠悠地唱着"好一朵茉莉花"，然后镜头转向繁华的大城市，旋律突然大气磅礴……这部短片的感染力确实很强！

四、重要发布会

宣传方面还有一类很重要的工作，就是通过外国驻华使节、记者，向国际社会发布信息。2000年、2001年、2002年，国家申博委每年举行一次高规格的国家层面的信息发布会。其中，2000年的活动是由上海世博会申办工作领导小组为主策划组织的，当时称之为"情况介绍会"；2001年、2002年的两次活动由国务院新闻办主持，名称就是"新闻发布会"。

上海申博办成立之初就意识到宣传推介的重要性。1999年11月，国务院批复同意上海代表国家申博后，12月2日，申博办主任汪均益专程赴京拜访国务院新闻办，就申博事宜向赵启正主任作汇报，请示有关外宣的口径及方式。赵启正是上海的老领导，很关心申博。关于申博宣传，他对宣传途径、如何借助国外力量、如何策划设计宣传资料，以及宣传口号、宣传策略等提出了富有前瞻性的指导意见。

2000年4月，国家申博委召开第一次会议，5月15日即在北京举行中国申博情况介绍会。吴仪、俞晓松、徐匡迪向来自88个国家的100多名驻华外交官以及来自44家国外媒体的近50名驻京记者介绍情况。吴仪在我们提供的讲稿里增加了一句话："中国政府全力支持上海市申办2010年世界博览会，中国政府作出这个决定是经过深思熟虑的，并为此已专门成立申办委员会，经朱镕基总理批准，由我担任申办委员会主任。"

这次情况介绍会基本上是由上海方面组织的。会议前一天下午，市政府秘书长姜斯宪赶到北京，来到会场检查情况，重新安排主席台位置，增加大屏幕。会议开始前，上海市外经贸委外事处工作人员负责来宾接待。我印象很深的一个场景是车婧为吴仪佩戴胸花。吴仪喊了一声："哎哟，我新买的衣服啊！"此时我觉得吴仪就像一位可亲可敬的邻家老太太。

情况介绍会后举行了招待会。招待会上，上海市市长徐匡迪与德国、拉脱维亚、葡萄牙、克罗地亚、波兰、尼泊尔、丹麦、波黑、英国、南斯拉夫、孟加拉等国的使节交谈。蒋以任、姜斯宪等市领导以及其他委办领导也接触了德国、西班牙、尼泊尔、葡萄牙、克罗地亚、爱尔兰、波黑、墨西哥、加纳、委内瑞拉、圭亚那、丹麦、科特迪瓦、喀麦隆、白俄罗斯、乌克兰、匈牙利、波兰、古巴、多哥、马耳他、苏丹、韩国、乌干达、贝宁、阿富汗、伊朗、毛里求斯等国的使节。交谈中，克罗地亚、尼泊尔、南斯拉夫、拉脱维亚、波黑、德国、古巴、多哥、阿富汗、加纳等国使节明确表示支持中国申办世博会。徐匡迪市长还接受了中央电视台、上海电视台、法新社、国际广播电台、中东通讯社记者的采访。

以后两次新闻发布会都由国务院新闻办组织主持。

2001年9月13日，国务院新闻办主持中国申博新闻发布会，时值"9·11"恐怖袭击事件刚发生，安全成了各国记者关心的问题。外交部副部长王光亚表示，中国、上海是世界上最安全的国家和城市之一。

2002年9月12日，离国际展览局投票表决不到三个月，国务院新闻办举行中国申博新闻发布会，国家申博委领导再次向世界表达中国申博的决心，强调中国举办世博会是一个共赢的结局。有的国家在陈述、宣传片中影射中国，有的国家在媒体上攻击中国"收买"成员国。中国则一直强调，所有的申办国都是友好的竞争伙伴，我们对它们的申办态势不作评论。2002年，俄罗斯莫斯科市发生人质事件后，我们甚至不再主动提及"上海是世界上最安全的城市"这样的话了。

第八章　参与申博的大学生

2000 年以后，众多大学生参与了申博工作。我接触到的有两件大事。大学生的参与，既有意外因素，也有必然性。

一、意外的惊喜

2000 年夏，正当上海申博办忙于落实国家申博委第一次会议精神，在内部启动各项申博工作时，社会上出现了一件令人惊喜的事。据报道，2000 年 7 月 7 日下午 2 点，参加上海地区高考的 7 万多名考生打开语文考卷，看到作文的要求是："最近，我国政府宣布支持上海市申办 2010 年世博会。请你为 2010 年上海世博会确立一个主题，加以论证，并说说你的设想，写一篇 1 000 字左右的文章（诗歌除外），题目自拟。"

我们申博办工作人员看到这篇报道时，可以说喜出望外。虽然上海要举办世博会这事已经向社会公布，但是因为工作没有大规模启动，知晓者并不多。现在，国家级考试中出现了世博因素，这对提高上海世博会知晓度有很大的作用，特别是让准备踏入社会的年轻人关心世博会，对以后筹博工作的帮助难以估量。

市政府新闻办很敏锐地抓住这件事，和申博办一起，联系了高考组织者和出题老师，了解情况，共同组织策划了一系列活动。

系列活动从 9 月 1 日起至 6 日举行，当时的想法是希望各种媒体进行全方位宣传，让更多的市民了解世博会，积极地理解、支持和参与申博工作。

首先是展示考生们写了什么。9 月 1 日起，东方网、世博网同时刊登 10 篇"为世博会设计主题"的高考优秀作文。编者按写道，这 10 篇作文"是出自考生们的想象。这些作文并非十全十美。由于阅读和知识的局限，作文中还存在着各种缺陷，有些提法甚至还有些幼稚，但这些作文有一个共同的特点，就是能对世博会的申办主题提出自己独到的见解。东方网和世博网希望这些作文能对世博会主题的确定有所帮助"。

9 月 4 日，我陪同申博办主任汪均益到上海人民广播电台担任《市民与社会》栏目嘉宾。汪均益在介绍了世博会一般知识后，强调了上海举办世博会的意义。他说，举办世博会有利于展示国家实力，扩大国际交流与合作；有利于增强民族凝聚力；对上海来讲，有利于推动国际经济、金融、贸易中心的建设。因此，举办世博会是一件于国于民有利的大好事。汪均益感谢出题老师，也希望全体市民一起把这篇"作文"做好。他表示，对世博会要有信心，呼吁大家行动起来，相约上海，相约世博会，并希望广大市民继续对主题提出建议。

9 月 5 日，市政府新闻办、上海申博办、市教育考试院和世博会主题研究专家、出题老师、高考优秀作文部分作者共同参加了"考生与专家共商世博会主题"座谈会。

座谈会上，高考上海卷语文命题中心组成员、上海师范大学人文学院副教授周红首先介绍高考题目的诞生经过。周红说，市教育委员会（简称"市教委"）和市教育考试院多次强调，高考命题要有利于高校选拔人才，有利于中学的教学，有利于学生素质的提高，特别是要体现学生的创新意识。5月底，她在媒体上得知上海要申办2010年世博会，兴奋之余觉得，这是一个很好的题目。语文命题中心组经过讨论，决定围绕上海申办2010年世博会这件大事出高考作文题。当时的考虑，一是这道题开放度较大，有利于考生大胆思考，大胆创新；二是写这篇作文需要有较强的前瞻性，要关心身边事、国家事和世界事，既要有丰富的积累，又要独具慧眼；三是写好这篇文章既要有相当的语言表达能力，更要有丰富的想象、严谨的论证。因此，这样比较宏观的题目，有助于激发学生的创造力，引导学生关心社会，关心国家大事。

汪均益说，世博会这个项目，上海在20世纪80年代初就想举办，还开展了一些研究，但当时条件不足。这次如果申办成功，一定程度上证明我们上海发展了，有条件了，这个梦想就由我们这一代人来实现。这次高考中，很多考生对上海世博会主题提出建议，很多想法与我们不谋而合。这些考生现在十八九岁，希望他们毕业以后就能够参与世博会筹备工作，10年以后迎接世博会开幕。汪均益还说，中国上海面临好几个竞争对手，我们需要准备一个好的方案，这个方案就包括一个好的主题。

有趣的是，参加这次高考的学生中，还真的有不少后来参与了世博会工作。2007年以后，我所在的上海世博局主题演绎部，陆续来了三位参加过2000年高考的年轻人。我们聊起此事，直呼"缘分！缘分！"

上海教育考试院副院长刘昌堃等老师表示："通过这次高考出题，我们也了解到世博会的意义。作为市民，能够参与、做出一点贡献，我们很高兴。要通过今年的考题，把好的文章提供给政府。今后还要继续关心。这次命题有偶然性，有必然性。偶然性，是指事先我们并没有意识到世博会项目的重大意义，考题设计有一定的偶发因素。必然性呢？是我们一直考虑要让学生从金字塔里走出来，引导学生面向社会，贴近生活，体现创新精神，扩大参与社会事务的视野，提高关心国家大事的素质要求，同时还要脱离题海。考题要体现时代气息，还要让考生有写作空间。"

复旦大学世界经济系新生李宗宁、上海大学广播影视编导专业新生邬奇伟、上海大学文学院新生罗婕、上海外国语大学工商管理系新生钱少俊等考生开门见山、直截了当地提出了自己对世博会主题的理解和建议。

9月6日，汪均益再次到上海人民广播电台，参加与世博网、东方网合作制作的《市民与社会》世博会特别节目。申博办副主任、市政府发展研究中心副主任朱林楚，高考语文上海卷出题组老师周红，高考语文优秀考生仇蓓莉等一起参与节目，就申博情况以及世博会主题，与网民和听众开展交流。

节目中，汪均益介绍了中国申办世博会的意义，朱林楚介绍了广受关注的世博会主题确定工作的进展情况，周红介绍高考作文题设计过程，已被复旦大学新闻系录取的考生仇蓓莉发出"今日高考生、明朝志愿者"的倡议。

不少听众来电参与讨论，我笔记本里有当时记录的听众提问和想法："世博会到底是什么样的？""请问嘉宾，对申办成功有多少信心？""申办结果将在什么时候、在哪一个会议上产生？""请告诉我世博网的网址，世博网和申办世博会的办公室有什么关系？竞争对手是谁？""10年以后世博会开幕，我们想成为世博会志愿者，怎么办？""浦东世纪公园周边环境太差，特别是花木不利于申办，我们会赔钱吗？""中国参与历届世博会的表现如何？""要重视青少年教育，要两个文明一起抓，让更多的青少年参与世博会。""世博会场址应设在浦东，因为到2010年浦东开发开放将走过30年。""要吸收七年前北京申奥失败的教训，要有平常心，不要看得太重。""网速太慢，这是世博会前必须解决的问题。""考察组什么时候来考察，准备怎么考察？"还有人直接问汪均益："你的声音真好听，做过广播员吗？"

最后，周红呼吁所有朋友，一起来做好"申办世博会"这道大"作文题"。

这应该是当时开展这项系列活动的主要目的——让更多人了解世博会，参与办博，让世博会有更扎实的社会基础。

二、可贵的思考

2000年10月，上海申博办与20世纪80年代参与世博研究的老同志座谈。有老同志认为，八九十年代，中国同时考虑申办奥运会、世博会，但奥运会的声势比世博会响，这次上海高考语文考卷和世博会挂钩，应该为出题老师记一功。

高考语文题目与世博会挂钩，以及9月初的一系列活动，确实扩大了世博会的社会影响。也许是远距离观察更能看到全貌，今天回顾这段历史，我觉得其意义不仅是扩大影响，可以说还提供了一个重新审视世博会价值的契机。

主题是世博会的灵魂。请社会大众为场地选择、志愿者组织、投融资方案等出谋划策，有助于我们从其他类似大项目那里得到启发。而世博会的主题，取决于世博会宗旨本身——为什么要举办这一届世博会，选择什么样的主题能赢得国际社会的共鸣，这是关键！

10月份，我应《上海中学生》杂志邀请，写了一篇文章《谈上海世博会主题设计》。我在这篇文章里大致说了以下四个观点。

第一，世博会的申办是一种国家行为，要求政府、企业和广大民众的积极参与，而申办城市的市民参与尤为重要。申办世博会成功与否，取决于许多因素，主题选择是其中的一个关键因素。

第二，虽然世博会的主题不是一成不变的，但还是有一定的原则可以遵循：一是要反映世界发展趋势，根据历史、科技发展规律，捕捉国际主流社会对21世纪上半叶世界发展潮流的看法。二是要有可展示性。有些话题适合论坛，适合抽象讨论，但难以展示。三是应为广大国家普遍感兴趣，重要的不是"我认为这个世界将会如何"，而是"大多数国家将对什么感兴趣"。四是不应引起争议，诸如宗教、人权、财富分配等主题不易成功。

第三，本次语文高考中，出现了一批思路新颖、迎合世界发展趋势的文章，表现出考生对历史、社会、环境的思考深度、独创性和表达能力。但从上海世博会申办角度来看，这些文章所提出的主题设想还需进一步推敲。一是专业性过强，比如环保技术、信息技术新发展、能源和交通、防震、视听新技术、服装革命等概念，难以涵盖综合性博览会的展示内容。二是参与度有局限性，诸如基因破译、和平利用核能、移居太空、智能化居室等主题，缩小了世博会的展示空间，降低了广大发展中国家参展的可能性。三是非国际化，比如"上海——世界金融中心"等。世博会的主题应着力反映世界发展的趋势，而不应只关注某个具体地区。

第四，2010年上海世博会的主题将围绕城市、环境、生活质量等要素。目前我们对主题还没有一个准确的表述，因为一个优秀的主题不仅需要对未来社会深刻的理解，还要给人们强烈的感染力。这就需要广大市民积极参与，集思广益，为上海申办世博会献计献策。

事实上，我写此文一个多月后，即 2000 年 11 月 30 日，上海申博办就上海世博会主题选择及具体表述请示市政府获批。从 2000 年底开始，那句"城市，让生活更美好"的主题即广泛传播开了。

后来我感到，我写给中学生的这篇文章，其思路还是偏于形而下，更多考虑的是 2010 年上海世博会主题的具体设计、表述斟酌，而不是从"世博会是各国展示人类未来的舞台，应当如何引导青年人想象未来"这个角度来讨论。当然，这主要是因为当时主题表述尚未完全确定，导致我的潜意识就是"你们围绕着这个主题来谈啊"的想法。实际上，当主题确定后，再来看众多考生的设想，觉得这些富有想象力、追求远见又很少被污染的年轻心灵对人类未来前景的预测、担忧、期望，真的是非常可贵。

比如，参加 9 月 5 日座谈会的几位考生都从人类未来命运的角度谈了对上海世博会主题的构想。李宗宁说，看到作文题目，他首先想到的就是最近人类基因组草图绘制完成这个举世瞩目的科技成果。他在作文中分析了这项技术给人类带来的深刻影响。邬奇伟从地球人口爆炸、资源短缺等现实问题着手，认为人类必须利用高科技在宇宙拓展生存的空间。朱哲人说，应该将人与自然的和谐发展列为世博会的主题——破坏自然环境的行为正越来越引起世界各国的重视，地下水的过量开采、树木无节制的砍伐已给人类带来灾难。罗婕提到"生命之源"——水资源短缺的严峻形势，提出要呼吁依靠科技改善当今的状况。钱少俊将世博会的主题与上海的城市发展联系了起来。他说，生态平衡既是 21 世纪上海要解决的首要问题，更是与全人类发展息息相关的大问题；市政府提出创建上海"生态型城市"的目标，上海应利用申办世博会这一契机，向世界展示上海生态城市的良好形象。

所有这些思考，也许不那么贴近"城市，让生活更美好"的主题。但是站在全球角度，思考人类的发展前景，有担忧，有憧憬，有希望，并通过有千百万人参加的"派对"，把这些关于前景的思考展现在世人面前，这就是世博会的价值；而同样的话，从富有生气的年轻人口中说出来，更能够激发人们的乐观情绪，对未来充满希望。

三、亮相国际舞台

大学生登上国际展览局大会讲台，是申博过程中的一个亮点。这个点子的出现，与准备在国际展览局大会上播放一部动画片的解说有关。

2002 年 7 月 2 日，国际展览局第 131 次大会在法国巴黎举行。由于 2002 年底的第 132 次大会将对 2010 年世博会举办地进行投票，因此 7 月 2 日的大会非常重要。2002 年 3 月 18 日，国际展览局结束对上海的考察后，上海申博办即开会研究参加第 131 次大会的活动方案。会议初步讨论了哪几位领导在大会上进行陈述、播放什么影片、如何开展场外宣传等活动计划。

4 月 10 日，上海申博办副主任黄耀诚召开专题会议，讨论拟在第 131 次大会上播放的宣传片。大家认为，很有必要拍摄一部仿真动画片，介绍上海世博会园区内外交通、参观人数、各国展馆布局、文化活动等虚拟场景。

4 月 25 日，在上海申博办工作例会上，汪均益说，最近集合大家的智慧,提炼出一个亮点,就是仿真动画片需要解说,是否考虑请两位大学生登台讲解。副主任陈志兴说,大学生担任讲解员,是一个很好的主意,现在需要开始物色了。特别顾问胡仲华说,第131次大会活动要好要精,大学生讲解是好点子,但要办好,不能弄巧成拙。

4月30日,上海申博办向市领导汇报参加第131次大会的活动方案。方案里有这样的内容:播放片长五分钟的介绍场馆设施布局的虚拟仿真片,请两位参加2000年上海高考的优秀大学生,从年轻人特有的视角用法语向各国代表讲述他们所期盼和畅想的2010年上海世博会的场馆设计和布局。考虑由女同学主讲,男同学操作虚拟仿真进行互动。市领导问,大学生上场,主要是讲解规划,还是谈体会?并提出要发挥年轻人的个性,不要讲政府官员讲的话。市领导要求进一步修改参会方案,要增加活泼、轻松的氛围,增加亲和力。

5月21日,上海申博办的工作例会讨论参加第131次大会方案的具体落实。会议明确,邀请两位女大学生在第131次大会上进行陈述,不是解释仿真动画片。会议之后,陈志兴即牵头与上海外国语大学、复旦大学、华东师范大学、上海第二医科大学、上海对外贸易学院等高校联系。

各高校反应非常快。被选中的复旦学生张帆回忆道:"昨天(5月21日)辅导员李焱老师找到我,说有个关于世博会的面试想推荐我参加。她当时对具体情况也不是很了解,只是一再强调这是一项十分重要的活动。"

到5月底,各高校共推荐了15位女大学生,其中上海外国语大学推荐了四人,复旦大学、华东师范大学、上海对外贸易学院各推荐了三人,上海第二医科大学推荐了两人。

6月初，经过申博办面试，以及和学校多次沟通，确定复旦大学外文系法语专业的蔡莹凌、张帆两位同学随中国申博代表团参加7月初举行的国际展览局第131次大会。

6月4日，申博办工作例会明确，由综合部、联络部负责对两位大学生进行培训，包括熟悉世博会知识、上海世博会场地主题等相关情况，综合部还要负责起草大学生发言稿。

之后几天，我起草了发言稿。我的设计是，两位参加过2000年上海高考语文考试的学生，以年轻人对世博会从好奇到憧憬的心态变化来进行对话。这时候，我想起了两年前那个座谈会上考生的发言。我反复思考当年的考生是如何想象世博会的，然后脑海中冒出了六句话。我写道："在7万多名中学生的笔下，2010年上海世博会将是一个充满欢乐的世界，一个鼓励创造的学术殿堂，一个令人向往的神秘峡谷，一个人人平等的大众宫殿，一个引导下一代善待自然的学校，一个让所有参与者流连忘返的伊甸乐园。"我相信，在青年人的心中，世博会应该且能够具有这样的功能。

6月8日，两位大学生的名单报市领导获批准。6月9日，市领导接见了两位大学生。

6月10日，申博办正式向复旦大学发函："为做好申办宣传和游说工作，经研究，拟请贵校外文系蔡莹凌、张帆两位学生作为志愿者随团出访。出访手续由申博办统一办理，请贵校出具同意函及政审材料。"

6月17日，两位大学生到申博办报到，并接受紧张的培训。大学生讲稿也已翻译成法语。6月19日，申博办邀请电视台主持人叶蓉、张蓓为两位大学生进行演讲培训。在听了蔡、张两位试讲后，张蓓说："感觉有点'平'，似乎被稿子左右了，要体现内心不平静，这样才能感染别人；当然，情绪饱满，不等于声音响。"叶蓉说："要把演讲内容吸收到自己心里，不要怕临场干扰，要像丝绸，有起有伏。"叶蓉还提醒道，如果是中学生，可以体现一些幼稚甜美，你们是大学生了，要有知性女性的特点，不能有"嗲"味。复旦大学的陈良明和上海外国语大学的花秀林两位外语专家也来到申博办，对她们的口语表述进行辅导。

除了演讲培训外，1997 年就参与 1999 年昆明世界园艺博览会的现申博办宣传部工作人员俞力为她们做世博会知识培训，上海戏剧学院负责服装、舞美的赵老师为她们进行形象设计。申博办联络部王军玮则介绍了法国的情况，他笑称这是"普法教育"。两位大学生还到市外办，由资深外事工作者夏永芳对她们进行外事纪律和礼仪教育。

整个培训过程十分紧张，因为从确定人选到赴巴黎参会，历时不到一个月。其间小蔡曾有点感冒；我甚至有点神经质，告诫她们不要骑自行车，万一摔跤，很多人的心血就泡汤了。

6 月 23 日，所有拟出席国际展览局第 131 次大会的人员在北京昆仑饭店举行彩排。市领导肯定了大学生演讲，认为"今天演讲是成功的，不要听别人讲什么'表演味太浓'"。

7 月 2 日，在国际展览局第 131 次大会上，中国驻法国大使吴建民作为中国代表团陈述主持人介绍说："青年是国家的未来。这里有两位女大学生，她们 2000 年高考作文题就是《我心中的世博会》。请大家听听她们的心声。"然后，蔡莹凌、张帆登上讲台演讲。演讲以这样一段话结束："中国的 1 400 万中学生和 720 万大学生在等待你们的选择。如果给我们一个机会，我们将会非常感谢你们的善意！……现在让我们跳过八年，来看看 2010 年上海世博会的现场。"就此引出介绍上海世博会场馆的仿真动画片。

第九章　迎接考察

2002 年 3 月，国际展览局考察团对中国进行考察，这是申博期间国际展览局唯一一次有组织、有计划、有规定程序的现场踏勘，其结果将在国际展览局大会上报告，是各成员国投票的重要依据。因此，做好迎接考察工作，极为重要。整个"迎考"大致分为三个阶段。我作为上海申博办综合部部长，参与了不少会议，也因为编写简报、专报的需要，汇总了不少材料。回顾这段历史，我深感上海世博会的每一个环节都非常重要。无数这样的环节，奠定了上海世博会的整体成功。

一、调查研究，制定方案

（一）初步思考

为制定"迎考"方案，首先要了解国际展览局对考察的要求和程序。但是国际展览局并没有提供关于考察的书面要求，我们只能通过和国际展览局的不断接触、沟通来理解。此项工作差不多和编写《申办报告》同步考虑、筹划。

2000 年 9 月下旬，上海申博办规划部部长王思政、特别顾问徐兆春赴法国巴黎访问国际展览局，了解世博会申办工作的程序和要求。回沪后，他们向上海世博会申办工作领导小组汇报了有关情况。据汇报，申办国家需要在世博会开幕日之前九年，提交一份简略但必须以中央政府名义申请的信函，然后需要编写一本详细的《申办报告》，国际展览局在接到《申办报告》后，将派员考察申办国，考察工作不会早于 2002 年 2 月。

2001 年 3 月 8 日，上海申博办在编写《申办报告》的同时，提出"迎接国际展览局考察团工作方案"。当时的方案认为，2001 年 5 月中国递交申请函后，年底国际展览局执行委员会（简称"执委会"）将赴各申办城市进行考察，核心就是《申办报告》里的 12 大类 58 个问题，这是投票前极重要的"得分"机会。为此，要全面动员，积极准备，尽展优势。这个方案还提出了具体工作设想，建议成立市计委牵头的报告组、市政府新闻办牵头的宣传组、市外办牵头的接待组。

4 月 25 日，中国政府驻国际展览局首席代表刘福贵、上海申博办主任汪均益与来访的洛塞泰斯会谈。当时洛塞泰斯对我们的《申办报告》工作有些不满（见本书第六章），汪均益表示："我们的研究还不够深。明年初，你们来考察之前，一定能有一个很详细全面准确的外文稿。"

（二）计划和组织

之后，在《申办报告》编写过程中，上海申博办继续收集、了解关于考察的要求，逐步形成"迎考"的基本思路，主要是明确"迎考"工作究竟做什么（计划）、谁来做（组织）。

2001 年 11 月 8 日，国家申博委主任吴仪在上海会见来访的洛塞泰斯。其间，上海市领导向吴仪汇报迎接考察的准备工作。市领导说，国际展览局考察团将听取关于世博会准备情况的陈述报告，了解中央对世博会的支持程度，考察世博会场地。这是各申办国之间开展竞争的又一重要内容。我们将从三方面准备：一是建议国家领导人会见考察团；二是在北京和上海举行陈述报告会，回答考察团提出的问题；三是安排上海世博会园区现址考察。为了做好这项工作，建议成立"迎接国际展览局考察领导小组"，由国家申博委领导、上海市领导组成，领导小组下设报告陈述组、协调联络组、新闻宣传组、综合组，每个小组都有中央有关部门和上海市有关领导参加。

之后，国务院办公厅针对这次汇报会发出会议纪要，指出："要抓紧做好迎接国际展览局考察团明年来华考察的准备工作。同意成立迎接国际展览局考察工作领导小组，接待工作和报告陈述以上海市为主。"

11月10日，在上海访问的洛塞泰斯就考察事宜和上海申博办座谈。申博办特地询问了考察的时间、成员、议程、要求。洛塞泰斯的回复概括起来是：考察团成员从各成员国驻国际展览局代表中产生，基本上是6+1，即对每个申办国的考察团由六名代表组成，加上国际展览局主席。具体名单要到2002年1月才能确定。考察时间为五天，可以用半天的时间看周边地区，但是一定要有足够的时间听取陈述。陈述内容要包括国际展览局提出的12类问题，也包括现场提问和回答。陈述人可以是政府领导人，技术方面的内容让专家来讲更好。

根据国务院办公厅所发会议纪要，"迎考"工作以上海为主。2001年12月12日，上海申博办召开专题会议，讨论"迎考"方案。方案建议在上海层面成立陈述组、联络组、新闻组、综合组等，每个组由市政府副秘书长担任组长。计划请考察团2002年3月11日到北京，下午由领导人会见，3月12日中午到上海，下榻国际会议中心。在上海期间，分别在国际会议中心、城市规划馆、上海科技馆举行三场陈述，参观地点定在朱家角。

2001年12月14日，上海申博办召开办公例会，会议的一项重要议程是讨论12月12日起草的"迎考"方案。大家对这个方案提出了很多修改意见，普遍认为一是不够细致，现在各个部门都愿意做事，但是都不知道怎么做，比如考察团可能提什么问题、我们如何回答，这些需要有对策；二是陈述地点设在三个地方，但洛塞泰斯强调陈述的重要性，所以我们最好不要总是拉来拉去，不要搞太多宴会；三是陈述内容要增加，比如关于我们的场馆设计。申博办主任汪均益说："今天提出的只是前天专题会议讨论的框架方案，确实需要从粗到细，不断变化适应，要继续修改，尽快形成能够提交市政府讨论的方案。指导思想是动员全市力量，要有新意，有创新点。"

12月22日，这一天连续召开了三个会议。

上午，市政府召开专题会议。市政府主要领导说："北京陈述，请中国贸促会来策划、确定，上海贸促会联系就可以。上海的三场陈述谁来讲？请几位副市长安排好，每一场都要落实责任，都要培训。3月11日到16日，有5天、15个单元，要安排好，做到有张有弛。陈述人可以请专家，可以请老百姓，但每一场要有一个领导出来说一说，要让考察团感到上海申办一定能够成功。"几位副市长在讨论中说："陈述人要选好，要考虑考察团的感觉，以效果为主。领导人可以出场讲一段话，但若方方面面的领导都出来讲，考察团要疲倦的。要了解考察团成员背景，因为即使对中国友好的人，也可能会提一些刁钻的问题，以显示公正。"

专题会后，常务副市长蒋以任召开申博办主任会议，研究三件事：第一，到北京向国家申博委汇报迎接考察方案；第二，上海的三场陈述如何进行；第三，陈述以外的宣传、接待工作安排。

下午回到申博办，汪均益主任马上召开会议，起草新的陈述方案。陈述一共四场（北京一场，上海三场）。北京的陈述，建议由中国贸促会牵头落实。上海的第一场陈述在国际会议中心举行，主要介绍中国、上海的总体情况；第二场在城市规划馆举行，主要介绍世博会场地规划、园区内外交通、市政设施等硬件准备，播放法国 AS 建筑工作室拍摄的仿真动画片；第三场在上海科技馆举行，主要介绍上海世博会的财政措施、宣传推广、旅游资源等。方案还提出了上海各场陈述的专家名单。

12 月 24 日，蒋以任听取了这个方案，要求成立专门为"迎考"服务的秘书组，2002 年 1 月 5 日之前细化作业计划，1 月 20 日确定上海三场陈述的领导讲稿，2 月 1 日开始培训，所有参与《申办报告》编写的人都要参加秘书组。

2001 年 12 月 31 日，蒋以任再次召开会议，细化陈述方案。会议明确，之前说的秘书组，以编写《申办报告》时的班底为主。按照蒋以任的说法，不成立新的秘书组，现在由李关良（《申办报告》牵头人）考虑如何把《申办报告》变成生动的讲稿，谁陈述谁负责写稿。市政府秘书长姜斯宪说："要准备陈述时的问答环节，要统一准备。有些问题，世博会和奥运会有共性，可以照搬北京奥申委的内容，他们已经回答了许多问题。"

2002 年 1 月 8 日，国际展览局就对 2010 年世博会申办国进行考察举行协调会。对中国的考察定在 2002 年 3 月 11 日至 16 日。

（三）确定方案

1月9日，根据2001年12月31日蒋以任召开的会议讨论结果，并经市政府主要领导审定，上海世博会申办工作领导小组发出关于国际展览局考察团来沪考察的陈述工作通知。通知明确，除了北京举行第一场陈述外，上海将安排三场陈述。第一场由市外办负责，主要是介绍上海开放优势、上海市政府承诺、上海举办大型活动的能力、上海世博会的主题；第二场由市规划局负责，主要是介绍上海世博会选址规划及配套基础设施；第三场由市计委负责，主要是介绍上海世博会举办方案，包括推介计划、投融资计划、商业运营计划、上海世博会客源分析和参观者预测等。通知同时明确各场陈述由哪些单位承担。通知要求：（1）由市政府发展研究中心牵头成立秘书组，从市政府研究室、市计委、市建委、市旅委、市外办、市贸促会、上海国际问题研究所各抽调一名干部，从各报社抽调四名文字记者。（2）秘书组为各陈述组提供申办报告英文稿，各陈述单位据此准备陈述稿和回答预案，1月15日交秘书组协调统稿。（3）由市政府发展研究中心牵头，成立专家组，研究陈述策略和方案，参加陈述稿和回答预案的编写，协助陈述培训。（4）请上海驻法代表及时联系国际展览局，了解考察要求和可能提出的问题。（5）中央层面的会谈，由上海贸促会跟踪联系。

国际展览局对考察本来是有具体要求的，他们担心安排过多的参观会使陈述时间不够。而上海方面坚持"既要陈述好，又要参观好，而且参观是最好的陈述"的理念，经与考察团反复沟通，五次调整日程，最终确定请他们考察上海世博会规划场地，参观上海科技馆、城市规划展示馆、上海博物馆、进才中学等，分别与学生、中外企业家、普通市民进行广泛交流。

至此，上海方面基本确定了"迎考"工作方案。

尽管如此，上海方面依然根据与国际展览局的联系情况，不断调整"迎考"计划。从1月到2月上旬，中国驻国际展览局代表周汉民四次拜访国际展览局主席诺盖斯、秘书长洛塞泰斯，向他们通报中国、上海的准备情况，与他们就考察事宜交换意见，听取他们新的建议。

二、全面动员，充分准备

从2002年1月底起，上海在形成方案的基础上，紧锣密鼓准备"迎考"。整个"迎考"工作大致分为三条线：陈述、接待、宣传。我接触较多的是陈述，包括演练、题库准备；关于接待和宣传方面的工作，我不了解，也没有什么记录。

（一）陈述准备

市政府在1月9日发出通知后，负责牵头三场陈述的市外办、市规划局、市计委马上开始物色陈述人。我这里保留的名单如下。

第一场有三位。上海国际问题研究所副所长杨洁勉，陈述的题目是"举办地的政治、经济、社会环境"；市政府发展研究中心研究员高炜宇，陈述的题目是"上海世博会的主题"；上海申博办副主任陈志兴，陈述的题目是"上海世博会的定义、举办日期"。

第二场有四位。同济大学城市规划系副主任唐子来，陈述的题目是"关于选址、场馆规划和场外交通"；法国AS建筑工作室合伙人罗班，陈述的题目是"场馆设计方案"；市外经贸委副主任张伊兴，陈述的题目是"上海举办大型活动的能力";同济大学副校长郑时龄院士在世博会选址现场陈述,题目是"上海世博会选址情况"。

第三场有五位。市旅游高等专科学校常务副校长余炳炎,陈述的题目是"上海的旅游业发展";美国盖洛普公司高级分析师伊莎贝尔,陈述的题目是"上海世博会的客源调查";曾任同济大学世界银行研究中心主任的世界银行咨询师彭运鹗,陈述的题目是"上海世博会的投融资";上海贸促会副会长陈先进,陈述的题目是"上海世博会的商业运行";市政府新闻办副主任张慈赟,陈述的题目是"上海世博会的推介"。

以上三场共 12 人,加上每场有一位市领导担任陈述人,最终有 15 位陈述人。实际上,在物色陈述人时,是按照 A、B 角来落实的。不过我手里没有完整的 B 角名单。

"迎考"计划和人员名单全部确定后,1 月 31 日,申博工作领导小组召开了有 50 多人参加的"迎考"工作会议。市政府主要领导说:"中国申办世博会现在进入了高潮,国家主席、总理都已签署了信件,吴大使已向国际展览局提交了《申办报告》,这是很好的阶段性成果,是各方参与的结果,内容和包装都很好。现在进入考察阶段,3 月 11 日到 16 日的活动是中国申办的国内最高潮,接下来的主战场就在巴黎了。上海的三场陈述,市领导都要参加。答题难度最大的,可能涉及中国政治。我们要根据总书记讲话口径,根据十五大精神来回答。其他问题在《申办报告》中都有,谁熟悉谁回答,答错了不要当场相互纠正。"

此次工作会议之后,"迎考"工作正式启动。

2 月 1 日,上海申博办请示市政府,称 1 月下旬,外交部牵头召开了国际展览局考察团在京活动安排的协调会议。关于请江泽民主席、朱镕基总理会见考察团事宜，外交部正在拟文上报，建议上海派一名领导陪同会见，要求 2 月 1 日前将名单报外交部。

（二）各方准备，分组演练

2 月起，各组开始演练，同时各方面的准备工作也全面展开。

2 月 7 日下午，市计委副主任蒋应时主持上海第三场陈述的首次演练。彭运鹗、陈先进、伊莎贝尔、张慈赟分别就世博会项目的投融资、商业运营计划、参观者预测、宣传推介进行陈述。市政府发展研究中心副主任朱林楚，申博办特别顾问徐兆春、胡仲华等听取陈述，并就陈述的内容、形式、多媒体制作等发表了看法，主要是关于演示文稿的详略、语气速度、翻译质量、各人之间是否有重复等提出意见。

2 月 10 日，市政府召开"上海市申办世博会动员大会"，部署全年申博工作安排，特别是准备迎接国际展览局 3 月考察。副市长蒋以任在回顾 2000 年 7 月 19 日第一次全市申博动员大会后近两年的工作后，分析了国际展览局对华考察的意义，强调做好迎接考察的准备工作对年底投票至关重要。

2 月 11 日上午，市外办组织了上海第一场陈述的首次演练，汪均益、李宣海、胡仲华、徐兆春、上海海关高等专科学校于申、市委党校李琪、上海社会科学院社会学所卢汉龙等专家参加点评。点评中提到，外国人一定很关心，徐匡迪离开上海到中央任职一事会不会影响申博，建议主动介绍。

2 月 11 日中午，上海申博办召开会议。汪均益说："'迎考'工作已全面铺开。昨天市里开大会，临战动员，我们申博办有些工作要加快。"周汉民说："陈述有三方面问题。一是还有水分；二是相互之间不通气，重复现象比较多；三是除了陈述稿，更要在答题方面下功夫，现在有点欠缺。"汪均益说："看来题库比陈述稿更重要，因为陈述人熟悉陈述稿，而考察团可能会提各种问题，需要我们对各种问题融会贯通。"

2月18日，春节假期的最后一天，蒋以任召开专题工作会议。会议进一步明确"迎考"的工作机制：（1）成立模拟考察团，由胡仲华、徐兆春负责（实际上，模拟团成员是逐步增加的，不是这次会议上一下子确定的）。（2）每个题目设A、B角，由两位陈述人同时准备。（3）请三个组在2月28日前各演练两次，时间要错开，以便模拟考察团参加，2月28日进行总演练。（4）组织专家组，负责题库、参与陈述培训、考察期间参与答疑、陪同参观等。

几位副市长在讨论中提出了一些建议：（1）时间已经很紧，计划不能再变动，确定之后就要做。（2）上海要赢得光明磊落，要事先准备好。（3）要注意让考察团有休息时间，不要到晚上10点以后还安排工作会议。（4）核心是陈述，关键是答题，各陈述组之间要衔接呼应，尤其是数字方面。（5）关键是陈述，因为要保证有15小时的陈述时间，内容一定要充实，比如对发展中国家的优惠措施、投资方案的细化、布局的调整，等等。我们绝不能由于陈述不成功而失去举办权。（6）组织模拟团这个方法很好，找几个与世博会无关的专家也可以。专家组作为后盾很重要，要有始有终，每场活动都参加，现场人数要控制，但是不能太少，可以坐两排。让专家和国际展览局考察团沟通。一定要讲人家要听的话。（7）对考察团每个成员都要服务周到，但不需要就不要提供服务，不要让人感到烦。应该是需要时出现，不需要时不出现。

2月19日，周汉民在申博办会议室召集综合部、联络部部分工作人员开会。周汉民提出"三重点论"，认为，迎接考察，是整个申办工作的重点；上海的三场陈述，是整个"迎考"工作的重点；回答问题，是整个陈述过程的重点。从现在起，要盯住三个陈述组，2月28日之前每组演练两次，要熟悉情况，每次演练后要收集情况，包括专家的反映。

2月20日，市外办组织举行上海首场陈述的第二次演练。申博办特别顾问胡仲华、徐兆春，浦东美国经济研究中心教授周敦仁，上海国际问题研究所专家赵干城，上海外国语大学教授邱懋如，上海交通大学教授许定，上海文广集团英语电视节目主持人崔文，上海市政府发展研究中心副研究员钱智等模拟考察团成员，在听取各陈述人讲话后，相继提出不少十分尖锐的问题，陈述现场出现了实战气氛，同时也反映了不少急需改进的地方。模拟团专家评论道："还是有外宣的味道，讲得太完美；要简洁明了，集中亮点，尤其是关于政治方面的内容，不必全面铺开，因为最终投票不取决于政治；应该像相互交谈，现在没有幽默感；'主题'这个演讲，内容过于学术化。"

2月22日，市政府秘书长姜斯宪率有关部门负责人专程赴杭州，就国际展览局考察团访问杭州事项，与浙江省政府秘书长蔡惠明、副秘书长陈海玫、杭州市秘书长娄延安等领导会谈。

2月23日，市规划局组织上海第二场陈述的首次演练。市外经贸委张伊兴、市旅委余炳炎、同济大学唐子来和市规划局俞斯佳（代替法国AS建筑工作室罗班陈述场馆设计方案）等四人用英语进行陈述。模拟考察团成员积极向陈述人提问。这次演练由浦东美国经济研究中心周敦仁教授扮演主席，整场演练由周汉民主持。

2月24日上午，申博工作领导小组听取"迎考"准备情况。市政府主要领导强调："'现场考察'是我们的优势，植树、观剧要写进计划。让考察团多看，对我们有利。周汉民担任主持人，要注意'传球'，考察团提出的问题，有的涉及大的方面，就传给市领导或相关领导；有的技术性强的问题，由专家来回答。同意申博办提出的专家组、秘书组、模拟考察团名单。题库准备要抓紧。"

2月25日下午，市计委组织了上海第三场陈述的第二次陈述演练。彭运鹗、陈先进、张慈赟、伊莎贝尔分别作了陈述。

2月26日上午，汪均益、陈志兴、夏永芳等专程赴京，参加中国贸促会主持的国际展览局考察团北京接待工作通气会。外交部国际司吴海龙副司长介绍了国家领导人会见考察团的准备情况。中国贸促会展览部赵会田部长介绍了考察团访问北京的日程安排及工作准备情况。北京市政府副秘书长唐龙介绍了北京市内街景及宣传布置情况。汪均益介绍了考察团在上海的日程安排、近期上海的准备工作。

（三）题库准备

2月28日，所有的陈述人汇聚一起，举行总演练。在总演练之前，上海申博办向各陈述组提供了题库。

1月中旬，为陈述提供服务的秘书组成立后的第一件事，是准备各场陈述中考察团可能提出的问题。实际上，各陈述组在演练中，模拟考察团不断提出问题。2月28日汇总完成最终稿。

这个题库共有228题。其中A类问题77题，其基础是国际展览局要求回答的12大类58个问题，为便于各部门回答，拆成了77题；B类问题是根据市领导要求"百问不倒"的目标，另外设计的题目。这些自行设计题的来源是：（1）国际展览局名誉主席菲利普森1月来沪访问的谈话记录；（2）中国奥申委赴莫斯科陈述的答疑题库；（3）陈述演练时模拟考察团的提问。

比如，模拟考察团在各次演练中，提出这样一些尖锐的问题：
（1）报告中提到中国支持中办世博会的人数比例是 90%，上海民众的支持率是 93%。请问中国 10% 的人民和上海 7% 的民众为何不支持世博会在中国举办？（2）中国的政治改革会不会导致社会不稳定？到 2010 年上海能否解决工人失业问题？失业工人是否会积极参与世博会？（3）假设 2009 年发生经济危机，会不会影响上海世博会的顺利举办？（4）徐匡迪市长离职是否与申办世博有关？（5）中国大多数人是农民，他们是否支持以"城市"为主题的世博会？（6）各国都有不少人对城市化进程带来的负面影响十分反感，如何应对这些反对城市化的人？（7）上海世博会是市场行为还是政府行为？（8）陈述中已经介绍了世博会的投融资计划，请阐述一下其中风险管理费用的测算情况。（9）投融资陈述和商业运行计划陈述中都提到了支出总额，一个说是 25 亿美元，一个说是 16.69 亿美元，为什么这两个数据不相同？（10）宾馆主要在浦西，场馆主要在浦东，如何帮助外来游客熟悉参观世博会的交通路线？（11）世博会后续使用，主要是政府行为，还是商业运作？（12）上海为 APEC 的安全保卫花费了大量资金，那么你们将为 180 天世博会的安全保卫花费多少资金？（13）你们对外国青少年参加世博会有没有优惠措施？

秘书组承担了这 228 个问题的收集、整理、答案组织。我还记得参与秘书组工作的吴纪椿老师，他来自青年报社，却是一位富有经验的淳厚长者。还有来自市建委的陆铭，后来担任过浦东新区科技和经济委员会副主任，我在写此文的前几个月（2022 年 4 月），还因编辑《世博与我》一书和他联系索稿。

今天我打开电脑找到这"228 个问题"的题库，看似很有条理，可实际上当时的工作突击性很强。首先是题目的来源，为了达到"百问不倒"的目标，需要收集大量问题，设想考察团在某个场合可能提什么问题；其次，回答这些题目，有时候需要盯着某些专家，请他们撰写，政策方面的问题需要联系市政府有关部门，比如动拆迁方面的问题就找市房地产管理部门。

（四）总演练

2月28日，申博工作领导小组在新锦江白玉兰厅举行迎接考察上海陈述的总演练。演练后的汇报、讨论决定了几件事。

一是强调陈述策略。关于优惠政策，比如货物进口环节、租金减免、人员进出便利等，《申办报告》里有原则性表述。陈述时，如果考察团只是一般性提问，没有索要文件证明，那么回答时可以放开一些；若索要文字材料，则需要内部讨论后提供。尽量减少使用官方语言，比如"精神文明结硕果"，要改为"提高市民素质"。要研读《申办报告》，熟悉题库，提高应变能力。要尽一切努力，把最好的场景给考察团看，他们"看"到的本身就是我们的事实陈述。不要书生气十足，要联合起来，唱好这台戏，现场气氛要活跃。

二是确定答题分工。228个问题，从提问角度分为两类，即必答题、自创题；从回答角度分为三类，即综合类、对应类、支撑类。综合类是与某场陈述的各方面内容都有关的比较综合的问题，比如"与投融资、商业运作、客流量等相关的问题"，请市计委蒋应时准备。对应类是建议由与某个陈述人对应的专家回答的比较专业的问题，比如与杨洁勉对应的专家是上海社科院的卢汉龙，请他准备"社会及城市生活相关问题"。支撑类是与某场陈述内容有关但范围比较广泛的专业问题，比如请上海社科院副院长黄仁伟准备"国内政治相关问题"。

三是确定 3 月 1 日到 9 日的每天安排。要求从即日起，所有陈述人入住陈述现场，即国际会议中心，便于集体活动。这九天的活动主要是：研读申办报告；陈述人与对应专家讨论题库、陈述内容推敲、陈述姿态与语气等；组织两次总演练。3 月 6 日，有外籍专家参加的模拟考察团汇总整理了供陈述人参考的 21 条文字建议，例如，建议的第一条是，"考察团成员提出问题，必有疑惑不解之处，或有深究盘诘的锋芒所指。所以，陈述人的第一个任务就是努力听懂人家问的到底是什么，从外方不同的文化和社会背景以及不同的兴趣和利害关系出发，来理解和判断"。

经过这样近似中学生迎接高考的诚惶诚恐的心路历程，我们终于迎来了国际展览局考察团。

三、小有波澜，大功告成

（一）考察概况

2002 年 3 月到 5 月，国际展览局组织了五个考察团，依次对中国、韩国、墨西哥、波兰、俄罗斯五个申办国进行考察。中国是考察的第一站，整个过程相当成功。其原因应当是我们在与国际展览局充分沟通的基础上，做了非常扎实的准备工作。实际上，各种迹象都表明，国际展览局和中国申博机构双方心里都有数，中国申办成功的可能性极大；在一定意义上，考察是走程序。但由于申办世博会是以国家名义提出来的，而且有好几个国家提出申办，因此考察本身就成了一种外交行为，考察团成员必须表现出外交官的谨慎，不能轻易表态。

3 月 10 日，国际展览局考察团抵达北京。考察团由七人组成，他们是加拿大驻国际展览局代表、国际展览局执委会主席卡门·塞文，古巴驻国际展览局代表胡安-马里奥·拉米盖依罗，德国驻国际展览局代表赫尔穆特·施耐德，黎巴嫩驻国际展览局代表、国际展览局信息委员会副主席伦娜·胡拉维，以及随团考察的国际展览局主席诺盖斯、秘书长洛塞泰斯、秘书莱维。考察团团长是加拿大人卡门·塞文。国际展览局在考察前与中方沟通时强调，在陈述会场、宴请、中国领导人会见等正式场合，塞文都要安排在中间位置。

中国方面对考察的精心准备，为考察团提出考察意见做了很好的铺垫。考察团一到北京，就获得最高级别的礼遇接待。3月11日，江泽民主席、朱镕基总理分别会见了考察团全体成员，而且江主席的会见，原计划半小时，结果超过了一个半小时。这让国际展览局体会到中国最高层对世博会的热诚。当天，国务委员吴仪率中央20多个有关部门与考察团进行座谈。

3月12日中午，考察团抵达上海，下榻国际会议中心，三场陈述安排在国际会议中心五楼长江厅举行。上海申博办已事先在五楼做了一些准备，明确511房为总值班室，市外办综合处处长潘人健在总值班室负责总协调，申博办曹晓红等协助值班。5B会议室为专家工作室。长江厅和5B会议室之间设置信号专线，用于传输视频，供专家观看，以备随时答题。

3月12日下午、3月13日下午、3月14日全天，考察团在国际会议中心听取三场陈述，市领导、中外专家等14人进行陈述，周汉民主持了整个陈述会议。3月13日上午，考察团在世博会选址现场听取同济大学郑时龄院士关于园区规划的陈述。所有陈述均以英语或法语进行。

考察团在事后的新闻发布会上表示，上海作了质量很高的陈述，是比以往听到的准备更好、更充分的陈述报告；中国和上海已具有相当高的专业水平，可以说在上海没有什么是不能做到的。

考察团也提出了不少希望进一步讨论的问题。主要有：中国的一些传统节日、庆典活动如何融入世博会活动？主题与各个副主题的提出可能会涉及什么问题？如何在展览中体现和谐社区的建设？世博会规划面积是否太小，在客流量高峰时这些场地是否会显得太局促？规划选址场地上是钢铁厂、船厂、煤场，该地是否受到污染，是否符合世博会用地环保的要求？现场水质如何？如何利用文化项目吸引游客、引导客流量？在参观高峰期，特别是在展区内，能否提供便捷交通，有效疏散客流，确保参观者的安全？如何在规划方案中更重视发展中国家？上海预测世博会客流量为 3 900 万—5 300 万，是否过于保守，幅度过宽？从现在到 2010 年，中国普通家庭收入增长情况将如何，他们是否买得起门票？营销和宣传费用中是否包括向发展中国家的援助？如何在全球范围宣传世博会，使参展者在他们国内能获得足够的赞助资金来参加世博会？等等。

（二）不断调整

虽然我们事先做了充分的准备，考虑到了各种情况，但是陈述过程中，还是出现了一些需要及时纠正的问题。

3 月 12 日下午，国际展览局考察团在听了关于上海世博会主题研究的陈述后提出，在赞扬城市的同时，不能忽视农村。上海参会的两位专家马上站起来解释道，中国政府历来重视"三农"问题。当天下午陈述结束后，我们刚从浦东国际会议中心回到位于娄山关路的新虹桥大厦申博办，就接到市政府主要领导秘书的来电，通知当天晚上在市政府召开会议,出席者是下午参加陈述的中方全体人员。我们还没有吃饭,就立即根据名单,一一电话通知,然后赶到人民大道 200 号——因为很多人不是市政府工作人员,我们需要在门口迎接,向门卫作出解释并登记进入。当天晚上的紧急会议只有一件事,市领导要求大家不要和国际展览局争论:"不管他们提出什么问题,我们不要去反驳,因为他们肯定是为我们好。"

3 月 15 日,考察团赴杭州考察,当天来回。市领导要求我们抓紧这一天时间,对前几天考察团提出的若干技术性问题进行研究,在考察团回上海时,向他们提交关于上海世博会若干数据的补充材料。尽管陈述中的很多数据是多次调查研究后的结果,但是我们也理解,国际展览局考察团的一些建议是出于好心,相当于手把手教我们如何做作业,以便让老师打出更高的分数。

当天,留在国际会议中心的专家组、秘书组在匆匆会商后,分头与市政府有关部门联系,起草了一份补充材料。这份材料回答了考察团在陈述中提出的若干问题,主要是:(1)关于参观人次预测,《申办报告》中是超过 5 000 万人次,现在考虑到周边地区的客源,以及到 2010 年上海的社会经济发展,努力达到 7 000 万人次。(2)关于投资总额,补充材料说明中强调了不可预见费、物价上涨预备费等数额。(3)关于场地规划,根据考察团的建议,我们将在三方面细化。一是在原世博会 540 公顷的规划控制范围内,将黄浦江两岸地区统一考虑,世博会围栏区域从 240 公顷增加到 310 公顷。二是世博会各场馆的布局将考虑到参观者到达的便利性,使发展中国家的联合展馆和独立展馆都处于易于吸引参观者到达的位置。为此,以发展中国家展馆为主的园区东部将结合园区入口设置,增加大型活动广场和文化娱乐设施。三是园区内部交通。由于园区扩展到浦江两岸，园区内的交通将在以自动人行道和电瓶车为主的基础上，增加轨道交通（tram）和其他新型交通方式。（4）关于财政税收优惠、对发展中国家的援助，由于权限的原因，我们在补充材料中重申了中央政府的态度。

除以上几方面补充说明以外，主题是双方讨论得比较多的。在1月提交的《申办报告》中，上海世博会的主题"城市，让生活更美好"已有五个副主题，即从经济、科技、文化、生活、城乡互动几个方面对城市的称赞。针对这次陈述，市政府发展研究中心的高炜宇博士主动提到"城乡融合"这个观点。3月12日的陈述中，在和考察团进行比较充分的讨论后，国际展览局进一步理解了上海方面对这个主题内涵的解释。

对于此次考察，国际展览局方面自然是很满意的。塞文表示："通过几天的交流，我可以肯定，这是我们所听取的陈述报告中，准备最好、最充分的。我们觉得你们很多问题回答得非常细致，我们已经了解到我们希望了解的所有内容。"当然，塞文毕竟是外交家，一方面，她强调自己看到了中国政府对2010年上海世博会的支持，并且要向各成员国表明这种支持；另一方面，她也说难以肯定由谁举办2010年世博会，这应由国际展览局投票决定。

3月20日，从巴黎传来消息，洛塞泰斯认为："此次考察，是一次完整的、非凡的、极为杰出的考察。考察团各成员都对中国、上海留下了深刻的印象。"考察团已起草了对中国的评估报告。据推测，国际展览局对其他国家的报告评估可能难以超过对中国的报告评估。

第十章　在冲刺的日子里

2002 年下半年，是申博关键时期。

一、冲刺

2002 年上半年，国际展览局完成了对五个申办国的考察，其执行委员会通过了五个考察团的报告。到下半年，各个申办国把该说的都说了，有什么能力、有什么决心，国际展览局各个成员国都已经知晓；哪个国家更具备举办条件，各方都心里有数。但是如同高校评高级职称、项目招投标一样，即使你具备条件，而且很有优势，有决定权的评委也未必会投票给你。因此，2002 年下半年，申办竞争从"能力展示"转为"游说拉票"。2002 年 7 月 30 日，吴仪主持的国家申博委第五次会议指出，申博工作已进入最后的攻坚阶段，要认真做好参加国际展览局第 132 次大会的各项准备工作，把游说拉票工作作为重中之重。9 月，国务院副总理李岚清批示：分秒必争，逐票落实，力争成功。

站在上海申博办综合部的角度，我看到的拉票工作有这样几个方面。

（一）巴黎前线的努力

当时，中国政府驻国际展览局代表有三个名额。首席代表由中国贸促会派出，另外两位代表分别由外交部、外经贸部派出。外交部的名额就是中国驻法国公使，外经贸部的名额一直空着。中国启动申博后，中国政府驻国际展览局代表的作用上升。2001年11月上旬，吴仪在上海视察申博工作时指出，中国驻巴黎代表的作用十分重要，代表既要了解世博会又要熟悉上海情况。11月下旬，上海市政府与外经贸部沟通后，决定选派浦东新区副区长周汉民作为外经贸部派出的国际展览局中国代表常驻巴黎，时间至2002年底。

2001年12月，周汉民到巴黎，之后的一年里，在中国驻法使馆领导下，积极开展工作。国际展览局成员国的代表大部分是该国驻法使节，也有一部分驻比利时布鲁塞尔、英国伦敦。周汉民对每个国家的代表都上门拜访，少则三次，多则达20余次。有的国家在上述三地都没有常驻代表，则访问他们的驻法使节。通过这些访问，我们与他们建立良好的个人关系，向他们传递中国的申博信息，也了解这些国家的立场。

除了代表国家拜访以外，周汉民就像是上海申博工作领导小组驻法"大使"。上海在申博工作中有什么需要巴黎方面协调的，都通过周汉民来沟通、操作。

例如，2002年5月，巴黎拉法耶特百货公司（即被很多人称为"老佛爷"的百货商场）曾与上海市外经贸委、上海市商业委员会（简称"商委"）商量，希望于2003年1月在拉法耶特公司内举办"巴黎-上海月"活动。上海方面考虑，此活动可能有助于申博，因此请周汉民在巴黎予以关注。但双方在活动时间安排、活动内容等方面有不同意见，一直难以谈拢。到了8月，上海市外经贸委、商委认为，拟议中的"巴黎-上海月"活动与申博结合已无可能。于是申博办致电周汉民，请他告知拉法耶特公司，取消与之联合举办有关活动的计划。

7月2日举行的国际展览局第131次大会、12月2日举行的国际展览局第132次大会，均有相当多的大事小事需要来回沟通，基本上也是通过周汉民进行的。例如，6月24日，上海申博办致电周汉民，请他提供相关参考材料，以便上海方面为市领导参加第131次大会做准备。这些材料是：（1）法国电视一台拟采访的提纲；（2）"法国企业支持中国申博俱乐部"背景及成员名单；（3）出席文艺晚会、使馆招待宴会的贵宾名单。又如，6月29—30日，上海歌舞团在法国巴黎演出大型舞剧《金舞银饰》；11月16—17日，中国艺术家在法国巴黎表演大型文艺节目《今夜星光灿烂》。这些活动有大量的事务和商业交往需要沟通。上海这里有很多人在筹备，前方基本上就靠周汉民联系。

在一年的时间里，周汉民就拜访和各种协调事宜向国内发回370多份密电，日均一份。我想，他每天白天工作，晚上写汇报材料，还是很辛苦、忙碌的。

（二）"人盯人"措施

2001年7月，北京申奥成功后，申博机构就开始紧张忙碌的外交游说活动。谁代表国家、代表上海去游说，是一个很值得研究的问题。之前在6月初，上海著名电视主持人袁鸣作为市民代表在国际展览局大会上发言，取得了很好的效果。6月底，曾参与市民代表竞选的易趣网董事长邵亦波来到上海申博办,汪均益向他介绍了市民代表产生过程,希望他能继续发挥作用。邵亦波说,他很高兴能参与到申博工作中。他自从1991年离开上海后,每年回来一次,感觉上海的变化实在太快,世界上没有几个城市可以做到这样。国外常有人对中国的现状存在误解,还问上海有没有抽水马桶。邵亦波说:"我相信只要外国人到上海来看看,就一定会更了解中国。世博会就有这样的作用。"

以"市民代表"身份参加申博,这个做法给了我们启发。2001年7月,上海申博办提出方案,建议在申博办编制以外,组成四个志愿者团队来加强游说工作,包括参与外事接待工作。四个志愿者团队分别是:以外语翻译为主的志愿者组;以形象为主,兼懂外语的国际交流活动志愿者组;国际关系咨询专家组;申办竞争国研究组。但团队人员怎么产生呢?在市领导召集的几次会议中,先是考虑从社会上招聘,后来逐步形成通过市委组织部在全市范围抽调骨干充实申博办,承担游说工作的方案。

2001年8月2日,上海申博办行文请示市政府,建议从有关单位或部门借调10名外事干部充实上海申博办,建立外交游说责任制,实行分组包干。

8月11日,市领导在申博工作领导小组会议上明确,从全市金融系统抽调干部,担任申博游说小组组长。会后,市领导召集申博办主任汪均益、金融工作党委书记杨定华、市委组织部副部长周鹤龄,具体研究抽调事项。

8月14日,汪均益、陈志兴到市金融工作党委,向各大银行行长、书记介绍上海申博的情况。

8月28日,市金融工作党委从全市银行、证券系统抽调的10名干部到申博办报到。这 10 名干部中，副处级 5 名，硕士学位人员 4 名，博士学位人员 1 名，党员 9 名，平均年龄 39 岁。全市金融系统有 10 万名员工，这 10 位干部，是名副其实的"万里挑一"。经过 3 天培训，申博办明确成立联络二部，由这 10 人组成，由申博办副主任陈志兴分管。陈志兴对他们作了初步分工，每人负责 8—10 个国家，当时被称为"国别对口责任人"，具体工作包括收集信息、分析整理、提出出访和接待的游说方案并落实、投票形势分析预测。

2002 年 7 月 23 日，申博工作进入最后冲刺阶段。黄菊同志在上海市委书记办公会议上强调，全市四套班子都要全力以赴；要进一步充实申博队伍、加强力量。7 月 24 日下午，市政府主要领导召集相关部门负责人，研究加强申博力量，明确"人盯人"措施，即包括之前抽调的金融系统 10 人在内，在全市总共抽调 88 人，对国际展览局当时的 88 个成员国逐个进行跟踪调研。8 月 12 日，从全市各单位抽调的第二批"国别对口责任人"进入申博办开始工作。9 月 11 日，从全市各单位抽调的第三批"国别对口责任人"进入申博办开始工作。至此，以"国别对口责任人"为成员的申博办联络二部达到 88 人。

9 月 16 日，申博办召开专题会议，研究 88 人的具体分工。会议确定了各块的"块长"、各块成员、职责；要求尽快了解情况，做好跟团（包括中央有关团组）出访准备，杜绝在参加有关团组出访时说"我不了解情况"的现象。

这 88 位干部中，有高校的教授、医院主治大夫、企业高管，也有刚毕业的优秀研究生。毫无疑问，他们是上海滩上比较优秀的一群人！他们当时离开自己得心应手的原工作岗位、求职道路，来到申博办，从事一项虽然很重要，但对个人来讲前景莫测的工作，确实需要勇气和责任心。申博成功后，大部分人回到自己的原单位，一小部分进入上海世博局，继续从事办博工作。还有两位——王慧、卓亚岚，在上海世博会结束之后，继续忙于中国参加他国世博会的工作，把这件事作为终身职业了！

（三）援助资金

市领导蒋以任曾说过，外交游说要重视三个要素：当面沟通、利益交换、感情到位。实际情况正是这样。在中国已经展现了举办世博会的强烈愿望和相对优势之后，为什么某某国家要投其他申办国的票？就是为了满足国家利益甚至投票人的个人利益。当然，中国作为国际上备受关注的大国，行为必须谨慎。2002 年 5 月下旬，吴仪在一次申博工作会议上强调，下一步的拉票工作，一是要加强力量，研究与各成员国的利益交换，有的国家要做高层工作，有的国家重点是中层，要弄清楚谁在起作用；二是加强游说工作，请主席、总理发函，派特使高层次参加，要有重点；三是绝对不能出丑闻，中国在国际上不能丢面子。

因此，游说工作中的一个重要方面，是尽量与有投票权的国家的代表接触，了解他们的具体需求。市领导认为，"援助资金"是一把"杀手锏"，要用好这个武器。

2002 年 3 月，在向国际展览局考察团介绍情况时，上海方面提到将向欠发达国家和地区提供 8 000 万到 1 亿美元的援助。后来，应该是这个数字传到了国外，在 7 月 2 日国际展览局举行的第 131 次大会上，韩国代表表示，将为发展中国家提供 1.1 亿美元的参展援助。以后几个月里，巴黎传来俄罗斯提出了 1.3 亿美元、韩国改口提出 1.7 亿美元的参展援助设想的消息。这对中国申博形成了挑战。市领导坚持说，我们保持 1 亿美元不上涨，但可提出增加 2 000 万美元的奖励资金，既保持风度,又不显得落后。

到 2002 年下半年,这 1 亿美元怎么使用,成为游说拉票的重磅因素。市领导要求把援助方案具体化,让每个国家看到,如果它们投中国票,将来在举办世博会时可以受到怎样的参展援助。

9 月 28 日,汪均益召集综合部、联络部等人员,说昨晚北京来电,要求我们尽快拿出三个文件:1 亿美元备忘录;第 132 次大会方案;对外宣传说帖。我们连夜讨论、起草初步方案。9 月 29 日,我们即把初步方案传到北京。

9 月 30 日,汪均益在市政府会议室向市领导汇报"1 亿美元"使用方案。市领导认为这个方案"限制性语言"太多,给人的感觉是要拿到这些援助很不容易。市领导要求尽量定量化,拿出分类标准,让人一看就知道,如果参展,拿出什么样的参展方案后,就能收到多少援助资金。申博办根据市领导的指示,修改了援助资金使用方案。

10 月 11 日,国家申博委举行第六次会议,听取了上海的汇报,明确要求细化 1 亿美元援助资金。当天晚上回到上海后,我们又连夜工作,第二天完成了三份说帖,根据不同情况,把国际展览局成员国分为三类,分别给予"全额援助""定额援助""降低参展成本"的承诺,当晚发给外交部国际司。10 月 17 日,外交部把这三份文件发给了中国驻国际展览局各成员国的使馆,其中"全额援助"发给了中国驻 33 个国家的使馆,"定额援助"发给了驻 35 个国家的使馆,"降低参展成本"发给了驻 18 个国家的使馆。这样,当时国际展览局除中国以外的 88 个成员国中,除了韩国、俄罗斯外,其他 86 个国家都收到了中国的承诺函。

关于对这些成员国进行分类,有个小插曲。因为最初提出这个设想时,援助对象是联合国界定的不发达国家,现在却发给了几乎所有的国家。其中的想法是：狭义的发展中国家及最不发达国家在国际展览局中所占比重不大，因此发往"广大参展国"可能更好，这样更符合国际展览局宗旨，强调"最多的国家来参展"。

11月上旬的一天，我在家吃饭，接到市外办翻译董鹤莉的电话，她说她正在陪同市领导练习将在国际展览局大会上的英文陈述，其中有个问题要问我。我接电话后，市领导说："哦，你是起草这个讲话的同志吧？我有个问题想明确一下，讲稿里提到享受中国援助资金的除了发展中国家外，还有其他国家，是指哪些国家？为什么？"我解释说，因为前一阶段在游说时，北欧一些国家提出，如果在俄罗斯举办世博会，它们参展准备会比较方便，而若在上海举办，路途遥远，运输成本要上升；当时我们表示可以在运输成本上给予补贴，所以享受援助资金的范围不限于发展中国家。

因为这篇讲稿是我起草的，市领导在我送上去的打印稿上，用铅笔做了很多修改，退给我重新打印。申博成功之后，上海世博办筹备"世博展览"，我把这篇涂涂改改的打印稿送过去展出。不料后来被告知，这份手稿找不到了。每每回想这件事，我就感到十分遗憾！我希望有朝一日，它能从某个故纸堆里被翻出来，重见天日。

（四）投票模型

下半年的竞争态势十分激烈。甚至某申办国领导人亲自对上海市领导说："你还年轻，我们那位市长年纪很大了，你能否把机会让给他。"

为了做好投票预测工作，申博办寻求专家帮助。8月初，联络部王军玮找我，说联系了复旦大学经济学院老师，可以请他来做数学模型，用于投票预测。我即和军玮见了那位研究数量经济分析的老师。8月9

日，申博办开会研究同意启动投票模型工作。8 月 12 日，周汉民、胡仲华在申博办会见了复旦大学经济学院的两位教授，和他们具体讨论了投票模型的编制工作。

后来，有人说这个模型很好，成功预测了投票结果。实际上，搞计算机的人都知道这么一句话，"garbage in，garbage out"，即模型只是计算工具，关键是输入的参数。如果输入的是无效的信息，那么输出的也只能是垃圾。投票预测能否准确，模型很重要。更重要的是要准确判断各成员国对中国的态度。

当时的设计思路是：首先判断每个成员国对每个申办国的投票概率，然后汇总计算这些概率。打个比方，有 10 个人站在一个十字路口的中央，每个人都有可能朝东、朝南、朝西、朝北走。如果我们获知每个人朝某个方向的可能性是多少，那么通过计算，最终可以获知实际上分别有几个人朝东、朝南、朝西、朝北走去。

比如就中国代表投票而言，投给中国的概率永远是 100%。而某个承诺投中国票的国家，原来可能是 80%，后来根据我们了解到的一些情况，估计该国投中国票的立场有所动摇，概率降为 40%，另外的 60% 分散给其他几个申办国了。因为当时有 89 个成员国，每个国家虽然最终投一票，但是在投票之前，有五种可能性，这样就产生了 445 个数据。把这些数据输入投票模型，就可以计算出某个申办国的得票数。

这样，概率判断就成了关键。而判断的依据，是当时的双边关系。申博办先是汇编了一份关于 88 个成员国情况的材料，内容是联络二部 88 人在当时所收集、了解的某个成员国的投票立场，以及影响该国代表投票的三类因素：一是基本因素，即该国与某个申办国的政治、文化、地缘关系（例如欧盟与俄罗斯、拉美国家与墨西哥）；二是重要因素，即该国与申办国的经贸往来，申办国满足该国的利益要求（例如有的非洲国家与中国有长期友好的关系，但受经济利益诱惑而支持某国）；三是个性因素，即该国投票人对申办国的好恶，说穿了，就是投票人被收买而不忠于本国政府指示的可能性。

上海申博办组织了三场判断，当场填写概率表。8月14—15日，上海申博办汪均益、胡仲华，复旦大学党委副书记燕爽在浦东新区上海名人苑邀请复旦大学17名专家。专家们签署保密责任书后，阅读申博办提供的各成员国情况材料，特别顾问胡仲华介绍了竞争形势，联络二部负责各个大洲的"块长"介绍了已收集和了解的情况，请专家们根据申博办提供的材料，结合他们自己的专业知识，对每个成员国的投票意向进行判断。8月27日，上海申博办组织内部人员（主要是联络部和联络二部）对投票倾向进行判断。9月16日，上海申博办赴京，在外交部国际司支持下，请各地区司有关人员对各国投票倾向进行判断。

三类人员填表后，按照上海申博办30%、上海专家30%、外交部专家40%的权重，将这些数据汇总起来，输入计算机，得出国际展览局大会上投票的可能结果：第一轮，中国得36票，韩国得21票，俄罗斯得16票，墨西哥得8票，波兰得5票。

12月3日的实际投票和预测还是很接近的。实际投票结果是，第一轮，中国得36票，韩国得28票，俄罗斯得12票，墨西哥得6票，波兰得2票。

二、成功

2002年12月3日，国际展览局举行第132次大会。这次会议要投票决定 2010 年世博会举办国。中国派出了由国务院办公厅、外交部、外经贸部、中国贸促会、上海市政府等单位的领导和工作人员，以及中国驻法国、英国、比利时使馆的人员组成的共 200 余人的代表团，由国务院副秘书长、国家申博委副主任徐绍史总协调。

2002 年 11 月 28—29 日两天，上海工作团分两批飞赴法国巴黎，参加 12 月 3 日举行的国际展览局第 132 次大会。我随市政府主要领导，于 11 月 29 日中午 11 点 45 分从上海浦东国际机场起飞。我心里明白，彼时彼地，已经不需要上海申博办综合部做什么了，领导让我参加上海工作团，是给我见证三年多拼搏结果的机会。如果从 1999 年 2 月 12 日黄菊、徐匡迪批示申办世博会算起，到 2002 年 12 月 3 日，有 1 390 天！

当地时间 11 月 29 日下午 5 点 10 分，我们这个工作团飞抵巴黎戴高乐机场。11 月 30 日不安排任何其他活动，一整天就是了解情况。12 月 1 日，上海工作团抵达摩纳哥蒙特卡洛，与北京来的工作团会合。徐绍史召集全体工作人员开会，要求：（1）各组明确职责，（2）各方协作配合，（3）把拉票做到最后一分钟，（4）注意保密，不随便发表意见，绝不能出丑闻。

摩纳哥是一个袖珍国家，全国面积仅 2 平方公里，但非常富有，整个国家就好像高档度假区。我们到达时，街道上已到处可见竞争气氛。某国租用了蒙特卡洛中心广场做广告——据说这一举动违背了国际展览局与各申办国的"君子协定"。某国还在海边租用了四条帆船，上面写着申办口号。看到这个场景，跟随李岚清副总理来的一位上海籍部长用上海话说："他们肯定要输的，你们看，四条帆船，输脱、翻脱。"

投票游说是国际舞台上的"抢（关系）、逼（表态）、围（代表）"。如果说之前这方面的活动都比较隐秘，那么到了摩纳哥，游说拉票显得半公开化了。上海申博办联络二部有部分人员到了摩纳哥。他们出发之前和相关国家的代表打电话，因为双方平时有联系，说自己什么时候会来，问对方什么时候到巴黎，并提出到机场接对方。有的代表和我们的人约定了时间见面，而有的代表原来和我们关系很好，现在却不理睬我们，接了电话说"啊！我没空，我没空"。

每个申办国在会议现场都有自己的工作室。12月2日晚上，我们几个工作人员在会场检查。我有点口渴，想到工作室喝水。一个同事在门口守着，说你别进去，里面有人在谈话。我说谁啊，把门拉开一看，外交部副部长王光亚、外经贸部副部长魏建国和一个老外，三个人不是面对面坐着，而是呈三角形就座，仿佛是凑到一起在聊私话的样子。后来我们得知，这位老外是拉美某国驻法国的二等秘书，也就是处级干部，12月2日下午紧急约见中国代表团，提出如果投中国票，希望中国对他们在政治上、经济上有所支持。政治上的支持，是该国在联合国有一件事，希望中国投他们的票；经济上的支持，是该国正在开展禁毒，需要引导农民种植经济作物，中国能不能派些农业专家提供帮助。于是，中国的两位副部长应约和这位二秘见面。

12月2日上午，中国代表团举行记者招待会。下午，中国代表团举行陈述总彩排。彩排中发现了一个技术问题——幸好是事先发现——由于同声传译器是无线控制的，电磁波对屏幕产生了干扰。经与场地方交涉，这个问题很快得到解决。

12月3日上午，国际展览局举行第132次大会，墨西哥、俄罗斯、韩国、波兰、中国等五个申办国相继陈述。这是最后一次亮相。事实上，各国代表已决定投票立场，上午的陈述未必会让代表改变立场。但是如果陈述失败，则肯定影响投票结果。中国代表团由三位政治局级别的高层人士在同一个会议上陈述,这可能是新中国成立以来的第一次。

当时形势已比较明朗,最终比拼将在中韩两国之间进行。尽管如此,所有申办国的陈述都非常认真。比如波兰,第一轮投票只得到两票,也就是说,除了波兰本国一票,只有一个国家投波兰票。每个国家有五分钟现场准备时间。韩国结束陈述后,波兰代表团立即上场,摆放了桌椅、装饰板等道具,30分钟的陈述犹如一场舞台剧:先是一位盲童上场,朗诵一首诗,然后两位学者坐在沙发上讨论,话题都是围绕着波兰的国运。整个陈述似乎是在打悲情牌。而俄罗斯则明显在打政治牌。2002年7月,俄总理卡西亚诺夫出席了第131次大会。在这第132次大会上,他们请出了前总统戈尔巴乔夫。国外曾有评论,请戈尔巴乔夫出场,显然是为了取悦西方世界。

12月3日下午,国际展览局举行投票。会场管理很严,每个申办国除了正式代表外,只能再进入20个人。中国方面进入会场的人员来自国务院办公厅、外交部、外经贸部、中国贸促会、上海市政府、中国驻法国使馆等单位,上海有四个名额。中国代表团的其他人员等候在会议室外的大厅,待入场者把消息传出来。

当地时间13点45分,吴仪来到投票会场门口,与进场的每一位代表握手,随后她回到宾馆,没有进场。

14点30分,下午的会议开始。14时45分开始投票。投票结果,第一轮:中国36票,韩国28票,俄罗斯12票,墨西哥6票,波兰2票。波兰被淘汰。消息传到会场外,等候在大厅里的中、韩两国人员发出一片欢呼声。第二轮:中国38票,韩国34票,俄罗斯10票,墨西哥5票。墨西哥被淘汰。会场外韩国工作人员一片欢呼,中国工作人员感到紧张。第三轮:中国44票,韩国32票,俄罗斯12票。俄罗斯被

淘汰。中国工作人员开始等待成功的消息，韩国工作人员沉默。15 时
07 分，第四轮投票结束，中国 54 票，韩国 34 票。国际展览局主席诺盖
斯宣布：2010 年世界博览会举办地是中国上海！

申博结束后，我们曾讨论这 54 票是哪些国家投的。外交部国际司
和上海申博办分别根据前一时期的游说情况，提出了可能投中国票的名
单，对其中 47 个国家的判断是一致的，对另外七个国家的判断则不一
致。事实上，当时投票是用无线遥控器进行的。虽然每个无线遥控器都
有编号，但是哪个遥控器由哪个国家领走，是随机的。因此，这相当于
匿名投票。如果要"眼见为实"，那么只有一个国家：根据国家名称字
母排列顺序，中国代表和加拿大代表坐在一起；我听说，投票时加拿大
代表对中国代表说，你看，我投你们票了。

投票结束散场时也很有意思。中国代表团工作人员都围在会场门
口，等候代表离场。走出来的外国人分三种情况。第一种情况，看见手
持五星红旗的中国人，又是握手，又是拥抱，表示祝贺，他们基本上就
是投中国票的；第二种，看见中国人不握手、不拥抱，但很绅士地招招
手，意思是向你们表示祝贺，基本上就是没有投中国票的；还有一种是
看见中国人就躲了，基本上是之前答应过投中国票但最后没有投的。

投票结束后，国际展览局主席诺盖斯在记者招待会上说，中国赢得
了一场令人信服的胜利。秘书长洛塞泰斯在出席当天晚上中国代表团举
行的答谢宴会请柬上写道："今天，世界诞生了一个伟大的希望。"

这确实是一个让各方都满意的结果。

在出发赴法国巴黎之前，汪均益对我说："这次中国成功的可能性
非常大。你能否准备一首诗？到时候我来朗诵。"我当然答应。在飞往
巴黎的飞机上就开始酝酿。12 月 3 日上午，我一边听陈述，一边回忆

三年多的历程，完成了一首诗。不过，在当天晚上宴会结束后的联欢会上，汪均益朗诵了毛泽东的《沁园春·雪》，当他用富有磁性的嗓音朗诵到"数风流人物，还看今朝"时，全场响起了热烈的掌声。

我当时写的诗，真实反映了我几年来的情绪。现在就以这首诗作为我申博回忆的结束：

> 我从来没有像今天那样兴奋——
>
> 上天可以作证！
>
> 因为中国在国际竞争中，
>
> 又一次大获全胜。
>
> 我从来没有像今天那样激动——
>
> 大地可以作证！
>
> 因为三年多的辛勤汗水，
>
> 终于得到了承认。
>
>
> 遥想19世纪中叶，
>
> 有一个上海人，
>
> 带着好奇的目光，
>
> 扣开了世博会的大门。
>
> 一段久远的历史，
>
> 激荡着后代子孙；
>
> 一个微小的起点，
>
> 演变成波澜壮阔的申博历程。

总书记的豪迈，

　　总理的真诚，

中央首长的庄严承诺，

　　上海市长的果断与谨慎。

外交官折冲樽俎恳切交谈，

　　老专家斟字酌句深夜挑灯；

莘莘学子满腔热血四处奔走，

　　海外华侨穿针引线报国情深。

四岁幼童高举起小手，

　　无数臂膀托举起百年期盼；

六旬老人万里走单骑，

　　无数脚步履行了千年责任。

无论是苍老还是稚嫩，

　　所有的呼喊表达出同一个心声；

无论是初出茅庐还是满腹经纶，

　　所有的思考张扬着拼搏自强的精神。

有愚公在，高山不过是一抔黄土；

　　有精卫在，大海挡不住前进车轮。

欢呼吧，我的朋友，

　　全国人民都在为胜利举杯庆贺！

自豪吧，我的亲人，

　　全世界都相信，**中国，不可战胜**！

第十一章 "非典"下的等待

2003 年，是整个世博会筹办过程中很特殊的一年——申博已经结束，办博没有开始，而且由于新的机构没有成立，原来的申博办也没有解散，除了原来带有突击性质而抽调的联络二部大部分人员回到原单位之外，申博办成员不知道自己未来的工作岗位在哪里。因此，在差不多一年时间里，大家心理上处于一种等待状态。

等待近一年，可能有这样几方面原因。第一，2003 年是政府换届年，诸如组织机构方面的工作，都必须层层决定，"谁来做"尚未确定，"具体做什么"只能暂停。第二，2002 年底在广东发现的"非典"病毒，到 2003 年初蔓延全国，大大影响了各项工作正常进行。第三，要建立一个什么样的办博机构、决策层与执行层之间是什么关系、中央和地方之间是什么关系、政府和企业之间是什么关系，大家都缺乏经验，在与世博会有关的政府部门内部，没有达成共识。

当然，虽然世博会筹备工作没有正式启动，但日常工作还在进行。2003 年 1 月初，上海申博办改名为上海世博办。站在上海世博办综合部角度，这一年里，我参与、记录的工作也很多。

一、申博成功后的收尾

中国申博成功后，申博办在热烈、激动的氛围中，也需要以冷静的心态处理收尾工作，主要是总结、感谢、回应社会。

（一）总结

申博成功，需要回顾、整理整个申博过程、总结成功的原因，需要提炼申博精神。中国贸促会也要求上海申博办提供相关材料。为此，2002年12月下旬，申博办开始考虑《上海申博办工作总结》和《上海申博工作大事记》两个文件。12月30日，上海申博办召开会议，明确起草四个文件：申办总结、表彰方案、机构设置设想、2003年上半年工作。

申博成功以后，我一直在整理文件，回顾三年来领导讲话中的思路。因此，12月31日，即申博办提出任务的第二天，我就提交了《上海申博工作总结》框架。我把"从三条主线展开，经历了四个阶段，体现了五种精神，归功于六方面原因"作为整个报告的框架，得到了申博办领导的同意。

接下来的写作很顺畅。框架已获批准；申博办各部门非常支持，提供了很多材料；综合部起草的文件、报告和编辑的简报已包含上述框架的基本内容。过了元旦，我们即完成总结报告初稿。报告开宗明义地提出："从1999年开始的三年申博，经过激烈的竞争终于成功，从20世纪80年代开始的上海人民20年申博愿望终于圆梦，从1851年第一位中国人参加伦敦世博会开始的中国人民百年期盼终于实现。"2003年

1月6日，申博办主任办公会议讨论通过了报告初稿，并提出了一些修改意见。1月15日，这份有21 000字的总结报告最终定稿。今天回过头来看，这份报告偏于具体，在勾勒申博思路、精神的同时，往往详述具体事件，与其说是工作总结，不如说是基于某个框架的重要资料汇编。

接下来是编写大事记。这份文件相对比较容易完成，只要把主要文件里的事件摘取出来，按照一定的原则加以选择——比如在游说阶段，部级以上领导会见外宾的活动均应列入。关于这方面的工作，联络二部提供的材料很完整。2002年下半年，市领导频繁会见外宾，凡是和申博有关的，联络二部的人员都出席，会见结束后都写材料给我。后来上海申博办把大事记传给中国贸促会，他们汇编到《中国申博大事记》里。2003年，上海市副市长周禹鹏赴京拜访中国贸促会时，贸促会提供了这份大事记。周副市长看到里面有他本人多次会见外宾，请求对方支持中国申博的记录时，感叹道："你们工作很仔细啊，我每次见外宾，都有记录！"

（二）感谢

我们在申博过程中得到了方方面面的支持。申博成功后，需要对各方的支持表示感谢。

2002年12月8日，上海市委、市政府主要领导致函中国驻国际展览局成员国使馆，中国驻联合国使团，中国驻马塞总领事馆，中国常驻世界贸易组织代表、特命全权大使，对申博期间他们给予的支持表示衷心感谢。

12月9日，根据国务院副秘书长徐绍史的指示，国务院办公厅来电，要求上海申博办就申博成功后各界发来贺电，起草一份以国家申博委名义致海内外的感谢信。我们很快起草了感谢信，12月10日下午传到国务院秘书二局。

12月11日起，申博办各部门分工，分别向不同机构发出感谢信。其中，综合部负责向参与申博的专家，以及来信来电表示祝贺的普通市民发出感谢信。联络部负责向参与游说服务的志愿者们发出感谢信。资源开发部负责向支持中国申博的外资企业，以及参与申博的内资企业发出感谢信。这些信的感谢之意一致，在此基础上根据不同对象，增加一些内容。比如，给捐款的市民信里，明确"申办和筹备世博会过程中，不接受个人捐款，我们接受您的心意，同时退回捐款，请您收下"。给专家的信里表示："您对上海申博工作，特别是申办报告编写、迎接国际展览局考察、普及世博会知识、推动民众参与申博活动等方面给予了积极帮助……"资源开发部给部分内资企业的信里，特意表示对于对方在人力资源方面的支持的感谢——由于申博办没有编制，不少在申博初期进入申博办的大学毕业生，人事关系是挂靠在一些企业的，还有一些申博骨干，是直接从企业借调的。

（三）回应社会

申博成功后，申博办收到不少来信，至2003年5月上旬，收到187件，其中包括市信访办和市人大转来的信件，还有来自国外的四件。信件内容分为祝贺、要求参与、提建议、发表不同意见、其他等几类。综合部一般情况下是有信必复。我还记得以申博办主任汪均益的名义，给著名指挥家陈燮阳的父亲陈蝶衣老先生回信，感谢他对中国申博成功的祝贺。

有的信提出了一些具体建议，比如要加强环保，要做好中国馆的展览策划，要发挥世博会的经济带动作用，要重视用人机制，要加强运营研究，要加大宣传力度。虽然在2003年初时，办博路线还不明朗，但是这些确实是筹办世博会需要重视的，我们对来信者表示感谢。也有个别来信比较特别。比如有几封来信希望世博会能组织专家，评审他们提出的某个观点；有对"五千年文明史"表示质疑的；有认为世界不是一分为二，而是一分为三的；还有认为世博会需要投资 300 亿元的。我们对这些建议只能婉言拒绝。

二、世博价值的初步开发

申博成功后，社会各界十分兴奋，不仅仅是对中国在国际社会上获胜感到自豪，更多的是意识到新的发展机遇即将降临。

（一）最初的市民反应

2002 年 12 月 4 日的《人民日报·华东新闻》，刊登了记者对上海市民的随机采访，调查申博成功后，他们最关注什么。根据受访人的回答，记者整理了市民最关注的 10 个问题：

（1）上海的房价会大涨吗？（2）世博会能提供多少就业机会？今后找工作会容易些吗？（3）私车牌照拍卖会一直涨上去吗？（4）办世博会究竟能赚多少钱？（5）城市会更绿、水会更清、天会更蓝吗？上海的环境会有实质性的变化吗？（6）世博会门票会定多高？能否大众化些？（7）预计至少有 7 000 万人次参观世博会，到时上海的交通怎么管？（8）要通过什么途径才能为世博会工作？（9）世博会能给周边城市和全国经济发展带来什么具体好处？（10）一些上海人乱穿马路、乱晒衣服等不文明行为，能不能通过举办世博会而根治？

市民的这些关心，显然都很现实。

（二）全市大讨论

几年来，上海市委、市政府虽然领导班子有所调整，但始终很重视申博，因为这个大项目对上海的长远发展有重大意义。2003 年 1 月 13 日，市委、市政府召开"申博精神"座谈会。汪均益、周汉民、夏永芳、唐子来、胡志刚、张帆、杨存义、顾骏等八位参与申博的官员、专家、市民发言。之后，市委、市政府组织了"世博会与上海新一轮发展"大讨论。3 月 12 日，市委、市政府召开全市范围的"世博会与上海新一轮发展"大讨论动员大会。因为这场大讨论的内容远远超过了世博会本身，涉及全市现代服务业今后的发展战略，因此由市委办公厅具体负责，上海世博办在有关世博会带动效应方面予以配合。市委副书记、市长韩正在动员大会上指出，要以世博会为抓手，破解上海当前和今后一段时期发展中的难题，实现上海发展新的跨越。

也许是一下子把世博会与全市发展战略联系在一起，始料未及，导致有的部门并不理解。我曾根据市政府某个部门编写发展规划的要求，写了一些世博会对上海发展价值的理解。后来接到电话反馈说："你们是否把世博会拔得太高了？世博会有那么大的作用？要实事求是。"于是我重新写了材料，降低了对世博会的"赞扬"。结果，过了些日子，又接到高一层面的批评，说市里对世博会的评价那么高，你们的材料里怎么没有什么反映出来？于是，我们又把原来的稿子稍微改了改，传过去。

"大讨论"前期，世博办领导应邀到市里很多单位介绍世博会概况和申博过程。

1 月 25 日，汪均益在上海民主党派大厦作申博报告。

2月10日，汪均益参加市政协新委员学习会，介绍申博过程。

2月28日，黄耀诚在黄浦区纪委介绍世博会。

3月14日，黄耀诚出席九三学社上海市委员会（简称"九三学社上海市委"）举行的"世博会如何推动长江三角洲一体化发展"研讨会；陈志兴在市科委报告会上介绍申博。

3月25日上午，汪均益、周汉民在市政协作申博报告；下午，汪均益参加市政协"世博会与上海发展"座谈会。

4月3日，黄耀诚在华侨知识分子联谊会上演讲。

4月4日，周汉民上午在上海图书馆报告厅作世博专题报告，下午在同济大学经济管理学院报告厅作世博专题报告。

4月9日，黄耀诚出席九三学社上海市委世博报告会。

4月10日，黄耀诚出席在上海展览中心友谊会堂举行的城市精神座谈会。

4月11日，汪均益在杨浦区作世博报告。

4月12日，周汉民在上汽集团作申博报告。

4月14日上午，汪均益在市人大"世博会与推动上海城市发展"专题讨论会上发言；下午，周汉民在上海电信公司作世博报告。

4月15日上午，汪均益在上海市公安高等专科学校作世博报告。下午，黄耀诚在复旦大学旅游系作世博报告。晚上，汪均益、黄耀诚参加在兴国宾馆举行的上海市公共关系协会第四次高级公关沙龙。

4月16日下午，汪均益参加民盟上海市委举行的"世博会与城市文化精神"研讨会；周汉民参加由市计委组织的世博专题讨论会；黄耀诚出席市人才服务中心世博报告会。

4月17日，周汉民上午出席上海社科院举行的上海现代化论坛；下午在科技馆作世博演讲。下午，黄耀诚在长宁区作世博演讲。

4月18日，黄耀诚上午在黄浦区政法委作世博讲座，下午在国际会议中心向全市人事系统介绍世博会。下午，周汉民在民进上海市委作世博演讲。

4月19日下午，周汉民在上海市检察院作世博演讲。

4月21日，汪均益上午在市侨联作世博演讲，下午在徐汇区委作世博报告。周汉民在炎黄文化论坛发表演讲。

4月22日，汪均益参加在上海科学会堂举行的上海咨询协会会议，作世博报告。

4月23日，周汉民在上海社科院作"世博会与推动上海社会发展"主题报告。

4月25—26日、5月7日，周汉民分别在中欧国际工商学院、长宁区房屋土地管理局、新世界集团作世博报告。

"世博会与上海新一轮发展"大讨论从3月延续到10月下旬。7月中旬，世博办参加了市里的一次中期报告会。会上，各方面专家汇报了关于世博会与上海现代服务业发展、上海制造业战略升级、上海郊区"三个集中"（即土地向规模集约经营集中，工业向园区集中，农民向城镇集中）、世界城市的指标体系、上海新一轮发展战略（B方案）等。这些汇报反映了这场大讨论话题的广度和深度。到年底，各相关部门形成了一系列关于上海现代服务业的研究报告和行业发展规划。

（三）《年鉴》编辑

世博会本身，以及世博会的筹办过程，具有丰富的时代精神。在挖掘世博价值的时候，有的出版机构敏锐地意识到了这一点，产生了系统编辑世博会资料的想法。但这件事最终没有成功，原因是多方面的。

2003年1月28日，W出版社总编辑和他的助理拜访世博办，建议和世博办合作编辑出版《中国2010年上海世博会年鉴》（简称《年鉴》）。2月8日召开的世博办工作例会批准了这个项目，由综合部负责联系接洽。2月11日、2月13日、2月20日、3月27日，该出版社上级领导以及出版社总编辑等多次来世博办，商谈《年鉴》编纂具体事宜。

通过多次沟通，双方就世博会《年鉴》出版达成原则意见，包括双方编辑人员、时间节点、年鉴框架、双方权益，但是没有形成合同或备忘录。3月以后，世博办按对方要求陆续提供资料。7月上旬，对方向世博办递交了"经过整理的《年鉴》初稿"。我初步阅读后，感到离《年鉴》要求相去甚远，主要问题在于整理者似乎不了解世博会，初稿基本上没有分清事件发展的来龙去脉，没有区别各种材料的轻重缓急。此外，即使按文字编辑的一般要求，"初稿"也有缺陷，世博办提供的原始材料中，重复、遗漏、称谓不一等问题很多，而"初稿"依然保留了这些缺陷。

我向世博办领导汇报了这个情况。7月中旬，世博办决定以世博办名义邀请专家对初稿进行"会诊"、加工，同时考虑另选出版社的可行性。

当然，如果真的这样处理，结果是大家都很尴尬。8月初，由上海地方志办公室推荐，高可、张克良两位专家到世博办工作了三个星期。经过他们的努力，《年鉴》框架趋于成熟，资料收集基本完成，内容的增删已有明确意见，条目编纂已具雏形，各部分的文字和风格也已得到协调、统一。

但此时，更深层的问题出现了。如果要反映整个申博过程，这本

《年鉴》就必须包括中央领导的活动记载，需要判断以国家名义对外游说的过程、有些内部会议的报告能否公开（一般来说，若干年后，有些文件可以公开，但是年鉴的特点是及时），而这是上海世博办无法完成的。如果要与中央有关部门沟通，又涉及世博机构组建，而在这方面，上海还没有准备好。

还有一个原因。尽管表面上看起来是从 3 月中旬到 7 月初，该出版社相关编辑人员没有把握好世博会的内涵，但实际上是缺乏一个合作编辑的"编委会"。如果上海世博办只提供材料，仅仅依靠出版社是不可能完成的，即使换一家出版社，也是这个结果。8 月 19 日，W 出版社总编辑来访。双方坦诚交换意见，认为一开始确实沟通不够，有些方面没有协调，关键是没有编委会，没有人拍板。

至此，编辑《年鉴》的工作不了了之。

（四）来访接待

世博会可能带来巨大价值。对于这一点，不仅文化出版系统的专业人士感觉到了，中外企业界更是敏感。2003 年，致电和到访世博办以了解情况、探讨合作的中外人士很多，仅上半年，我记录的就有：

1 月 8 日上午，陈志兴接待来访的加拿大驻上海总领事馆商务领事。晚上，黄耀诚接待来访的万博宣伟公司，就世博会策划工作进行交流。

1 月 13 日，黄耀诚会见西班牙建筑师。

1 月 15 日下午，汪均益会见新加坡国际企业发展局国际业务中国署署长。晚上，周汉民与法国预算和预算改革部部长共进晚餐。

1 月 16 日，周汉民会见法国 AS 建筑工作室代表。

1 月 17 日，陈志兴会见德国公司代表。

1月22日上午，黄耀诚会见挪威驻上海总领事馆商务领事；下午，周汉民会见世茂集团董事长。

2月9日上午，汪均益会见交通银行上海分行副行长。

2月11日下午，汪均益会见国家开发银行上海分行行长。

2月14日，汪均益与来访的市政府协作办公室处长座谈，讨论上海世博会能为长三角合作带来的商机。

2月20日上午，汪均益接待中国网通集团副总经理。

2月21日下午，黄耀诚会见日本国土交通省国土规划局代表团。

2月24日，市纪委负责外经贸系统的纪检监察二室来电，希望了解办博进程，讨论能否提前介入。

3月3日，中央某部委下属机构来电，介绍中央若干部委合编的《企业年鉴》，希望与上海合作，加入世博内容。

3月7日上午，汪均益会见法国商务参赞，下午分别会见投资信托公司总经理、西班牙对外贸易局主席。

3月10日上午，汪均益会见德国SBA公司负责人；下午，陈志兴会见法国驻上海总领事。

3月19日上午，黄耀诚会见来访的建设银行上海分行市场发展部副总经理；下午会见苏州市旅游委员会领导。

3月21日，汪均益会见中加贸易理事会会长李平。

3月27日，汪均益会见江苏省宜兴市市长。

3月31日，陈志兴会见霍尼韦尔公司中国区总裁。

4月2日，汪均益会见西班牙建筑大师。当天，市政府信息办派员来访，了解世博会对信息办的要求。

4月3日，陈志兴会见日本野村综合研究所研究员。

4月9日，黄耀诚会见著名摄影家杨绍明，讨论世博形象工程。

4月10日，陈志兴会见古巴驻上海总领事。

4月11日下午，汪均益会见江苏省丹阳市委副书记一行。

4月28日，汪均益会见瑞安集团主席罗康瑞。

5月12日，陈先进会见德资上海德维会展服务公司ThisWay！。

5月13日，黄耀诚会见英国驻上海领事。

5月20日，陈先进会见国际集团副总经理。

5月23日，汪均益、周汉民会见香港科技大学校长。

5月28日下午，陈先进会见法国巴黎百富勤总经理、巴黎银行上海分行行长等。

5月29日，汪均益会见日本野村综合研究所研究员一行。

6月20日下午，汪均益等会见招商银行徐家汇支行行长一行。

有意思的是，2003年4月，原上海世博办副主任陈志兴调任上海知识产权局局长，5月8日，周汉民到上海知识产权局拜访陈志兴，讨论与世博会有关的知识产权保护工作。

（五）知识产权保护

申博成功，也带来了世博会知识产权保护问题。

有一家1994年成立的公司，公司名称里有"申博"两个字，也许是"申城博大"的意思。这家公司在2002年9月获上海市某区城市规划局批准，建了一栋楼。中国申博成功后，该公司想给这栋楼取名为"申博大厦"，上海地名办禁止其登记。于是，该公司找到上海申博办。考虑到历史原因，他们确实不是故意侵权，我们劝其改名。

这个例子是无意侵权，而有的企业则是有意识地动了小脑筋。

　　某房产公司在其商住楼盘宣传材料上，用了与上海世博会申办徽标相似的标志，以及"世博会"谐音文字。2002年12月，上海申博办致函对方，要求其改正，对方没有回应。2003年3月，对方来函称其所有的行为都符合法律。

　　申博成功使得与上海世博会有关的标志、特定口号都具有了市场价值，成为用政府资金投资形成的无形资产。为维护国有资产，世博办与对方一再交涉。精通法律的周汉民挺身而出，自始至终担任这个案件的原告代理人，与对方交涉。对方自恃有理，不愿改正或调解。直到第二年，即2004年5月，上海世博局诉该公司侵害著作权、特殊标志所有权、专有名称权纠纷一案由上海市第二中级人民法院受理。2005年7月，上海市高级人民法院作出终审判决：维持上海第二中院关于被告立即停止侵犯原告上海世博局特殊标志所有权、中英文主题词著作权、上海世博会专有名称权、上海世博会特殊标志所有权，登报致歉，并赔偿经济损失的判决。

　　还有一件事。2003年4月28日，我在办公室翻阅报纸，看到某报头版有篇报道的标题是："国际兰花目录添新名　有一种叫'上海世博'"。报道称，某公司精心培育了一种兰花，为庆祝中国申博成功，取名为"上海世博"。我当即向世博办领导汇报。世博办给该报编辑部发了传真，表示："申博成功是在中央和市委、市府领导下，经过艰苦努力而得到的成果，凝聚了国家投入的大量物力、财力和无数人的心血，因此，与上海世博会有关的一切名称所包含的价值，都是国有资产。该公司的行为是一种侵权行为。我办早在2002年12月25日，就在包括贵报在内的上海媒体上发表了授权声明。"当然，这家报纸肯定是失误，之后再也没有看到过类似情况。

上海世博会的知识产权远不止标志和专有名词，还有互联网域名、口号、歌曲、吉祥物、海报、志愿者标志等。由于备受重视，上海世博会知识产权保护工作一开始起点就很高。2004 年 10 月 13 日，国务院第 66 次常务会议通过《世界博览会标志保护条例》。这是依法办博的重要一步。

三、酝酿成立世博局

2003 年最重要的工作，是酝酿成立办博机构。这个问题不解决，任何办博工作都无法正规推进。

（一）最初考虑

申博成功的热闹氛围还没有散去，上海市领导就开始考虑这个问题。2002 年 12 月 19 日，市委主要领导召开专题会议，研究申博成功后的下一步工作，要求申博办尽早对成立筹备机构一事进行调研，提出建议方案。12 月 20 日，申博办召开工作会议，形成未来办博机构的初步设想。具体如下。

中央层面成立"中国 2010 年上海世博会组织委员会（筹）"，简称"国家世博会组委会（筹）"，由国务院领导担任组委会主任委员；盼望吴仪同志担任主任委员，继续领导世博会筹备工作。组委会下设联合办公室，由组委会副主任单位派员组成，办公室设在中国贸促会。同时邀请国际展览局主要官员、海内外世博会资深人士和专家共 50—60 人组成组委会顾问委员会。

上海层面成立"2010 年上海世博会工作委员会（筹）"，简称"上海世博会工委会（筹）"。下设上海世博局，负责上海世博会工委会的日常工作；世博局内设综合事务、公关宣传、财务审计、国际事务、项目管理、研究中心等部门。组建上海世博集团，负责 2010 年上海世博会的筹资、投资、招商、招展、法律、公关宣传、场地建设等经营管理工作。组建中国 2010 上海世博基金会，负责接受募捐、落实对各国参展的补贴，并逐步发展成为世博会服务的财务公司。

2002 年 12 月 23—26 日，申博办汪均益、黄耀诚、陈志兴、陈先进等赴北京，分头拜访国务院副秘书长徐绍史、国家申博委成员单位领导。徐绍史说，目前正值政府换届，中央还未确定由谁来主管世博会事务。换届以后再考虑办博机构，大家都心定，但时间拖得较长，估计要三四个月。随后我们到了吴仪同志办公室，当时吴仪不在北京，她的秘书刘玉亭接待了我们。汪均益谈到希望能启动办博机构成立的调研。刘玉亭说，如果有什么急需首长出面解决的问题，可以提出来，如果没有，组织机构问题看来要等到政府换届以后再说。

（二）基金会设想

这期间，关于组织机构的设置有个小插曲。

组建世博基金会是当时一个比较成熟的想法。因为中国政府已表示出资 1 亿美元，用于援助参加上海世博会的发展中国家。这笔钱需要有个管理机构。2002 年 12 月，上海申博办即和上海市财政局多次讨论这事，并征求从事基金研究和实际运行专家的意见，提出建立"2010 上海世博基金会"（简称"世博基金会"）的设想。2003 年 1 月 20 日，上海世博办向市政府第 151 次常务会议汇报了这个设想。市领导说："今天先听汇报。因为外界不知道我们在进行新老交替，还以为中国得到举办权后没有声音了，所以要尽早把成立基金会的新闻发出去。目前主要是象征性的事务，其他的事等换届以后再说。"

市政府常务会议之后，上海市社会团体管理局根据常务会议决定，会同上海世博办合作起草了《2010年中国上海世博基金会章程》。但之后，可能是由于缺乏紧迫性（不成立基金会，并不影响这1亿美元援助资金的使用），哪怕直到2004年，上海世博局局长办公会议还讨论了关于世博基金的事，这个基金会最终仍是没有成立。

（三）洛塞泰斯来访

2003年2月下旬，洛塞泰斯来访。在各国争相申请举办2010年世博会期间，作为国际展览局的实际当家人，洛塞泰斯看好中国上海，当然囿于身份，无法公开表态。因此中国申办成功的当天，他十分高兴，慨然写下"今天，世界诞生了一个伟大的希望"这样的祝语。也因为如此，世博会举办权花落中国后，他非常关注中国的办博计划。他这次来访，就是想了解上海方面将如何推进，而且还邀请了曾经参与中国申办报告编写的加拿大籍世博专家塞凡一起来上海。显然，洛塞泰斯以为中国会马上启动筹办工作，他希望塞凡继续为中国办博出主意。

在听取了上海方面关于上海世博会组织框架设想、上海世博会宣传促销计划、计划中的上海世博会国际研讨会方案、上海世博会投融资计划、场地规划完善方案、客源研究报告后，洛塞泰斯谈了他的观点。

其中关于组织机构，他的意见是：一定要尽早建立新的机构来推进世博会。组织框架基本上是一个"三边框架"：政府委员会、总代表、世博公司。政府委员会负责决策和协调；总代表负责与各国的联系；世博公司负责世博会的具体运作。洛塞泰斯强调，政府与企业的关系要分清,政府主要做协调的事,大量具体事务让世博公司承担,公司是整个世博会的组织者。他认为,上海介绍的组织机构方案中,政府参与太深、职能太多。

作为老资格的外交家,洛塞泰斯一定对各国政体有相当的观察和研究,他还是不了解中国的项目管理体制。他对中国办博体制的构想,来源于其他国家的办博体制,其中关于必须有一家专门从事世博会的公司的观点,确实很正确,但是无论什么样的公司,都不是独立的,而是必须在政府领导下。而且,洛塞泰斯把总代表看作独立于政府、公司的"办博三角形"的一边,这也不符合中国实际。中国的办博体制,最终形成的是从中央的组委会到举办地的世博局的垂直体制,总代表在组委会领导下,在世博局设置总代表办公室。

但是显然,在2003年2月,讨论上海世博会组织框架的条件并不成熟,洛塞泰斯的这次访问,没有达到他期望的目标。而所谓"并不成熟",主要是有两方面尚未达成共识:一是中央和地方的关系,二是世博局和公司的关系。究其原因,一是受"非典"的影响,二是国务院对临时议事机构成立有新的精神,机构设置被推迟。

(四)开始调研

2003年3月26日,副市长周禹鹏到世博办,就下一步办博工作召集世博办主任、副主任开会。周禹鹏说:"3月22日,市委决定由我来负责世博会工作。今天聊一聊,下一步怎么做。"

汪均益汇报说:"目前,组织机构是关键。是否参照昆明世博会成立世博局、成立什么样的公司、基金会如何推进,我们一直在讨论。上个月洛塞泰斯来访,他最关心的是世博公司和总代表,对世博局的作用倒是有一些疑问。"

周禹鹏说："关于下一步工作，我想了想有这么几件事。（1）规划选址；（2）前期建设，比如动迁，可能要花两三年；（3）配套项目，比如机场、周边设施；（4）日常推介，包括招展招商；（5）内部联络，即上下左右的关系；（6）展览主题深化；（7）人力资源，也就是谁来做这些事；（8）举办时的安全保卫、交通运营等要求。这些事由谁来做？大量工作要由市政府各委办局来做，所以世博局应该是'协调局'。上面是组委会，组委会是否下设职能组？如果协调局提出方案，组委会批准后，派给谁去做？要成立公司，是一家公司还是两家公司？公司与世博局是什么关系？"

周禹鹏要求世博办尽快拿出关于世博局的职能与结构、编制与人员的具体方案。

当天下午，世博办开会研究如何编制世博局方案，落实周禹鹏副市长的要求。讨论下来，大家认为可以有"大""小"两种方案。"大"方案是使世博园区形成一个经济开发区，在资产方面统一管理，这有利于后续开发利用；"小"方案是成立一家只负责世博会运营的机构，所有土地临时征用，不提土地入股，世博会后另说。

这次会议之后，世博办开始进行一些调研。世博办主任、副主任相继拜访或接待了上海市黄浦江两岸开发建设领导小组办公室、上海国际信托公司、国资公司、大盛公司、上海市深水港工程建设指挥部、上海城投公司、上海国际集团等的高层管理者，了解这些企业或机构的职能、结构、编制、经营中涉及的政企关系等，还与市人事局讨论了办博所需人才规划与来源。这期间，上海市会展行业协会写信给市领导，建议把上海国资性质的会展企业组合起来，形成能够为世博会服务的大型会展集团。市领导将此信批给上海市人民政府经济体制改革办公室（简称"体改办"），体改办为此到世博办调研讨论：上海是否需要大型会展公司？如果需要，是新建还是合并？世博办是否有其他设想？展览公司在世博会项目里发挥什么样的作用？这个建议也成为办博体制中政企关系的选项之一。

（五）"一局两公司"浮现

6月28日，市领导召开专题会议，世博办主任汪均益在会上向市领导汇报了关于组建成立世博局的方案。这个方案偏向于之前考虑的"大"方案，即在世博局下成立一家公司。世博局负责上海范围内的政府各部门协调，同时代表上海方面与中央政府有关部门沟通联系；公司负责土地开发和开幕后的园区运行。当然，由于业务范围包括土地开发，这家公司的注册资金也是巨大的。

对于这个方案，市领导明显不满意。当时冷场了一会儿，然后市领导说："你们想法很好，但操作很难。这个机构，不像政府，不像企业，不像开发区，什么都要，我怎么支持你们？很大的一个问题是，这些工作已经有部门覆盖了，你们成立这样的公司，会出现职能交叉。比如园区的市政建设，其他部门都不管吗？你们无法自己做的。"

会议决定，请市计委牵头做一个方案。

7月19日，市领导再次召开专题会议，听取市计委提出的"一局两公司"方案，即组建世博局，同时组建两家公司：负责世博会筹办和运行的世博集团，负责土地储备开发的土地控股公司。这个方案把土地开发剥离出来，解决了世博会期间巨量资金的筹措问题。更主要的是，土地属于长期资产，其储备开发过程和世博会项目不完全一致。这个方案得到了市领导的同意。市领导说："机构要马上成立，原来想等北京，现在有了新的说法，成立世博局，完全没有问题。今天的方案，方向对，路子好。"

7月29日，我们到市计委，和"一局两公司"方案的主要设计者、原申博办规划部部长王思政讨论土地储备开发公司与世博公司的关系，以及两家公司所需的资金。

（六）终于成立世博局

在2003年7月19日的会议上，市领导说"原来想等北京，现在有了新的说法，成立世博局，完全没有问题"，这句话的背景是，2003年上半年，上海方面就世博会组织框架请示中央，一直没有得到明确的回复。现在得到的信息是：中央政府是否成立世博会组委会，先缓一缓；上海方面可以考虑办博机构。

7月31日，周禹鹏率上海世博办一行赴京，向国务院副秘书长徐绍史汇报几上几下的上海世博局方案。根据事后的整理，徐绍史的大致意见是：（1）新一届政府成立以来，国务院本着精简原则，对议事协调机构重新作了梳理。上届政府的此类机构有34个，本届政府保留了27个。2001年12月25日成立的北京奥运会领导小组，就是被撤销的机构之一。（2）世博会与奥运会确有区别。世博会是国家行为，由上海承办。世博会需要任命中国政府总代表，筹备中的招商、招展活动，以及开幕以后的馆日活动都是国家的外交行为。如果上海市委、市政府认为有必要，可向中央请示，提出成立中央层面组委会的理由。（3）无论如何，要抓紧成立世博会筹备机构。

周禹鹏还拜访了中国贸促会，就中央层面组委会设置方案进行沟通。

回到上海后，上海世博办继续细化世博局组建方案。8月25日，汪均益、周汉民拜访市人事局、市编制办，讨论了上海世博局的编制问题。拟请上海市机构编制委员会办公室（简称"市编办"）向中央机构编制委员会办公室（简称"中编办"）汇报。

8月28日，周禹鹏一行赴京，就上海世博局机构设置、人员编制等事宜拜访中编办领导。

上海的工作在紧锣密鼓地进行，而那边，洛塞泰斯等得着急了。9月中旬，他再次访问上海。9月17日上午，市委主要领导会见洛塞泰斯时，洛塞泰斯毫不掩饰他的心态，说："关于成立机构，我本人对此非常关心。今年2月以来进展不大，我有点担心。我理解，抗击'非典'是政府的头等大事，上海市政府已经取得胜利。我希望在这之后，能考虑这个问题，把它作为头等大事。……我个人的要求是，您能够推动机构的建立。明天我去北京，见到吴仪女士将会再次提这件事。我本人希望能在年底前成立。"

我当时在现场做记录，听到这句话时，忍不住抬头看了这位讲话慢声慢气的国际展览局掌门人。嚯嚯！要到北京告状了。

市委主要领导当即回复道："我想重申机构的事。今年2月您来了以后，实际上我们还是做了大量的事。因为中央政府换届，工作需要有承上启下的过程。您可以放心，今年10月底的国际论坛前，我们将成立筹备机构。"

经过多次上下沟通，上海市编办、上海世博办形成了《关于建立世博会筹办机构的请示》，于9月17日上报市委。同时进行的是市委组织部积极为世博局配备领导班子成员。2003年10月30日，上海世博局正式成立，从12月3日开始的11个月的等待，终于有了结果。

第十二章　初期的世博局

2003 年 10 月 30 日，申博成功 11 个月后，在千盼万盼中，上海世博局终于成立了。此后，在 2012 年 4 月宣布撤销之前，上海世博局是上海世博会的具体组织者，是一切办博工作的逻辑出发点。

一、人员到位

世博局成立后的第一件事，是人员尽快到位。当时世博办并没有被撤销，申博时形成的团队还留在办公室，而世博局只明确了局长、副局长，所有的部门都是空的，还没有人。部门不成立，就无法制定和推进新的工作计划。2003 年 11 月 15 日，副市长兼世博局局长周禹鹏召开第一次局长会议。因为需要有人记录，我也参加了。周禹鹏对我说："今天起，你就是世博局员工了哦。"有副局长笑着说："第一个第一个。"

如果我算是世博局第一个员工，那么第二个就是为了尽快配齐世博局人员，马上从上海市人事局调派来的陈锦田。他当时是市人事局国际处的副处长，还不到40岁，精通英文、法文。后来他担任上海世博会非洲联合馆馆长，和一帮非洲兄弟混得很熟，甚至有个非洲小伙子缠着他，要求加入中国共产党。陈锦田到世博局后，招兵买马工作迅速展开。

世博局的人员来自两个方面：一是组织调配——世博办留置人员需要通过调配进入世博局，还要从其他部门调配人员；二是社会招聘。

（一）人才规划研究

实际上，2003年年中，上海世博办就已启动世博人才规划研究。

2003年6月下旬，在世博会与上海新一轮发展大讨论中，市委组织部下达了全市人才规划纲要（2004—2007年）研究任务，其中有一个分课题就是"世博人才规划研究"，责成上海世博办负责。

当时，上海世博办认为，承担这个课题具有双重意义。世博会申办成功后，全市一些机构、企业都很重视与世博会有关的会展人才培养。但是世博会的筹办需要做哪些事、找哪些人来做，大家都不清楚。因此，这个课题既能够指导全市会展人才的教育、开发，更是指导今后七年上海世博局工作的人力资源管理战略。

7月初，上海世博办向同济大学世博会研究中心、上海交通大学会展经济研究中心、上海社会科学院人力资源研究中心、美世公司（美）、麦肯锡公司（美）、罗兰贝格公司（德）、科尔尼公司（德）、野村研究所（日）等八家中外研究机构发出了"世博人才规划研究项目任务书"。7月9日起，这八家机构分别介绍了关于这个项目的研究设想，包括研究构思、研究优势、报价、团队等要素。

经过对九个指标评分的比较，罗兰贝格、麦肯锡、科尔尼三家外资咨询公司进入第二轮。听取了这三家公司的陈述后，世博办选择参与过

1998 年葡萄牙里斯本世博会、2000 年德国汉诺威世博会策划与营销的罗兰贝格公司，承担上海世博人才规划项目研究。

但是，"人事、人事"，离开"事"，孤立地设计"人"的规划，只能是抽象的。当罗兰贝格研究人员与世博办进行座谈，希望了解上海世博会的筹办计划时，双方都意识到，这是一个漏洞。罗兰贝格提出，需要首先对办博工作进行总体策划，然后才能进行人才规划设计——而这样就扩展了原来的课题。此时正在酝酿成立上海世博局。今后七年做什么，是上海世博局考虑的事，上海世博办不能取而代之。于是，罗兰贝格研究的上海世博人才规划项目虽然在继续沟通，但总体进程却是被搁置了的。直到上海世博局成立之后，世博局人力资源部接手了这个项目，才继续推进，促成罗兰贝格完成。

（二）社会招聘

世博局成立之后，即开始考虑社会招聘。2003 年 11 月 7 日，世博局副局长汪均益拜访了市人事局，与人事局副局长王绍昌讨论了招聘事宜。

12 月 4 日，世博局发出"人才招聘公告"。公告称：上海世博局是 2010 年上海世博会筹备、举办事务的综合协调机构，目前暂设办公室等八个职能部门，现面向国内外公开招聘部分工作人员。世博局为事业单位，实行聘用制，原属公务员编制的人员保留公务员身份。公告明确了所招聘的发展战略研究、投融资管理、基金管理、法律事务、项目管理、高级翻译、公共关系、大型活动推介、宣传品策划、规划设计、土地开发、工程建设、文稿撰写与编辑、办公自动化设备、人事培训、劳动工资等 29 个岗位的级别和条件。

招聘广告发布后，引来 1 000 多位国内外报名者。经过初选、笔试，

2004 年 1 月 8 日、9 日，市人事局人才评价中心组织专家对 150 余名入围者进行面试。

岗位设置中有发展战略研究、文稿撰写与编辑。领导要求我关注局办公室和研究中心的招聘情况，因此我旁听了这两个岗位的面试。其中，关于发展战略研究的面试很有意思。我事后写了随笔如下。

某"海归"，一家国际著名咨询公司的高级咨询师，在谈办博战略时，认为世博会将影响三个层面。一是推动上海的 Market（他用这个词，想必是帮助上海开拓市场），二是调整上海产业结构，三是增强全国中长期的综合竞争力。

有一位自我介绍说，自己从小在农村长大，读书不是最聪明的，但却是最勤奋的。一看就是那种意识到自己出身贫寒，奋力拼搏，对自己能改变现状很满意的人。他认为，研究战略，要靠数学模型讲话。2008 年、2010 年，北京、上海连续举办大型活动，但国外游客不大可能接连两次来中国，因此主要问题是研究如何吸引游客。要搞清面临的问题是什么，用战略理论提出解决问题的途径，然后用计算机进行仿真，模拟举办效果，再进行评价。

某博士来自上海市政府机关，称已出版一部财政学专著，翻译了两部作品，在国内外杂志发表论文 30 多篇。他认为从公共财政角度看，政府不应该对世博会有很大的投入。但世博会是突破上海发展瓶颈、提升产业结构的好机会，应抓住这个机会，调整产业结构，提高服务水平，促进长三角协同发展。这位仁兄的笔试成绩很好，但面试有点紧张。

一些在国外做过发展战略研究的"海归"，比较了两种不同的研究环境。一位1993年去美国，曾在一家美国航空公司负责成本控制研究的女士称，她适合做界面清晰的模型分析，在做战略规划时，信息本身的数量、准确性是最重要的。国外研究比较看重数据库，看重定量分析，中国常常是拍脑袋。当然过分倚重定量也不行，10年前的数据不能代表今天。

还有一位在美国做过企业品牌策划的"海归"说，美国的研究重视定量分析，IBM每年要花几百万美元做市场调研，而不是领导说什么就是什么。这位考生交叉着双手，目光直逼面试专家说："我不是暗示你们几位。中国发展最大的问题是人才，现在中国有不少假专家，一知半解，这种人比无知无解更危险，因为他们对未来发展的偏差有责任。"

世博局成立后，其研究中心一下子来了三位博士：许定、王剑涛、孙明磊。许、王两人参加了这次招聘；孙明磊原来是市政府某机关的，后来应该是调入世博局，在这次招聘中，我没有印象。

许定当时年逾四十，副教授，研究系统工程，是某公司的董事长。他在2000年就参与了申博工作，还在2002年3月国际展览局来沪考察时，担任模拟考察团成员。他在这次应聘中表示，

愿意到世博局从基层做起。他在面试时回答了对世博会的认识。他认为，世博会是大的系统，很复杂，但系统元素不强，重要的是系统的结构。办博战略的难点，一是如何从长期着手，程序比措施更重要。二是如何从高处着手，不少计划原定一年，结果会延长到一年半、两年，大量的时间消耗在调研、陈述、统一认识上，比创新还要费力。三是如何在变化中调整规划。

王剑涛，曾留学加拿大，是这次招录人才中唯一的外籍人士。

他在被问到如何运用控制理论来"控制"世博会时答道，要找出最影响世博会系统的变量、主要因素，需要团队，然后确定一个目标，编制一个模型，进行仿真，找出模型结果与目标的差距，逐步逼近目标。

1月8日、9日专家面试后，市人事局提供了这154人的面试结果。在此基础上，世博局分管领导根据笔试、面试成绩和个人背景情况，选择42人进行面谈。最终确定24人进入录用程序。

（三）组织调配

上海世博局虽然是事业性质的机构，但是世博会从根本上讲，是政府项目。其招展，是以中国政府名义进行的；世博会的很多活动需要政府高层出席；征地选址需要符合政府的长远规划；筹备期间需要政府出面，动员和组织社会资源；等等。因此，上海世博局的行为有浓厚的政府色彩。反映在人员结构上，中编办批准的上海世博局，明确是事业性质机构，有200个编制，其中50个是公务员编制。这样，上海世博局的人员中，有一些是从政府部门或政府背景的企事业单位调配过来的。

上海世博局一成立，就意味着上海世博办的使命已结束。当时上海世博办还留有30余人。经过与这些人员的原单位协商，根据工作需要，最终确定了正式商调、继续借调或聘用近20人。

与此同时，在市委组织部和相关部门的积极支持下，上海世博局从其他单位商调干部的工作也在迅速进行。

在2004年2月9日举行的世博局局长办公会议上，人力资源部汇报了人员配置情况：通过社会招聘、原世博办留任、市委组织部商调等措施，世博局已确定工作人员 60 人。其中有 17 人担任各部门负责人，对这 17 人的组织考察工作已全部结束。

当时把上海世博局定名为"上海世博会事务协调局"，是想把这个机构定位于"协调"，也就是说，很多事是由全市各单位来承担的。同时明确上海世博局是上海世博会组委会、执委会的日常办事机构，相当于"办公厅"，因此人员不会太多，总编制定为 200 个，世博局刚成立时，人员控制在 70 人之内。我后来担任部长的主题演绎部的两位得力助手，毛竹晨是通过组织调配方式，从浦东新区政府进入世博局的，朱航是通过社会招聘进来的。随着办博工作的进展，单纯地"协调""办公厅"已不现实，人员也逐步增加。到世博会开幕时，以借调、招聘方式进入世博局的人越来越多，全局达 2 600 余人。

二、初步成型

（一）部门设置

2003 年 10 月底成立的世博局，内设八个部门。其中四个偏于基础管理，即办公室、人力资源部、计划财务部、法律事务部；还有四个偏于办博业务管理，即国际联络部、公共关系部、建设协调部、市场开发部。2004 年 9 月，又增设监察审计部、上海世博会研究中心两个部门，合计 10 个部门。其中，办公室增挂信访办公室牌子，市场开发部增挂科技推广部牌子。

随着办博工作的迅速展开，人员大量进入，部门也不断增加，原有的部门进行了改名或拆分。到 2010 年世博会开幕前，上海世博局内设机构达到 53 个，其中局属部门 46 个，有的部门还设有下属机构，全局共有 7 个这样的二级机构。

根据当时市领导的意见，为提高上海世博局的地位，局长由副市长兼任，各部门的部长定为副局级。不过，上海世博局本身无权解决干部职级，所以当时要求，如果是有关部门推荐来担任部门负责人的，先要在本单位提为副局级。

我当时是正处级，担任局办公室副主任。据说，准备来担任办公室主任的是当时徐汇区的一位副区长。后来不知什么原因，始终没有到位。

（二）领导班子

2003 年 10 月 29 日，市政府发出通知，任命周禹鹏为上海世博局局长，汪均益、周汉民、黄健之、黄耀诚、吴云飞、白文华、戴柳为上海世博局副局长。2004 年 3 月，又任命许伟国为上海世博局副局长。2004 年 5 月，任命钟燕群为上海世博局党组书记、副局长。这样的领导班子稳定了两年，直到 2006 年 2 月，副市长杨雄分管世博会事务，此后又增加了一些局领导。

我在世博局成立之初担任办公室副主任、研究中心主任，有较多机会列席局长办公会议，因此相对而言，对初期的领导班子印象较深。当时，从总体上说，办博的条线尚不清晰（在后面关于"行动纲要""总体计划"的章节里，我会谈到这个问题），局长办公会议往往很冗长，每次会议有五六个甚至八九个议题，每个议题有十来位局领导相继发言，每次会议总有几十个人次发言。

我在记录时，常常会对这些领导作一些比较、猜测。有一次，我突然感到，这些人的姓名很有意思，我就写了一篇随笔。当然，当时不敢拿出来。

上海市副市长兼上海世博局局长周禹鹏、局党委书记钟燕群，都是带领全体成员展翅起飞的。不过，周市长鹏程万里，禹贡九州，钟书记燕语呢喃，关心群众，显然领导风格有所区别。

汪均益，原申博办主任，是局长里的老大哥，擅长均衡各方利益，协调四面八方，在项目起步、班子初建时期，这是非常必需的品质。汪君曾在一次世博活动中与央视名记水均益谈起两人名字相同，彼均益在此均益前，很是谦虚，连说革命不分先后。

周汉民，主要负责国际联络。他在申博时就是中国政府的代表，"明犯强汉者，虽远必诛"。当然，汉民在国际沟通中不会表现出强悍，但是他在世博会期间维护国家利益时表现出的坚定性和灵活性，大家有目共睹。后来我得知，周汉民和吴云飞都是1982年上海市高校"三好学生标兵"。

黄健之，主要负责建设规划。这是硬活，质量第一，必须十分重视，时时"健"之。这一点很重要，很重要，很重要！

黄耀诚，主要负责宣传。所谓宣传，内容要真实诚恳，形式要闪光明耀。耀诚负责宣传，实至名归。

吴云飞，主要负责财务。财务的要求是明确、清晰。想一想啊，如果账面上没有一丝云雾，那当然是高质量的哦！犹忆当年京城"非典"猖獗，副总理吴仪临危受命，掌门卫生部，人称"无疫"。

许伟国，主要负责监察审计。这更毫无疑问了，伟大的国家需要廉洁的干部。否则，谁来建设国家啊？

戴柳，世博集团董事长兼世博局副局长，主要负责市场开发和园区运营。商业运作需要有很强的生命力。俗话说"无心插柳柳成荫"，柳是最容易存活的。戴君挂帅的东浩集团，后来投资"四叶草"（国家会展中心），场馆建成之日，某高官称赞"戴柳很能干"。

白文华，世博土控公司董事长兼世博局副局长，主要负责土地开发和园区建设。呵呵，一张白纸，在上面规划一个国际文化项目，华彩隽永，岂有他哉？

我很佩服市委组织部的眼光，真不知道他们怎么选出这些人担任世博局领导的。一个人的条件、特征、品质，很多是由本人积累的，而名字基本上由父母决定。这些名字凑在一起，是一个偶然性。回过头看，世博会从申办到筹办到举办，领导班子变化很大，工作人员也从十几人发展到几百人，更多的骨干人才投入了世博会事务的决策和执行。但第一届世博局领导班子的组成，踩出了上海世博会筹备工作的第一步，不管这一步踩得是否准确，他们的名字应该留在历史上。

今天回想起当年的世博局，除了日常工作之外，还有不少很值得留恋、记录的花絮。

我的脾气很不好。有一次，世博局领导研究的事涉及我，后来发生了变化。钟燕群书记担心我知道后发脾气，让她的秘书张奕打电话给我，问我在何处，钟书记要找我谈。我当时正在外面开会，得知钟书记的本意后，我很感动，说请领导放心，我一定会如同以前一样正常工作的。

2004年初，市纪委常委、监委副主任许伟国来到世博局担任副局长。他先到办公室，找我说："路德，啥辰光有空，阿拉一道去看看'菩萨'。"我当时一愣，怎么，负责纪律检查的领导，竟然要去拜菩萨。许局长看我愣在那里，又问："我们世博局有几个部、几个室啊？"原来是走访"部室"，不是"菩萨"！后来我对许局开玩笑说，你刚到世博局时，吓了我一跳哎！

周汉民是申博时担任要职（中国政府驻国际展览局代表）的老领导。他平时对下属比较严格。参加他的会议，一定不能马虎、随意。但同时也是享受。他的逻辑思维判断很强。办博时，我们常常会有一些稀里糊涂的时刻，不知道问题出在哪里。这时候，周汉民能条理清晰地进行分析，让我们对问题解决的方向、措施明白许多。我理解，他对下属的严格，实际上来自他对自己的严格。因此，世博会结束后，他依然做事认真，笔耕不辍，频繁演讲，我是很佩服的。

还有一个现象也很有趣：周禹鹏、钟燕群、汪均益的座驾，车牌数字各自加起来都是"10"；办公室沈权的身份证，尾号是2010，主题馆部俞力的身份证尾号也是2010。这些也许都是缘分吧！

（三）办公场所

随着人员的到位，寻找新的办公场地显得很紧迫。

1999年申博办成立以来，一直是在当时的外经贸委所在地——新虹桥大厦办公。世博局成立之后，新的办公地点的选择，一是考虑到今后办公人员增多、来客接待等需要，原来的办公空间已不能满足这些需要，二是要考虑和世博会形象匹配，最好是在浦东园区附近。

2003年10月起，世博办应邀或主动走访了10多所办公大楼，包括金茂大厦、上海大剧院、中国银行等。有的大楼提出，愿意免费为世博局提供办公室。经过多次走访比较，并报市领导原则同意，12月上旬，确定位于延安中路的上海展览中心提供的约3 800平方米的办公楼作为世博局临时办公用房，待浦东世博园区附近条件成熟，再迁到浦东。

经过紧张而基本的装修后，2004年2月14日情人节那天，我们搬进了新的办公楼。上海展览中心楼下大厅是婚纱展，楼上忙忙碌碌很多人走进走出。上海世博局在那里挂上了牌子。

三、兴奋和迷茫

2003年7月设计的办博体制是"一局两公司"，即在世博局成立的同时，组建两家公司：上海世博（集团）有限公司（即世博集团）、世博土地控股有限公司（即世博土控公司）。世博集团承担上海世博会的会期运行，世博土控公司承担世博园区的土地开发和建设。两家公司的董事长兼任上海世博局副局长，公司的总裁参加上海世博局局长办公会议，这样可以保证两家公司的涉博业务与整个世博会筹备工作融为一体。除此以外，这两家公司在人、财、物方面与上海世博局没有严格意义上的上下级关系。

2004年1月5日，上海世博土地控股有限公司挂牌成立。2月18日，上海世博（集团）有限公司挂牌成立。

上海世博局和两家公司成立后，大家都很兴奋，以为只要齐心协力，埋头苦干，目标就会实现。

2004年2月19日，上海世博局召开大会，世博局全体员工（不到60人）和两家公司部门负责人以上干部出席。会上，副市长兼上海世博局局长周禹鹏作了办博动员。他很坦诚地谈了他接受世博会工作的体会。他说，人的一生会遇到一些机会，可能会遇到贵人，世博会就是我们的"贵人"。他也谈到一直在思考的问题：整个世博会需要花多少钱，钱从哪里来？要建多少馆，地从哪里来？要争取7 000万人来参观，人从哪里来？要争取 200 个国家和国际组织来参展，如何招展？"城市，让生活更美好"这个主题内涵很丰富，如何表现？回答这些问题，需要智慧，需要有科学周密的计划。他希望全体人员一起努力，不辜负中央、上海市委市政府的重托。

我代表原上海世博办留任人员在会上发言。我当时也是很激动，甚至在发言过程中，谈到将在 2010 年退休，周禹鹏插话问我，我都没有停下来，打断了周市长的问话，继续说了下去。我的发言是：

今天这样的大会，这种氛围，在我的记忆中是第二次。上次是 2002 年 9 月 26 日，在申博的关键时刻，投票前 70 来天的时候，市领导来到申博办，语重心长地对 100 多名申博人员说，我们是脚踏祖国的大地，肩负历史的期望。这是一次临战前的动员。今天，我们也是 100 多人，是申博成功后，办博的一次大动员，我同样感到负有历史责任。

1999 年，市政府决定申博。我和外经贸委的 10 来位同志，先后在胡仲华、汪均益两位领导带领下，参加了申博。五年来，我非常幸运，经历了基本上所有的重要活动，而且我的工作主要是文字综合，所以能体会到国家申博委、上海市领导、申博办领导的思路、战略构想、工作部署。我和原申博办的全体同事亲身体验了申博精神，许多感人的事迹都是耳闻目睹的。我保留了从 1999 年以来的工作笔记本，希望以后能写点回忆录，记下这段令人难忘的历史。

但现在我不写，因为申博成功了，我有幸继续留在办博队伍里。我们没有时间，也没有理由停留。作为上海人，我们遇到的是千载难逢的机会。今天在这个会上，我要表三个态。

第一，代表原申博办同事表示，一定要继续发扬申博精神。办博工作千头万绪，是巨大的项目群，每个人处在不同的岗位，有不同的业务要求。但不管做什么，我们都要认认真真，兢兢业业，精益求精。同时始终坚持全局观念，注意与方方面面的协调，大家齐心协力，为办博做贡献。

第二，代表局办公室表示，一定要做好服务工作。办公室是为管理指挥系统服务的。我们办公室多数是原申博办的同志，最近又增加了新鲜血液。我觉得这个集体是很团结的，大家都很尽责。但新的形势提出更高的要求，而办公室常常跟不上这种需要。我们一定要不断锤炼自己，在文秘档案、综合信息、联络协调、后勤服务等各方面，接受各部门的意见和建议，不断提高工作质量。

第三，代表自己表示，我是党员，也算是老同志了。我自认为对工作是有激情的，但有时候不够冷静，常有急躁情绪。我希望自己能在对工作负责的同时，也要关心同事，更好地发动大家的积极性，更科学地组织工作。我到2010年正好退休。每次看到倒计时钟，就提醒自己要珍惜剩余的工作时间。一生能投入这么一个重大项目，非常荣幸，甜酸苦辣都是过眼烟云。当我退休的时候，和老朋友一起逛上海世博会，那时我可以说，我自始至终是一个积极的参与者。这才是难得的体验，不是每个人都能有的。

但是一年下来，高涨的热情开始变得微妙了，更多的不是朴素的"撸起袖子加油干"，而是思考、迷茫。2004年9月，结合当时进行局领导班子民主生活会，办公室会同人力资源部对全局人员作了一些访谈。访谈结果令人深思。

"全局没有形成合力，上下信息沟通少，有时候会断档。需要磨合，办博体系要在前进中逐步完善。但目前的问题是磨合过程太长了。"

"刚来时，很有热情，现在或多或少有点失望。政府机关里的一些不太好的现象，这里都有。"

"大家都很忙，活动一个接一个，但横向协调不够，职能分工不清晰。谁做什么、哪个部门承担什么任务，要集体决策，不能一个人说了算，否则职能部门不知所措，相互之间关系就乱了。各部门之间界定有所重复，同时又有遗漏。大家都很努力，但不高效。"

"办博需要智慧，我们现在对办博规律、方向、策略的研究很不够，计划不细致。社会推介如何进行？'三招'（即招展、招商、招游）如何考虑？资金流如何测算？"

"世博局是协调局。我们更需要的是协调外部事务，而不是协调内部。但现在都把精力放在内部协调了。"

"动迁工作对外要低调，内部要加快。动迁基地一定要在 2006 年交房，再不开工，就要来不及了。有时候真的是叫天天不应，叫地地不灵。"

"世博局的有关部门和公司要加强沟通。比如世博会宣传力度还需要更加精准，现在有的宣传材料不到位；动迁中有不少法律问题，例如外资企业在动迁中遇到的问题；监管制度要切实可行；有些规定难以操作，例如动迁款专用；等等。能否与公共关系部、法律事务部、检查审计部多沟通，一起解决这些问题？"

这些访谈记录，其表述未必完全符合事实，也透露出一些情绪。不过这些记录是真实的，不解、疑惑，甚至有点泄气的情绪也是存在的。

应该说，上海世博局的员工来自四面八方，原来相互并不认识。之所以会产生内外不协调，不是利益纠纷，更不是个人宿怨，而是因为大家都想把事情做好，但是不知道该怎么做，大家都愿意负责任，但是不知道自己的责任是什么。也就是说，"人"与"人"之间关系的不顺，实际上是"人"与"事"之间关系的不顺。说到底，还是世博会的筹办工作框架不明确。

这种由框架不明确导致的不协调，表现在内外两个方面。

外部不协调是指世博局在整个办博体系中的地位不清晰。中央和地方在办博方面的职责，理论上没有问题——凡是涉及全国范围（如全国范围的宣传动员、各省市参展等），需要中央政府决策的事（如国家发改委立项、外交等）等，或者是一事一报，请示中央，或者是成立中央层面的办博机构。外部问题主要存在于上海层面，上海世博局做什么、市委市政府各相关部门做什么，当时不清楚。虽然说是"世博会事务协调局"，原来的考虑是"把活儿派出去"，但从当时的局长办公会议、工作会议议程以及预算内容来看，上海世博局的工作计划都有意无意地表现出"我们自己做"的意思。有时候，上海世博局与相关部门联系，希望大家一起参与，对方会很谦虚地说：一定支持，让我们做什么，你们发话吧。说到底，还是整个办博框架不清楚。

内部不协调，主要是上海世博局和两家公司的职责分工不够清楚。

按照当时的设计，土控公司主要负责动迁、建设等硬件方面的工作，打个比方，就是为世博会提供一个唱戏的平台；而搭台以外的活儿，基本上是世博集团负责，比如唱什么戏（软件策划）、邀请谁来唱戏（招展）看戏（招游客），剧场如何管理（园区运行），等等。世博局则负责完成搭台唱戏所需的外部环境的协调。

说起来容易，做起来就遇到了具体困难。

硬件方面，土控公司负责动拆迁，而动拆迁的前提是规划，这个规划是由上海世博局负责的。当时，申博留下的园区规划需要深化、细化。这得有个过程，需要国际招标。其间细节，我站在上海世博局办公室的角度，看得不是很清楚。但很显然，"规划"与"动拆迁"之间的衔接有问题。于是，大家都很着急，导致有人发出"叫天天不应，叫地地不灵"的感叹。

软件及办博筹备方面，主要是资金问题。如果是办公费用，肯定归入上海世博局机关财务。如果是动拆迁和建设以外的项目费用，理论上是由负责"唱戏"的世博集团承担。但是世博集团本身有自己的财务规则，并非你拿来一张发票，我马上就可以报销。

比如，2004年，国庆55周年庆祝活动，市级机关搞合唱比赛。上海世博局很重视，公共关系部忙得不亦乐乎。直到合唱比赛结束，上海世博局得了奖，公共关系部副部长杨德林个人垫出的几万元还没有着落，后来还是局机关财务先借钱还了个人垫付。

又如，2004年初，市场开发部承担了一个项目，直到12月底，还没有落实费用来源。在年底上海世博局财务"关门结账"会议上，市场开发部副部长陈超说起这事，叹息至今不知道该从公司出账还是从局里出。激动之下，一向端庄的陈女士有点泪光闪闪。

这是不是由于局计划财务部不努力？当然不是。分管财务的上海世博局副局长吴云飞身先士卒，既考虑决策，又过问操作。计划财务部部长王思政，同时兼任市发改委、上海世博局两边的工作岗位，若他正在市发改委忙，就通过传真来批阅文件。从申博时起就由市财政局派出担任财务主管的罗虹平均每两天要加一次班。一年来，计划财务部起草、颁布了16个财务管理制度。

在全市层面办博资金没有完全明确之前，上海世博局的机关预算纳入上海市机关事务管理局（简称"机管局"）。上海市机管局负责全市90多个市属单位财务，资金总盘子只有12亿。因此年资金用量在亿元左右的世博局，好比是小船上的重载，稍一倾斜，就会影响全盘。事实上，上海市机管局对世博局已非常照顾，拨出足够的资金，力争让上海世博局正常运转。在年末的决算审议中，机管局对上海世博局的一些特殊项目都给予了最大限度的照顾。

外部不够协调的问题，国际展览局秘书长洛塞泰斯也看到了。他的基本态度是，要加强上海世博局的地位和责任。

2004年5月31日，洛塞泰斯在和吴仪副总理会谈时，委婉地提到了上海世博局的工作机制。洛塞泰斯说："新的挑战是上海世博局需要在各方面体现充分的灵活性。上海世博局作为日常管理的机构，要有一定的自主性和灵活性，使各方面工作更协调。"

吴仪很敏感，听到洛塞泰斯说这个话，马上说："您说的'灵活性'的含义，我不够聪明，喜欢直来直去，还是请您讲得再详细一点。"

洛塞泰斯说："世博局是执行机构，上面有组委会、执委会。举办这样大的事，要依赖政府各部门的支持，这是必要的。但今后问题会越来越深入，困难会越来越大。因此世博局应被赋予更大的灵活性，相关领导不能兼职太多，应在一年后对世博局的机构进行必要改革和改变，一定要使其享有充分自主权。对现阶段的工作，我非常满意，但以我的工作经验，已看出工作有瓶颈，信息流通不够顺畅。随着新情况的增加，应给世博局更多的自主权。除此之外，没有其他问题。"

2005年2月24日，洛塞泰斯在与周禹鹏副市长会谈时，又提到了世博工作体制。洛塞泰斯说："世博会是非常复杂而多变的项目。外界有很大的压力，有很多的企业、个人以及国家与上海主办方进行接触，提出各种需求与合作，这要求主办方精神和想法都高度集中，同时主办方内部也需要非常好地协同工作，避免筹办过程中的主意或精力分散化。在与国际社会进行对话时，声音首先应该来自组委会，然后是执委会，再是世博局，由三方以一个统一的声音向国际社会发布消息或与之进行交流。在这之下是一些公司，如世博集团，或者其他一些机构，它们负责世博会具体的某些方面的事务，如投资、规划或文化交流等，而对外发布及与国际社会交流的声音应该是来自组委会、执委会或是上海世博局。"

毫无疑问，这些不协调的现象，归根到底，是因为世博会筹办工作刚开始，上上下下都还在摸索中。大家都想解决问题，但是整个项目的工作路线不清楚，各部门的职责没有梳理好。

因此，周禹鹏副市长一方面提出，上海世博局要倡导"开放、创新、激情、融洽"的氛围；另一方面，从上海世博局成立之初，他就要求尽快编制《行动纲要》，用以规范各方面的关系，指导具体项目的推进。

第十三章　编写《行动纲要》

申博成功之后，办博（包括筹办和举办）工作究竟是什么（What）？谁来做（Who）？怎么做（How）？这三个问题，要求我们对办博工作进行总体思考。上海世博局在成立之后的前三年里，组织起草了三个"总体思考"的文件，即《行动纲要》《注册报告》《总体计划》。这三个文件，相当于办博工作的总体方案和作业计划。当然，三个文件是有区别的。定稿于2004年的《行动纲要》偏重纲领性描述，2005年向国际展览局提交的《注册报告》偏重回答国际展览局关心的问题，2006年春完成的《总体计划》偏重之后四年的工作具体安排。

这三个文件，尤其是第一个文件，即《行动纲要》，起草前遇到了"先有鸡还是先有蛋"的困境。要使办博工作路线清晰，需要一个纲领性文件，而恰恰是因为缺少纲领性思考，这个文件很难编写。

此外，《行动纲要》文件形成后，由于保密要求，无法对外宣传。因此，和一般意义上的某个领域的纲领（比如教育改革纲要、农业发展纲要等）不同，上海世博会的《行动纲要》无法达到鼓励民众、动员和组织社会资源参与办博的效果。《行动纲要》是上海世博局在成立初期开始编写的，当时对世博会工作系统还只是初步认识。之后，办博工作爆发式展开，因而后来的办博工作和组织框架，并没有按照起初设想的方向来推进。

因此，在整个办博过程中，《行动纲要》并不占重要地位，而是相当于初期学习成果，其价值也许就是打基础，促使与办博有关的机构达成对世博会的基本共识。

一、起步与停顿

我印象中，起草《行动纲要》的最初想法是在学习北京奥运筹办经验中出现的。

2003 年 8 月 27 日，为了筹备成立上海世博局，周禹鹏副市长率上海世博办汪均益、周汉民等，赴京拜访了北京奥组委。已经担任北京奥组委办公室、总体策划部负责人的原北京市委组织部、北京市委研究室、北京市政府研究室负责人，向我们介绍了北京奥组委的组织体制和工作条线。据介绍，奥组委内设秘书行政部、总体策划部、国际联络部、工程建设部等 14 个部门，各部部长为正司级。例如，秘书行政部副部长原来是北京市政府办公厅副主任，工程建设部部长原来是北京市规划局局长。北京奥组委根据国际奥委会的要求，编制了行动计划。

上海世博局成立后不久，2003 年 11 月 25 日，周禹鹏副市长再次拜访北京奥组委。北京市一位副市长接待了上海一行。

周禹鹏说："现在离上海世博会开幕不到七年了。动迁工作量很大，展览活动如何组织，投融资如何进行，我的压力非常大。北京在筹办大型活动方面积累了很多经验，北京奥运会组织工作井井有条，我们要好好向北京学习。"

北京市副市长坦诚地说："我们的工作体制也没有理顺。原来我们想成立协调局，后来改为奥组委，这个机构包括市委、市政府80%的部门，人也调过来不少，几乎又是一个市委、市政府。但是奥运会使用的场馆是永久建筑，产权不属于奥组委，需要考虑北京总体发展规划。而国际奥委会的规定很严格，每个项目都有不少法律性文件，对市场开发、建设规范、政府行为等，都有一整套具体要求，我们必须遵守。国际奥委会的各个部门，对着我们北京奥组委的各个部，一般情况下，每周或两周开一次电话会议，我们能够发挥的空间很小。"

周禹鹏说："世博会确实没有很具体的强制约束，但难处也在这里，我们不知道该如何发挥，比如主题、展览，我们自己做，又担心做出来不符合国际展览局的要求。"

座谈会后，周禹鹏指着墙上的北京奥运会行动计划对我说："路德，你们办公室也要搞出这样的表。我们要有世博会的行动纲要。"

2004年2月24日，周禹鹏副市长召开2004年度上海世博局第三次局长办公会议。他对一位同志说："你找几个人，研究一下上海世博会的行动纲要。"这位同志说："您不是让路德牵头写《行动纲要》了吗？"周市长说："是的。现在我让你出一稿。"

会议之后，我对分管办公室的副局长汪均益说："周市长这是对我的批评吧。"汪均益善解人意地说："你别多心，他是在批评我，是我没有抓紧。"

我心里很清楚，周市长确实是在批评我，而且批评得对。三个多月过去了，编写《行动纲要》这事没有进展，我没有拿出哪怕是供初步讨论的基本稿子。原因也很简单，一开始，我不知道该如何着手，脑子里根本没有关于世博会整个工作框架的影子。我的思路是，这个《行动纲要》应该是在各部门工作计划基础上编制而成的。后来证明，这个思路也值得推敲——固然，纲要和计划相辅相成，但首先是纲要指导计划编制，然后才是汇总计划完善纲要。如果计划决定纲要，那么什么因素决定计划呢？

更尴尬的是，当时世博局的社会招聘、组织调配还没有进行（这些工作是 2003 年 12 月启动，2004 年 2 月初完成的），人员没有到位，各部门都虚位以待。即使需要编制计划来作为纲要的基础，又由谁来编制呢？

作为参与了整个申博过程，又是最早进入世博局的员工，我当时应该做的，是主动进行调研，了解国外世博会的有关情况，以及其他各种大型国际活动的举办过程，为上海世博局工作起步提供资料。但是我当时和其他留守的原世博办同事一起，忙碌于新机构成立的具体事务，沉浸在新事业起步的兴奋中，没有理解新的挑战在哪里。因此，确实应该被批评。

尽管周副市长婉转地批评了世博局办公室没有及时启动《行动纲要》的编写工作，但根据当时局长办公会议决定，这项工作依然由办公室负责。此时，世博局各部门的人员已基本配齐，各位副局长也已明确分工范围。这次局长办公会议要求各部门在 3 月底之前提出本部门的工作任务，包括 2004 年的具体任务、今后六年的基本任务。本部门的任务，包括日常工作职责和单项任务，其中单项任务需要注明起止时间、协作部门。

二、纠结与判断

2月24日的局长办公会议标志着上海世博会行动纲要正式起步。3月下旬，各部门陆续完成了本部门今后六年工作的粗线条描述和2004年具体工作计划。

各部门提供的材料，除了描述日常工作外，也勾勒了本部门准备做的一些项目。比如，建设协调部提到正在准备的2004年4月举行的"中国2010年上海世博会规划设计国际研讨会"，以及准备在这个国际研讨会后开展的新一轮世博会会场规划国际方案竞赛。国际联络部除了日常的国际联络工作，包括接待洛塞泰斯来访外，也提到了6月在法国巴黎举行的第二届2010年上海世博会国际论坛的准备工作。

3月底，世博局办公室汇总这些部门计划，形成全局性的工作框架。几乎所有的副局长以及各部门都提出了不同意见，都觉得自己负责的那块工作很重要，却没有放在应有的位置。我作为一个部门的负责人，面对众多局领导，有畏缩情绪。我知道不管怎么改，都无法让所有人满意。

我曾在看马季等人表演的《五官争功》群口相声时，联想到这段经历。当然，艺术和现实不完全挂钩。事实上，如果孤立地看，每个人都认为自己的事很重要，这是普遍现象，无可厚非。要摆正"局部"的位置，并不是简单地"发扬风格"就可以的；相反，脱离现实的"发扬风格"，只能是磨灭斗志，鼓励无所事事的作风。正确发挥每个"局部"的作用，关键是要有一个总体框架，要标出每个"局部"在整个工作体系中的坐标，是"前线作战"还是"后勤保障"？是"左路军"还是

"右路军"? 是"尖刀连"还是"暗哨"?《行动纲要》的编制过程，是从全局分解到局部，而不是把局部汇总为全局。

周禹鹏很快意识到了这个问题。在 2004 年 5 月 15 日召开的第七次局长办公会议上，他一锤定音，"整个办博过程是四项任务，六大支撑，一个基础"，《行动纲要》以此为框架。他甚至对我说："路德，你大胆一些，你是一个不是副局长的副局长。"

所谓"四项任务"，是编写注册报告、规划立项建设、招商招展招客、会展策划实施；所谓"六大支撑"，是人才支撑、资金保障、政策措施、法律服务、科技创新、舆论支持；所谓"一个基础"，是指组织保证。大框架定了之后，我如释重负，编写工作突破瓶颈。5 月 16 日起，我和相关人员住进庆余宾馆，均益、伟国同志到现场指挥，四天即完成初稿，之后不断修改，完成了拟在 6 月召开的世博会组委会会议提交的讨论稿。

讨论稿分为四部分。第一部分是"总述"，其中关于世博会的目标是，"参展国家和国际组织达到 200 个，国内外游客人次达到 7 000 万"；关于战略方针是，"科学办博、开放办博、勤俭办博"。

第二、第三、第四部分，即"四项任务""六大支撑""一个基础"。每项任务或支撑，都由"性质要求""工作计划""责任部门"三方面组成。比如，关于"招商、招展、招客"：

其"性质和要求"是："……开展国际联络、市场开发和宣传推介等工作。争取更多的国家和国际组织参加上海世博会的展示；鼓励国内外知名企业参与世博会的建设和运营；提高国内外民众对上海世博会的兴趣，吸引更多游客前来参观。"

其"行动计划"是："2004 年起，制定招展、招商、招客总计划，包括制定各国和国际组织参展模式和政策，以及相应的宣传推介和会前系列活动计划。2005 年起，启动世博会总体推介计划，……2006 年起，……邀请各国、国际组织参展；全面推进市场资源开发利用和品牌使用管理服务工作。2007 年起，……完成门票销售系统和渠道体系的建设，做好门票销售的相关准备工作。2008 年起，……落实参展国，确定参展方名录；完成园区内外指定经营和特许服务企业的招商工作；加大招客宣传推介力度，开始销售团体门票。2009 年起，为各参展方建馆提供各类服务；启动招客宣传高潮，开始销售个人门票。"

其"责任部门"是中宣部、外交部、商务部、国务院新闻办、中国贸促会等组委会相关成员单位，执委会相关成员单位，上海世博集团等。

2004 年 6 月 3 日举行的上海世博会组委会第一次会议，通过了以这个框架为基础的初稿。会议要求进一步修改《行动纲要》，在 2004 年 11 月举行的组委会第二次会议上正式审定。

6 月 23 日，上海世博局局长办公会议讨论了《行动纲要》的修改工作。当时，组成上海世博会执委会的上海市委、市政府有关部门已结合世博会项目，开展了很多工作。这些工作包括：市委对外宣传办公室起草了《2010 年上海世博会对外宣传行动计划》；市精神文明建设委员会办公室起草了《世博文明计划》；市发改委启动世博会立项工作；市科委起草了《世博科技专项基本方案》，并提出了设立世博科技基金办公室的想法；市财政局开始就世博会财税优惠政策进行调研；市人事局提出了世博人才培训的想法；市规划局会同世博局开展了世博项目规划设计的组织；市法制办、房地资源局积极参与相关的行政法规立法工作；市环保局正在策划 9 月举行的"'绿色世博'国际环保研讨会"；市公安局提出了"对 2010 年上海世博会安全防范工作进行调查研究"的设想；等等。

7 月 15 日，根据组委会要求，上海世博局向世博会执委会 41 家成员单位发出通知，要求对《行动纲要》提出书面修改意见、建议。7—8 月，我和朱航等冒着酷暑，逐一拜访执委会各成员单位联系人。9 月上旬，世博局收到了 14 家单位的书面回复，15 家表示还在研究，12 家回复无意见。

在此期间，上海世博局在中国贸促会的支持下，还征求了作为世博会组委会成员单位的中央有关部门的修改意见。

三、完稿即完成使命

2004 年 11 月 29 日，国务院副总理吴仪在上海主持召开组委会第二次会议。会议审议通过了上海世博会《行动纲要》《注册报告》《规划方案》。这次会议通过的《行动纲要》，与 6 月会议通过的初稿，在结构方面没有什么变化，主要是分工更明确，语言表述更准确。

至此，作为一个独立文件，《行动纲要》的编制工作已完成。接下来应该是以纲要为基础，形成有具体时间节点、内容要求、明确分工的行动计划。2005 年 1 月 27 日，上海世博局局长办公会议决定，由汪均益牵头，黄耀成、许伟国协助，局办公室、研究中心、人力资源部、计划财务部、市场开发部等部门负责人组成工作小组，起草上海世博会筹办工作进度总表。经过近一个月的努力，工作小组完成了总表的初稿。2 月下旬，初稿发到世博局各部门征求意见。3 月上旬，工作小组汇总各方意见后定稿。

　　2005 年 3 月起，无论是务虚讨论研究还是关于具体工作的指导，《行动纲要》都不再被提起。今天来看，我觉得可能有这样几方面原因。

　　第一，11 月召开的组委会第二次会议上，有领导提出，考虑到办博工作需要，《行动纲要》不宜直接对外。这样，这个文件的作用就是对内统一思想、指导办博，而不是社会宣传、扩大世博会影响。如果在"指导办博"方面没有什么效果，那么《行动纲要》真的就是一个历史文件了。

　　第二，事实上，《行动纲要》很快显露出作为指导性文件的局限性。这里的纠结之处依然在于对办博工作路线的理解。2004 年 5 月确定的"四项任务、六大支撑、一个基础"，是对当时能想到的具体工作的梳理。但是，这个框架依然值得推敲。首先，能否将编写《注册报告》这样一份文件理解为整个办博工作的四项任务之一？如果国际展览局在 2005 年底通过中国的《注册报告》，是否意味着整个办博工作的四分之一已完成？其次，很多办博工作，诸如主题演绎、展示策划、会期运行、安全保障等，都压缩在"会展策划实施"里，后来的实践证明，其中的内容非常丰富。2008 年之后，世博局相继成立中国馆部、主题馆部、城市最佳实践区部、非洲馆部、活动部、论坛部，还有各个片区管理部等。把"会展策划实施"仅仅作为四项任务之一，显然无法体现工作的深度和广度，在此基础上形成的作业计划表，也一定有局限性。再次，在与国际展览局讨论《注册报告》时，洛塞泰斯对"一局两公司"的办博体制明确表示不同意见，而《行动纲要》里的工作责任，在上海层面，是以"一局两公司"为内核的。为了让《注册报告》得以通过，这个体制作了调整。因此，《行动纲要》在"做什么"和"谁来做"这两方面，都无法作为指导性文件。

　　第三，与此同时，《注册报告》作为一个必须提交给国际展览局的强制性任务，从 2004 年开始编写，到了 2005 年，其修改任务越来越重。而且从性质和内容上看，《注册报告》与《行动纲要》有类似之处，也是关于办博工作的。因此，2005 年 3 月起，就办博工作总体思考而言，《行动纲要》开始淡出视线，《注册报告》越来越受到关注。

第十四章 编写《注册报告》

《中国 2010 年上海世界博览会注册报告》是中国政府在世博会申办成功后向国际展览局提交的重要文件，也是办博过程中编制的第二个纲领性文件。上海世博局承担了《注册报告》的组织编写工作，实际编写人员远远超出了上海世博局范围。我先后担任上海世博局的办公室副主任、研究中心主任，较多地参与、记录了《注册报告》的编写过程。

一、性质意义

《注册报告》是注册类世博会申办成功之后，国际展览局要求举办国提交的官方文件，是申办工作法律手续最终完成的重要标志。中国申博成功，并不意味着可以立即启动办博工作。只有在国际展览局审查通过《注册报告》之后，我们才能启动世博会宣传推介、国际招展工作。《注册报告》的内容，是中国的庄严承诺，是其他国家决定是否参加、决定以多大的热情参与上海世博会的重要依据。国际展览局对《汪册报告》的审查批准，一定程度上是对获得举办权的国家的最后一个"硬约束"。因此，《注册报告》虽然没有和他国竞争的含义，但其重要性并不亚于《申办报告》。

与《申办报告》需要回答国际展览局规定的 12 类问题不同，关于《注册报告》的内容，上海世博局一开始并没有得到很详细很明确的格式要求。经过与国际展览局多次沟通，最终敲定九方面内容：相关法律和财政措施以及组织机构的法律地位；名称、主题与持续时间；上海世博会主题深化与园区内活动分类和介绍；世博会场地规划；财务计划；沟通与推介计划；后续利用的初步计划；初步商业化运作计划；法律附件。

囿于现实条件的限制和办博形势的变化，《注册报告》中提到的一些办博措施、设想并未完全实现，但其中关于财政支持、参展援助、税收优惠、通关便利等的一系列郑重承诺都得到了忠实履行，故《注册报告》仍不失为最重要的办博法律文本。

二、编写起步

《注册报告》编写工作是从 2004 年初开始的。整个 2004 年，上海世博局共举行 17 次局长办公会议，其中有 13 次会议的议题涉及《注册报告》。除此之外，世博局还多次召开专题会议、工作会议，研究《注册报告》编写事宜。

2 月 9 日，世博局 2004 年度第二次局长办公会议原则同意副局长周汉民汇报的《注册报告》编写工作方案，决定成立由周汉民任组长，黄耀诚、戴柳任副组长的《注册报告》编写小组，新招聘的战略研究人员、局办公室、公共关系部相关人员，以及参加《申办报告》编写的市政府研究室、市政府发展研究中心相关人员等为小组成员。在研究中心成立前，编写小组暂设在办公室。

2月24日，世博局第三次局长办公会议要求：《注册报告》编写工作要同时从两方面启动。一是各部门结合本部门行动纲要和年度计划，研究与注册报告有关的内容。二是成立编写工作协调小组和报告起草小组，研究各国报告，确定编写大纲和计划。

2月27日，周禹鹏副市长召开注册报告编写工作会议。出席人员包括来自市政府研究室、市政府发展研究中心、市财政局、市贸促会、市法制办、市规划局、市知识产权局、上海图书馆、现代设计集团、上海社科院、上海外国语学院、同济大学、市规划设计研究院、投资咨询公司的专家。世博局汪均益、周汉民、黄耀诚、戴柳和各部门负责人参加会议。周汉民介绍了《注册报告》的编写设想，包括背景、要求、结构、时间计划。根据会议要求，《注册报告》将从两方面展开编写工作，一是世博局各部门编写行动纲要，二是以研究中心为基础，邀请全市其他部门参与，具体落实《注册报告》编写任务。

3月1—5日，世博局办公室会同尚未成立的研究中心的研究人员，分别与建设协调部、计划财务部、市场开发部、公共关系部、法律事务部座谈，以明确各部门承担的《行动纲要》《注册报告》编写内容。建设协调部牵头组织编写的大致为土地开发、场地规划设计两个部分；计划财务部主要承担投融资方案部分；市场开发部承担商业化运作模式的研究；公共关系部承担上海世博会整体推介，包括主题研究与推介；法律事务部主要承担上海世博会的法律文件，如总则、特殊规章制度等。

3月29—30日，周汉民、黄耀诚、戴柳以及当时世博局所有部门的负责人，与加拿大专家塞凡座谈。在申博成功之前的2001年5月，经国际展览局推荐，塞凡被聘为上海世博会申办顾问。此次来访，塞凡结合《注册报告》的框架，与上海方面逐项讨论了上海世博会的财政法律、组织框架、主题演绎、财务计划、商业化运作、沟通推介、场地规划等内容。

5月下旬，国际展览局秘书长洛塞泰斯来访。国务院副总理吴仪、中国贸促会会长万季飞分别会见了他。上海世博局副局长周汉民陪同会见并作了记录。根据记录，5月31日上午，洛塞泰斯在中国贸促会与万季飞座谈时表示："我在上海期间了解了《注册报告》的进展，……上海世博局对《注册报告》的编写工作认真负责。"

5月31日下午，吴仪在会见洛塞泰斯时说："上海方面的筹备情况，最重要的准备是《注册报告》，我已听说您特别强调知识产权的保护问题。您提了一条非常好的意见，我们一定会纳入《注册报告》之中。衷心希望在国展局和秘书长的帮助下，我们写出一个出色的报告，明年向国展局提交。"洛塞泰斯说："上海世博局成立以来，做出了重大努力，已编写好一份《注册报告》完整大纲，基本要点都是正确的。《注册报告》不仅是一个既定程序的履行，而且是一个行动计划，如何将承诺变为现实是重中之重。《注册报告》有两个重点：第一是选址和园区的规划；第二是落实对发展中国家的援助承诺。您刚才谈到知识产权的保护，的确，世博会是新思想和新发明的发源地，所以一定要强化知识产权保护的法制意识。"

6月1日，中共上海市委举行世博专题会议，世博局副局长汪均益汇报包括《注册报告》编写进展在内的办博工作情况。汪均益说："我们完成了经国际展览局秘书长洛塞泰斯认可的《注册报告》框架结构，提出了下一步编写的说明，拟请组委会会议审议后，由执委会组织力量起草，其中国家对外承诺的部分，需要请中央有关部门参与编写。"

6月3日，上海世博会组委会第一次会议原则同意上海世博会《注册报告》框架。

6月5日，上海世博局举行2004年度第八次局长办公会议。周禹鹏说："这次组委会会议对我们是极大的鼓舞……关于《注册报告》，当前要尽快与中央有关部门沟通，完成国家层面的内容：法律方面的内容，请汉民负责与国务院法制办联系；财政承诺、基金事项，请均益、云飞先向市财政局汇报，再赴京与财政部、税务总局、海关、质检总局等部门沟通；宣传、会徽征集等事项，请耀诚向市委宣传部汇报后，赴京向中宣部汇报；招展招商方面内容，请汉民协助戴柳，与外交部、商务部、贸促会沟通，形成共识。"

之后几个月，上海世博局办公室、研究中心积极沟通全市相关部门，完成了《注册报告》初稿撰写工作。11月29日，上海世博会组委会第二次会议在上海举行，会议审议通过了《注册报告》。

11月底，上海世博局会商上海外国语大学，成立《注册报告》翻译小组。2005年2月初，《注册报告》英法文稿送中国外交部翻译室审定。

2005年4月28日，中国驻法国大使馆临时代办曾宪柒代表中国政府在巴黎国际展览局总部向国展局秘书长洛塞泰斯递交了由国务院副总理、上海世博会组委会主任吴仪签署的注册申请函和《注册报告》。吴仪在致洛塞泰斯秘书长的信函中强调，中国政府将采取各种措施，根据《国际展览会公约》履行主办国的各项义务，办好2010年上海世博会。

三、反复修改

2005年5月18日，洛塞泰斯在日本爱知世博会上海周期间，向前来参加活动的上海市领导说，按期通过《注册报告》可能有困难。市领导表示，我们一定要一次通过。

6月22日，洛塞泰斯访问上海，对《注册报告》修改事项谈了三方面意见。一是翻译、措辞问题；二是要大幅度修改场地规划、沟通推介、主题演绎、市场开发等四章，实际上相当于重写；三是要求进一步阐明上海方面的办博体制，主要是上海世博局与两家公司的关系。6月22日之后的两个星期，上海世博局组织了一批人，集中在宾馆，紧张地进行了这四章的编写工作。

2005年6月23日，国际展览局执委会对中国提交的《注册报告》提出反馈意见。其时，我已参与筹建上海世博局研究中心。国际展览局的反馈意见传到研究中心后，我们即按照世博局各部门的职能——对照，进行分解，共整理了160余条意见，包括总体评价、翻译措辞、内容；内容方面，又根据对方的提示，分为需要改正（mistake）、需要细化（weak point）、需要补充（missing）等三方面。然后把这些意见反馈给各部门，进行修改。

7月初，洛塞泰斯到上海，和上海世博局具体讨论场地规划、主题演绎、沟通推介、商业计划等四章。7月5日，周禹鹏与洛塞泰斯就《注册报告》的修改进行一整天的工作会谈。周禹鹏介绍了上海世博局对场馆规划、沟通推介、主题演绎、市场开发这四章所作的修改。在场馆规划方面，重点介绍总体规模、规划布局、综合交通和生态环境等内容；在沟通推介方面，重点介绍沟通目标、受众分析、针对不同受众的不同沟通策略和方式，以及考虑在国内外推行的一些沟通具体项目；在主题演绎方面，周禹鹏强调，这是世博会的灵魂，也是我们研究得很不够的部分，希望得到洛塞泰斯的指导；在市场开发方面，重点介绍了市场开发的定义、原则、开发类型。

2005 年 8 月 8 日、10 日、11 日、18 日，塞凡来函谈他的看法。8 月 18 日，洛塞泰斯来函，详细分析了对《注册报告》的意见。两人都认为，新版本有不少修改和补充，但依然缺少很多关键要素。他们对各章，尤其是要求重写的四章都提出了很具体的修改意见，比如：根据报告，来自政府的资金似乎是托付给世博集团，而不是由负责世博会运行的组织者直接使用，这是不寻常的；所提供的展示方案举例在某种程度上能引起人们的兴趣，但是缺乏对主题馆的描述、主题区的规划、文艺活动和论坛的设计和描述、组织者与参展方之间的互动等；报告中提到"参展者还可以组织与主题相关的各类论坛和文娱活动"，但似乎看不出组织者和参展方之间有任何关系与合作。洛塞泰斯还坚持要求成立必要的组织来推进主题演绎。

洛塞泰斯强调，作为秘书长，他必须充分注意到成员国，特别是国际展览局执委会的意见。为了有利于我方修改，他特意将原定于 10 月 7 日召开的国际展览局执委会会议推迟到 10 月 21 日。

从 8 月下旬开始，上海世博局集中力量，从三个角度对《注册报告》进行完善："内外统一"（即我方表述与国际展览局要求的核对，这是重点）、"前后统一"（即《申办报告》与《注册报告》的核对）、"左右统一"（即各部分内容的核对）。

9 月 5 日起，塞凡与《注册报告》编写小组进行了三个整天的工作会谈。9 月 5 日上午讨论第六章（沟通与推介），下午讨论第四章（场地规划）、第七章（后续利用）；9 月 6 日上午讨论第三章（主题深化与园区内活动分类和介绍），下午讨论第一章（相关法律与财政措施及组织者的法律地位）；9 月 7 日上午讨论第五章（财务计划）、第八章（初步商业化计划），下午讨论第九章（一般规章）。参加讨论的，除上海世博局相关人员外，还有上海广告公司、埃培智集团（IPG，美资国际广告公司）、罗兰贝格公司（参与上海世博局人才规划研究的德资咨询公司）等。

终于，2005年9月12日，洛塞泰斯在上海表示，修改稿可以接受，可提交10月21日举行的国际展览局执委会讨论。

四、最后冲刺

为了能按时在10月21日的国际展览局执委会会议上得到讨论，在忙碌了近20个月之后，9月中下旬，我们为完成《注册报告》国内程序进行了最后的冲刺。

塞凡参与了"沟通与推介"这一章的编写。9月9日中午，他交来英文稿，我请公共关系部的张彦艺翻译成中文。9月10日她从早晨一直工作到午夜1点，其间新闻宣传部的刘绣华也参与翻译，终于使我们能够在9月11日拼成全稿。

考虑到《注册报告》的英法文版是由不同专家翻译的，两种文字表述有可能不完全一致，研究中心精通英法文的孙明磊，从9月10日早上开始，在办公室连续工作30个小时，直到9月11日中午，完成《注册报告》英法文核对，赶在晚上洛塞泰斯到来之前拿出了全稿。

9月14日，上海世博局向市领导呈报修改后的《注册报告》和说明。9月17日，市委、市政府主要领导批示，同意上报世博会组委会。

9月18日，上海世博局向世博会组委会联络小组发出书面汇报：将向组委会呈上修改后的《注册报告》，请报组委会主任吴仪同志审阅。

9月19日，我装了一拉杆箱的《注册报告》飞北京，直送世博会组委会联络小组办公室。联络小组办公室当天将《注册报告》及修改说明分送国务院办公厅、外交部、商务部、中宣部、发改委、财政部、国务院法制办、中国贸促会等主要成员单位。由于事先沟通问题，我带的《注册报告》份数不够，因此当天晚上，上海世博局邱一川携带《注册报告》赶到北京，9月20日继续送。

9月21日，上海世博局接到联络小组办公室电话称，吴仪副总理正在国外访问，国务院办公厅秘书二局要求，《注册报告》修改版在呈吴仪副总理审阅之前，请中国贸促会负责汇总相关单位的意见，报国务院办公厅。

9月23日，上海世博局副局长汪均益专程赴京拜访组委会相关单位，介绍《注册报告》修改情况，听取意见。

9月26日晚，联络小组汇总所有意见，基本同意。

9月27日，汇总意见报国务院。在吴仪副总理审阅之前，上海同时开印、运输。

10月2日，《注册报告》送达巴黎。与此同时，吴仪副总理已回国，批准将中国政府关于2010年世博会的《注册报告》送国际展览局。

10月3日，《注册报告》送达国际展览局。

10月21日，国际展览局执委会召开会议，讨论中国《注册报告》，周汉民向执委会汇报。11月5日，上海世博局收到执委会传来的21条书面意见。上海世博局即组织力量对《注册报告》进行修改。

11月14日，周汉民再次赴法，向国际展览局执委会详细报告根据10月21日执委会意见对《注册报告》的修改。

2005年12月1日，周汉民向国际展览局第138次大会报告中国提交的《注册报告》。大会批准中国注册申请。

12月27日，国务院副总理吴仪在北京主持召开上海世博会组委会第三次会议，会议研究了《注册报告》通过以后的主要任务，要求上海世博会的各项筹备工作在2006年进入实质性操作阶段。

五、几点体会

（一）《注册报告》编写过程，是办博思路逐步明确的过程

2003年10月底，上海世博局成立。成立伊始，需要解决的问题很多，最主要的问题是，世博会的筹备工作究竟包括哪些内容？如何编制工作路线、计划？因此，《注册报告》的编写工作，不仅是为了完成国际展览局的要求，更是对上海世博会筹办工作体系的研究，是办博工作逐步明确、计划逐步完善的过程。

《注册报告》并不是一个孤立的文件。《注册报告》完稿之前，是《行动纲要》的编写；《注册报告》完成之后，上海世博局启动了关于办博工作体系化的研究，即"办博工作框图和总体计划"。

（二）《注册报告》编写过程，是各部门同心协力、合作办博的过程

回顾《注册报告》编写过程，我深深体会到，如果上海世博会是一座巍峨大厦，那么《注册报告》和《申办报告》一样，是这座大厦很重要的基石。但也仅仅是基石。当大厦耸立之后，人们是看不到基石的。进一步说，这座大厦由很多部件组成，每个部件的生产者，相互之间可能从来没有见过面，互不相识，甚至可以说，直到今天，我们依然无法统计，究竟有多少人参与了编写过程。正因为很多人的默默贡献，才使得上海在踏入21世纪之后，为世界贡献了一台非常成功、精彩、难忘

的大戏。

我参与了世博会申办、筹办、举办、世博会后记录的全过程，看到有很多人参加了很多的任务。他们的努力，有的成为最终成功的一部分，有的只是后来者的教训和垫脚石。每每想到这里，我就会冒出一个比喻：当我们饿的时候，可能会吃五个包子，但在赞扬第五个包子贡献的时候，不能忘记前面四个包子的作用，要全面记录历史，让后人看到上海世博会的成功来之不易！

（三）《注册报告》编写过程，也是中国与国际展览局相互磨合的过程

回顾办博过程，我还有一个很深的体会：我们非常诚心诚意地和国际展览局对接，但有时候确实感觉，双方存在一些说不清道不明的差异。《注册报告》编写过程几经反复，今天回过头来看，有几个原因。

一是我们从来没有举办过如此大规模、长时期的国际盛会。总体上，在编写初期，确实不清楚究竟应该干什么、写什么。

二是中国的国情、法规与国际惯例的差异。比如，国际展览局很担心社会动荡影响世博会的成功，担心中国的政府和企业关系是否可靠。而这些在我们看来，基本上没有问题。又如，他们常常以西方市场经济的税收制度来要求我们，在这方面，双方经多次反复沟通才逐步接近共识。

三是世博会的多样化特点，以及国际展览局本身的惯例不够完善。究竟什么样的世博会是标准模式？国际展览局没有强制要求，这和国际奥组委、奥运会的要求有很大不同。这导致国际展览局在和我们沟通时，强调的重点不断变化。

四是东西方思维差别。我的感觉是，我们往往偏重于从宏观到微观，先定大方向，再"逐步细化、深化、具体化，是从规划到计划"，而由西方人掌门的国际展览局很重视细节。比如在多次沟通中，谈到主题演绎，洛塞泰斯要求我们提供详细的主题展馆计划、文化和文艺活动方案、组织者与参展方之间的互动、论坛方案等；当我们介绍将在全球征集主题歌时，洛塞泰斯就问，决策程序是怎样的，评委是哪些，有没有国际评委成员，等等。

其中关于主题演绎的讨论，对我以后几年工作影响非常大。洛塞泰斯在提出了主题演绎的具体要求后，坚持要我们成立必要的组织来推进主题演绎。这样，《注册报告》完成之后，根据对洛塞泰斯的承诺，我所在的研究中心转为主题演绎部。但是洛塞泰斯没有想到，世博局陆续成立了中国馆部、主题馆部、论坛部、城市最佳实践区部等，它们都承担具体项目的主题演绎，每个具体项目都有具体的部门负责，因此根据他的要求成立的主题演绎部（我这个部门不承担具体业务，这在第十七章里有详细说明）实际上显得多余。

第十五章　参观日本爱知世博会

世博会起源于欧洲，本质上是由一国政府主办，邀请各国展示成就，提供合作交流平台的国际性活动。自从 1851 年第一届世博会以来，欧洲国家争相举办。20 世纪中叶以后，欧洲国家意兴阑珊，世博会热点开始转移到亚洲，其中最积极的是日本。1970 年，日本大阪举办了世博会。之后半个世纪，日本已举办五次世博会，加上即将举办的 2025 年大阪世博会，平均不到 10 年就举办一次。

因此，上海要举办世博会，有必要认真观察、思考日本举办世博会的经验教训。2005 年 3 月 25 日，日本爱知世博会开幕。这是在时间和空间上都离 2010 年上海世博会最近的一届注册类世博会，因此它当然是我们学习、了解的重点。

我去过三次爱知世博会。第一次是 2000 年 2 月，上海申博刚起步时，我和周先强、沈宇到正在筹备的爱知世博会现场。

2005 年 3 月，我跟随世博局领导，陪同周禹鹏副市长赴日本名古屋，参加爱知世博会开幕式。其时，上海世博局组织员工赴日本爱知世博会实地考察。我在 5 月下旬又参加了以钟燕群书记为团长的考察团。
这两次访问，让我对世博会的展示策划和现场运行有了非常直观的感受。

一、座谈会见

两次访问都由部级领导带队，都安排了一些会见、座谈。

3 月 23 日下午，我们一下飞机，就直接前往中国驻日使馆，拜访王
毅大使。周禹鹏向王毅简略介绍了上海世博会规划远景、目前的筹备进
展，以及 2005 年的几项办博任务。王毅说，驻日使馆十分重视中国参
与本届爱知世博会的工作，他前不久回国时曾向吴仪副总理汇报有关情
况。中日两国都有很大的变化，但双方了解还不够。世博会是推动两国
人民了解的很好平台。王毅认为，世博会对一个国家的工业化是浓重的
一笔，有巨大的推动作用，日本和韩国的历史都证明了这一点。中国获
得 2010 年世博会举办权，是世界对中国经济持续发展能力的肯定。上
海举办世博会，相当于再造一个浦东。上海世博会和爱知世博会都属于
亚洲世博会，主题也相互呼应，中日是近邻，要相互支持。使馆已经为
中国参与爱知世博会成立了专门小组，上海方面有什么困难和要求，可
随时与使馆联系。驻日使馆一定积极配合上海做好参与本届爱知世博会
的工作，做好上海世博会的宣传推介和考察学习工作，还将支持整个办
博工作，直到 2010 年。

3 月 24 日上午，周禹鹏听取了上海咨询台工作组的汇报。上海咨询
台由周先强、李岚等上海世博局派出的人员组成，设在中国馆内。根据
2004 年最后一次世博局局长办公会议的决定，这个咨询台的主要任务是：
（1）拜会各参展国总代表，为 2010 年上海世博会进行必要的预招展工

作；（2）参与组织中国馆内涉及上海世博会的所有活动，做好上海市重要代表团到访和主要考察团的联络接待工作；（3）宣传和推介 2010 年上海世博；（4）收集有关日本爱知世博会的各种信息，重点是会期运营。

周禹鹏听取汇报后，要求尽可能收集更多有关爱知世博会的报道、评论，尽可能多地留下音像资料。关于做好世博系统组织的学习考察组的联系接洽工作，他要求上海世博局商上海市外办、外经贸委等联合发文，明确凡是需要与日本爱知世博协会联系的上海市学习考察团组，由世博局根据日本方面的接待能力，通知上海咨询台联系接洽，而其他团组，包括一般学习考察组和旅游团组，上海咨询台不负责联系接待。

5 月 23 日至 26 日，钟燕群率上海世博局组织的第五批实训考察团访问爱知世博会。这个团的成员，除了世博局相关人员之外，还有上海市经济委员会副主任乐景彭、上海市气象局副局长袁招洪，以及市合作交流办、市邮政局等单位的相关人员。

5 月 23 日，钟燕群与日本爱知世博会组织方事务总长中村利雄、综合协调室室长本庄、副室长山田宗范等，就"世博会的综合管理和公共管理"进行座谈。

当时我们的理解是，世博会筹备工作中的硬件建设、资金筹措、志愿者组织、市场开发等工作，与其他大型活动有相通之处。世博会与其他大型活动最主要的区别是主题展示策划、现场运行管理，这两方面是我们非常需要向爱知世博会学习了解的。

展览方面的学习，主要是现场参观，而运行管理需要和对方深入交谈。当然，由于国情不同，社会层面的管理体制不同，具体到一个项目，管理体制也是不同的。不过，日本方面在管理的具体方法、思路方面，也值得我们借鉴。

在与中村利雄等日方组织者的座谈中，对方介绍说，世博会开幕以来的两个月里，管理当局汇总了 100 多个问题，有的问题十分具体甚至琐碎。例如，日方介绍的第一个问题居然是"能否带饭进园区"。在开幕前，管理当局规定进场不准带饭，因为大阪、筑波等世博会，游客带饭的并不多，而且此届世博会有 120 多个国家，有不少风味小吃，估计很受老百姓欢迎。结果这项"禁止带饭"的规定引起人们不满。日本首相小泉纯一郎得知此事后，希望这个问题能得到改进。协会随即修改了规定，允许游客带饭进园区，但仍不允许游客将饮料带入园区，据说是"从安全、卫生角度考虑，怕沙林毒气等进来，即使首相再指示，我们也不会修改"。此外，对方还介绍了参观人次不均衡带来的交通、热门场馆参观等问题。

由于上海世博局成立之后，遇到内部组织体制、工作机制方面的问题，因此钟燕群特意提到日本爱知世博会的管理体制。对方介绍说，爱知世博会的组织者是爱知世博协会，直接受日本政府经济产业省（简称"经产省"）指导，目前本部有 450 人，其中经产省派出 20 多名官员，事务总长中村利雄和他的前任坂本女士都是经产省委派的。其内部工作机制，一开始是金字塔模式，分为总长、次长、部长。随着筹备工作的推进，金字塔模式不适用了，逐步转为平面模式，目前设有 31 个部门，各部都可以直接向总长反映情况。当然，实际操作中不可能事无巨细都找总长，所以又设立了综合协调办公室。

2005 年，上海世博局只有 8 个部门，70 余人。爱知世博会的这方面介绍，和我们的情况有很大差异。另外，日本方面，所有的部门直接对总长负责，所有的次长只是协助总长，而不是分管各个部，这和我们的管理模式，即局长、副局长、各部门不同。两种模式哪个更好，通过走马观花是无法判断的。也许日本方面最终需要平面模式，而上海世博会到了开幕前，有 50 多个部门、近 2 700 名员工，如果都直接向局长汇报，肯定行不通。当然，各种模式都有利有弊。我们这种模式也容易在板块与板块之间出现矛盾。大型活动的工作系统，是"定于一尊"还是"九龙治水"，不仅与领导人的个性、能力有关，更取决于特定时空环境的"势"，取决于具体项目的性质。这不是简单的选择，而是需要管理学理论的指导。上海世博会是管理学研究的"富矿"，因此，回忆世博历史，总结世博遗产，对中国的公共管理也很有意义。

二、场馆参观

参观世博会展馆，是现场体会世博会的一项重要内容。上海世博会将如何做到成功、精彩、难忘？中外游客将钟情、欣赏什么样的展览内容和活动？世界各国是如何在国际盛会上展示本国的？中国又将如何向世界显示一个千年大国的智慧和胸怀？这些是我们参观时脑子里一直在想的问题。

2005 年 3 月下旬，周禹鹏一行参观了中国、日本、韩国、美国、德国、法国、意大利、西班牙、澳大利亚、孟加拉国、斯里兰卡、伊朗、埃及、新加坡、蒙古国等国的国家馆，中美洲联合馆、非洲联合馆，以及丰田、日立、东芝等企业馆。5 月下旬，钟燕群一行参观了近 30 个国家馆和企业馆，并会见了英国、法国、德国、西班牙、意大利、比利时、美国、俄罗斯、克罗地亚、澳大利亚、新加坡馆的馆长。

新中国成立后第一次亮相世博会，是 1979 年中美建交后，应卡特政府的邀请，于 1982 年参加美国诺克斯维尔世博会。据介绍，历次中国馆都得到好评，有几次还被媒体评为"五星展馆""最佳展馆"等。但那时中国参加世博会还没有引起人们的注意，很少有人知道中国馆究竟是什么样的。1999 年中国提出申办世博会后，2000 年德国汉诺威世博会的中国馆才引起人们关注，但结果却不甚理想。著名作家余秋雨曾评论汉诺威中国馆，说他无论如何也搞不懂，世博会是各国把自己最好的东西放在一起，让大家评头论足，谁都不敢掉以轻心，为什么中国馆的负责人居然那样漫不经心。中国获得 2010 年世博会举办权后，吴仪副总理一再要求，2005 年日本爱知世博会中国馆一定要精益求精，要为 2010 年上海世博会打基础。

但在我看来，2005 年日本爱知世博会上的中国馆依然很让人失望。中国馆占用了爱知世博协会提供的五个标准展区，每个展区面积是 18 米乘 18 米。进门后的大厅里，中央空间是"生命树"，几根状如蘑菇或体操棒的雕塑直达屋顶，地上玻璃罩里摆放着几件国宝级的出土文物。大厅左面靠墙是楼梯，沿楼梯的墙上是可供游客动手摆弄的活字印刷、算盘、编钟。登上二楼，一排小屏幕在播放参加本届世博会中国馆的中国 14 个省市的"省情"。用作贵宾室的"紫檀斋"里写着说明，"该紫檀木家具是由北京某某公司提供展示，联系电话是 XXXXXX"等。有人说，这家公司名义上是为中国馆提供展品，实际上是想找国际大买家。影视厅里，三面银幕来回旋转，看不出究竟在播放什么。在一楼的一个布景台前，游客可以在虚拟的水影中看到自己的影像，这是中国馆里科技含量较高的展示了。

我曾在 2005 年 9 月 26 日参加了上海市科协、《新民晚报》组织的"新民科学咖啡馆"的沙龙，那次的主题是"爱知归来话科技世博"。著名艺术设计专家、同济大学传播系主任林家阳教授在沙龙上介绍了对爱知世博会的观感。他带点情绪地表示："看了中国馆之后受到很大的打击，馆里没什么高科技，传统展品也是假的，馆内稀稀拉拉，只有商场人比较多，作为中国人真是无地自容。我们的领导是否知道这些情况？是否有人为此负责任？"林家阳拿着当天的报纸问在场记者："报上说中国馆有 500 多万人次参观，你们要负责任，这究竟是不是事实？不要误导。报上还说，'上海周'期间，民间艺人剪纸、工艺品等给日本游客留下了深刻印象。下一届世博会在上海举行，难道我们就给日本人留下这个'印象'吗？为什么没有能够反映时代面貌的科技和文化？"林家阳进一步分析了产生这些现象的原因，认为从整体上讲，是社会的创新意识不够，对民族文化重视不够。这有教育上的问题，有专家层面的问题，也有政府层面的问题。

从中国馆出来后，我们走马观花看了中美洲联合馆、孟加拉馆、伊朗馆、斯里兰卡馆等后，来到美国馆。美国没有参加 2000 年的德国汉诺威世博会，甚至 2001 年底还退出了国际展览局。但在爱知世博会上，美国在本田公司的支持下，布置了一个很好的馆。不过，美国人好像很紧张，尽管每个游客在进入世博会会场大门时，已经接受了安检，但在进入美国馆时，依然要脱下外套，放下手提包，通过安全门，接受检查。我出了安全门，迅即返身想拍安全检查关卡的照片，一个美国小伙子马上过来制止。美国馆的前厅是美国发明家本·富兰克林的塑像，他一手握着一根弯弯曲曲的白色霓虹灯管，好像一道电光从富兰克林手里发出。恰如余秋雨所说的，游客都是把世博会上各国展示的东西，理解为这个国家希望表达的理念和精心准备的结果。也许美国馆的这个序厅想要表达的是：全世界从工业化到现代化到信息化到智能化，到本届世博会的一切，都是以电为基础的；而把电能从无序状态纳入可控制状态的，是美国人富兰克林。

离开美国馆后，我们参观了东道主日本馆。日本馆入口外，一只白色的长毛绒小海狮趴在一个小圆桌上，很是可爱。初看起来，还以为是日本馆向游客出售的纪念品，不料我们走到小海狮跟前，它抬起了头，眨了眨眼睛，原来这是一个电子海狮，旁边有文字说明。它会用各种语言向游客问好。我们向它挥挥手，它就点点头，还会随着我们来回走动而东张西望的。如果碰碰它的胡子，它会不高兴地摇摇头，发出抗议的声音；如果抚摸它的颈部，它会很顺从地甩甩尾巴。一会儿好像是累了，它又趴下，闭上眼睛，嘴里发出"嗯嗯"表示舒服的声音。

进入日本馆，我们先走过一个悬空通道，两边墙上是反映自然界各种灾害的照片。随后我们跨上一条缓慢移动的传送带。沿着传送带，一旁陈列着从1945年到2001年日本社会使用的各种电器、电子用品实物，从木壳收音机到现代通信产品等。走下传送带，游客还没来得及品味人类生活改善的历史进步，迎面而来就是两个大屏幕，一个显示过去几十年里，全世界气温上升了多少，还将会上升多少；另一个屏幕显示全世界二氧化碳已从多少浓度上升到多少浓度，还将上升到多少浓度。这两个屏幕告诫大家，这样下去，人类的好日子还能过几天？然后，游客又被引入一个球幕电影厅，大家站在中央走道，仿佛是在一条船上，一会儿在海上漂，一会儿驶入洋底，一会儿又升向太空。

日本的几个大企业在这届世博会上撑起了不小的场面。丰田、东芝、日立等展馆的门外始终人群如潮。进了东芝馆，首先是一排窗口，愿意拍照的游客把脸尽量贴近窗口，摄影后进入一个可坐20人的阶梯小影室观看影片。影片的内容是人类在地球上的生活越来越困难，于是向太空发展。游客发现，太空飞船上的机组成员竟然就是游客自己，刚才拍的照片经过计算机处理，输入了影片。让游客成为展览场所某张图片中的固定面孔并不难，而成为影片中的活动角色，确实是一种创意。

日立馆的外貌好像是一栋被劈开的大楼，裂开处有水从一端潺潺流下，形成一个瀑布。在进入日立馆时，游客也被邀请拍照。日立馆的精彩之处是游客戴上特殊的眼镜，坐在轨道车上，进入动物世界。每个人的手上有一个电子感应环，根据耳机的提示，游客伸出手去触摸虚拟世界里的动物，那些猴子、鳄鱼、长颈鹿，以及一些不知名的远古动物会与游客形成互动。快结束时，游客可以看见自己的照片出现在虚拟动物世界里，这也是一种吸引游客的方法。

丰田是爱知世博会的主要支持企业。据介绍，建造东芝馆用了30亿日元，建造日立馆用了20亿日元，而建造丰田馆用了50亿日元！丰田馆的亮点是机器人表演。先是六个机器人吹着长号和圆号，打着鼓进场，其中两个机器人下面装有驱动轮，而另外四个机器人是抬腿、挥手走进来的。让机器人走路，技术难度非常大；此外，这些机器人是真的在吹号，有气流从嘴里冲出，同时机械手指根据乐谱按键，也很有难度。整场演出中，机器人和真人演员糅合了杂技、舞蹈、音乐，加上活动舞台、喷火、喷水，既体现了高科技，又有很高的艺术性。

韩国馆就在中国馆旁边，馆面墙上是醒目的太极。申办2010年世博会时，韩国几乎倾全国之力，志在必得，结果输给中国。两馆相对，颇有"申办输了，展示不能输"的含义。走进韩国馆，走廊旁的墙上镶嵌着一排手机显示屏，画面非常清晰。2005年时，这种屏幕在我们常用的手机中尚未普及。这些显示屏展现了韩国的电子工业制造水平。展馆里有一个可坐一两百人的小剧场，每场演出半小时，既有柔美甚至有点凄婉的典型朝鲜族舞蹈，也有整齐默契、激昂凌厉的多人击鼓，亦文亦武。

新加坡是个小国，且不是国际展览局成员国，但新加坡馆的策划用了两年的时间，很是用心。据说，策划者煞费苦心，收集了2 000名在新加坡生活的日本人写的回忆、谈论新加坡的书籍，这拉近了普通日本人与新加坡的距离。

澳大利亚与日本同为欧美以外的发达国家，也非常关注自己的海外形象。澳大利亚馆的前厅播放的影片，反映了生活在这块土地上的人们的艰辛努力，介绍了澳大利亚的"过去""现在"和"将来"，特别强调了原住民的历史。我曾到过澳大利亚首都堪培拉，看到有原住民在政府大厦前安营扎寨，以抗议几百年来白种人对澳大利亚的"入侵"，兽皮、树枝搭建的小窝棚里冒出阵阵黑烟，与堪培拉的美丽景色极不相称。而政府对此采取宽容态度，基本上不加干预。现在，在世博会这个国际舞台上，澳大利亚强调自己的历史从原住民开始，似乎也是一种宽容。

法国馆和德国馆是同一栋建筑，合称为"法德馆"，不过策划、布展各自进行，内容、风格迥然不同。法国馆比较随意、宽松，播放的影片大谈社会进步、地区发展、预防灾害，好像是哲学家在上课。德国馆是另一种风格，主要是从自然科学角度谈睿智，普及科学知识。德国馆中央是两层楼的展区，几乎没有其他馆最常见的影片放映，而是一件件实物：一个巨大的蝙蝠模型，告诉你声波是怎么回事，如果你对着蝙蝠前的话筒发出声音，或者对话筒吹气，旁边的屏幕上会出现声波的图像；一个动物骨节的切片告诉你，骨头里是海绵结构，这有利于承重；一个企鹅造型告诉你，这种动物的体型有利于水中运动，非常节省能量；一个四翼螺旋桨在不停旋转，旁边的屏幕上显示某个翼片过去后，下一个翼片所遇到的涡气流形状；甚至场地中央的绿化也不是简单的摆设，细细的茎支撑着硕大的莲花，告诉你什么样的结构最科学。整个展区仿佛是青少年科普基地，让游客在了解知识中体会到德国人一丝不苟的严谨作风，与法国的浪漫风格恰成对比。

意大利有着悠久的历史，欧洲的许多故事从罗马开始，因此意大利馆不仅体现技术，更强调文化。长长的大厅，左边是意大利制造的各种工业品，展示现代技术；右边是很长的水池，摆放艺术品，池的最里端是一座青铜男子雕像。据介绍，这座铜像已有 2 400 多年的历史，铜锈斑斑，手臂已断。

1992 年，西班牙同时举办巴塞罗那奥运会和塞维利亚世博会。国际展览局秘书长洛塞泰斯是西班牙人，因此西班牙非常重视参加其他国家主办的世博会。西班牙在办馆前曾对日本民众进行调查，了解到日本人心目中的西班牙应是火红艳阳，所以西班牙的展馆以红色和黄色为基色，外墙是用许许多多或红或黄的不规则六边形金属框架组合起来的。馆里有个火星登陆车，据介绍，西班牙某地的地质特征与火星非常相似，欧洲宇航组织在那里设立了研究点。下一个展区都是书，其中甚至有中文印刷的塞万提斯写的《堂吉诃德》。此外，介绍西班牙足球的照片也是少不了的。值得一提的是，整个西班牙馆，除了本国来的工作人员外，还有在当地请的 50 名雇员，其中有一位是从中国吉林到日本留学的女孩子，专门为来自中国的游客提供语言服务。

这次世博会共有 28 个非洲国家参展。除了埃及、南非以外，绝大部分非洲国家集中在非洲联合馆中，联合馆馆长是塞内加尔人，非洲国家亲善大使是曾在北京广播艺术学院留学的贝宁人。进入非洲联合馆，好像进入了旅游纪念品交易市场，富有特色的手工艺品琳琅满目。各个国家"摊位"面积不等，有的独占了一间屋子，有的则在中央大厅里摆了几个柜台，当然也有真正用于展示的图片、图腾木雕、草棚、动物化石。并不是所有的展台都由非洲人出面接待游客和售货，在一个展台前，一名日本女学生模样的人在击非洲鼓，以招徕游客。个别国家的展台处只挂着国名，空无一人一物。

之前，我在参与编写《注册报告》时，一直在思考上海世博会究竟展示什么。在爱知世博会，我边看边记录边思考。回到宾馆，我写下这些体会：

毫无疑问，到世博园参观的基本上都是老百姓。不管世博会有什么伟大宗旨，有什么历史意义，他们来到世博会，是来玩、来看、来触摸、来听、来吃的，而不是来进行理性思考、来演绎主题、来有意识进行"各国人民的交流"的。上海世博会的目标之一是游客人次达到7 000万，为了达到这个目标，一是要解决这么多游客的各种需求，为他们提供人性化服务，二是更主要的，要有精彩的展示、活动策划。好比开饭店，若想长期吸引顾客，一是要在店堂布置、音乐、整体气氛等各方面综合下功夫，使顾客进店后处处舒适；二是要在菜的营养、名称、口味、形状上下功夫，使顾客既得到口舌享受，又获得丰富的营养。日本爱知世博会上一些国家馆和企业馆既重视内容，又注意形式，精心设计、精心策划，各有千秋。例如日本企业馆的影视、演出，场场爆满，这样每天就可以吸引2万多人次的游客。在展示方面，有的注重历史文化，有的显示技术强项；有的如长袖漫舞，舒展轻松，有的如课堂教学，谆谆诱人；有的以新颖奇特吸引眼球，有的以互动体验留住游客；有的在介绍成就中表现出谦卑虚心，有的在娓娓道来中流露出傲视心态；有的为过去而自豪，有的为未来而担心；有的擅长虚拟展示，有的看重实物布置……本次考察学习在如何策划组织展示和活动方面得到不少感性印象。

三、运行考察

除了考察展示、活动方面以外，我们还对爱知世博会的日常运营进行了初步考察。我们的感受是一句话：世博会筹备工作非常艰巨！除了要有精心策划的主题展示和活动组织以外，如何为千万游客提供人性化的服务，更是一项极其艰辛的任务。

2005 年 3 月 25 日，我们从上海抵达东京。尽管世博会开幕在即，东京街头却基本上看不到关于世博会的海报和广告。到了名古屋，我们才在车站里看见不少招贴画，站台商店里在出售吉祥物商品等。据介绍，这届世博会的筹备工作比较仓促，一些承诺来参展的国家因为日本方面的援助资金没到位，迟迟开不出馆，更没有做到在正式开幕前进行试运行。

日本方面预计整个世博会期间（3 月 25 日至 9 月 25 日，共 185 天）将有 1 500 万参观人次，平均每天应超过 8 万人次。3 月 25 日是开幕第一天，我们估计参观游客很多。为避免拥挤，我们 8 点 30 分从下榻的名古屋万豪酒店出发，驱车前往 30 多公里以外的世博园，9 点不到就到了世博园门口（9 点 30 分开门）。可能是开馆第一天，接待方忙不过来，尽管我们是 VIP 团，但还是等到 9 点 30 分才有人前来接洽，停车又用了近 20 分钟，9 点 50 分才进场。

离开门时间只剩不到半小时，门口等候的游客却不太多，至少不像我们想象或希望的那样"人山人海"。从名古屋驶来的磁浮列车陆续不断把游客送过来。有两名男子在门口拉起黄色横幅，表达对爱知世博会的抗议，横幅上的意思是希望爱知世博会不要导致环境的破坏，他们拍照后就收起横幅走了。天上有六七架直升机在巡逻，门口除了一般工作人员和保安人员以外，还有牵着警犬的警察。洛塞泰斯对 3 月 24 日开幕式的评论是：节奏比较慢，不够欢乐，典型地反映了日本民族内向的心态。

不过，即使人气不足，即使不那么热闹，但从内部看，一切井井有条。也许这是日本第五次举办世博会，民众也没有表现出很大的兴奋之感。我们在名古屋乘坐出租车时曾问驾驶员如何看待爱知世博会，驾驶员回答道，有的话更好，没有也可以。

9 点 30 分，游客开始入场。我们在北大门看，除了购买半年通票的以外，其他所有的游客从 30 个检票口进场，每位游客先通过安检门，再检票，速度不快，但井然有序。3 月 27 日，我们和普通游客一起在现场买票，从排队购票到进入园区，用了近一个小时。据统计，3 月 25—27 日三天的游客数分别是 4.1 万、4.6 万、5.6 万，远低于期望数字。上海世博会的目标是每天平均 40 万人，是爱知世博会目前客流量的 10 倍。如何使游客更快地流动，也是摆在上海世博会面前一个非常重要的课题。3 月 25 日我们能够在很短的时间内参观几个企业馆，是以贵宾团身份，通过供工作人员走的专有通道进去的。而一般游客要在一个下午参观完这些企业馆是很困难的。

1997 年日本在与加拿大竞争 2005 年世博会举办权获胜时，宣布爱知世博会将在距名古屋市 30 多公里的濑户市附近一块坡地上举行。因为这块坡地树林密布，里面栖息着一种稀有的鹰，因此引起了当地环保人士的强烈反对。后来日本方面变更了园区选址，把主会场放在离原选址几公里的"名古屋长久手町青少年公园"，为保持申办时承诺的一贯性，在原选址也象征性地开辟了一小块地。3 月 27 日，我们从主会场乘坐缆车去濑户分会场。整个行程约八分钟，快到濑户前的两分钟，缆车的玻璃一下子变得不透明，好像上了一层膜，车里的游客无法看到窗外任何景色。据说这项技术花费了 200 万美元，目的是保护缆车所经过地区民居的隐私。

此类人性化服务在主会场更是随处可见。到处有穿着不同颜色服装的志愿者，有的手里举着标牌，告诉你某某参观场所某某时间的票子可以在他那里领取；有的手拿扩音器，不断地提醒游客如此这般。指示牌也很多，有块牌上标有许多场馆的人流情况，游客可以得知，如果想参观某某场馆，大概需要等多少时间。餐馆、商店、警卫室、厕所等的标志也很清楚。

记得 2000 年 4 月，德国汉诺威世博会政府副总代表、身高近 2 米的巴格曼（我们戏称他为 "Big Man"）访问上海。在座谈中他神秘兮兮地说，日本爱知世博会的场地选择遭遇民众强烈反对，日本政府可能会放弃举办 2005 年世博会，如果上海愿意承办这一届世博会，可以省却申办之劳。那时中国刚提出申办 2010 年世博会，毫无经验，前途未卜。巴格曼的建议初听起来很吸引人，但稍一考虑，上海很快就意识到，如果日本真的放弃，留给我们不到五年时间，我们再不了解世博会，也应当明白时间上根本来不及。这个建议是不现实的，我们只能踏踏实实去申办。

上海世博会当然希望比爱知世博会更理想、更完善，要办得"最……最……最……"；而另一方面，日本人的敬业精神和科学态度常常引起中国人的赞叹。以他们的精神、态度和较低的目标，世博会尚且办得如此。据周先强说，爱知世博协会的工作人员向他抱怨："世博会真不是人干的活！"随着上海世博会筹备工作的深入，我们越来越真切地体会到这个项目的艰巨性。

第十六章　编写《总体计划》

一、第三份纲领性文件

（一）为什么要编写《总体计划》

《总体计划》是上海世博会筹办工作中的第三个纲领性文件。这个文件有多个名称，最初被称为"世博会项目总体推进框图"，后来也被称为"总体计划""总体工作框架图""总体框架图""鱼骨图"等。这些名称表明，第一，这个文件所勾勒的办博工作很具体，有时间节点要求，有责任部门，要用图表来表示；第二，这个文件最终没有正式确定为权威文件，所以名称没有统一。文件的编制过程所用时间不长，从2005年12月开始，到2006年4月初定稿，编制完成后就挂在墙上了。

在我看来，这个文件的出现，有很重要的必然性，即为了适应2005年下半年国际展览局通过中国的《注册报告》后办博工作的全面展开。当时我们意识到有这个需求，但是对办博工作如何展开、谁来做、怎么做，缺乏总体思路。之所以如此，应该有两个原因。

首先，前两个纲领性文件《行动纲要》和《注册报告》难以作为指导性文件。《行动纲要》有局限性，无法发挥指导性文件的作用，这在之前的章节里已经提到。而《注册报告》主要是回应国际展览局的要求，并不完全贴近我们的办博工作，因此也难以作为办博工作的指导文件。

其次，申博成功后的2003年，由于中央新一届班子强调机构精简，包括由李岚清副总理担任组长的奥运会领导小组等一些议事机构都被撤销，世博会机构之事未能及时加以讨论决定。更不走运的是，全国出现"非典"，原来担任世博会申办委员会主任的吴仪副总理临危受命，担任卫生部部长，于是办博机构之事一搁再搁。到了下半年，与"做什么"相比，明确"谁来做"更为着急。9月洛塞泰斯向上海市领导表示"明天我将到北京与吴仪女士谈成立机构的事"后，上海市委、市政府加快了组建办博机构的步伐。2003年10月30日，第一届上海世博会国际论坛开幕，当天世博局成立，七名副局长比所有的普通干部先到位。2004年1月，上海世博局向社会公开招聘，各路英才汇聚而来。局领导和部门负责人到位后，精兵和强将相结合，有了明确的工作领域，也强化了各部门的本职意识。于是，如同固定资产投资一样，一旦形成某种布局，以后的产业调整就会很困难，在尚未制定总体战略的情况下，逐步形成"各路方面军办博"的状态，导致某种固化的格局。

由于这两个原因，办博工作的总体计划始终不明确。从2005年下半年开始，虽然具体办博项目（如参加国际展览局大会、园区规划深化的研讨、世博宣传）依然在不断推进，但是总体上出现了停顿，导致国际展览局对我们表示不满。而且由于时滞，这种停顿延续到2006年年中。

（二）国际展览局表示不满

我的电脑和笔记本中，至少有四段国际展览局表示不满的记录。

2006 年 2 月 14 日，上海市副市长杨雄会见了来访的洛塞泰斯。洛塞泰斯在听了关于近期世博会筹办工作的情况后说："《注册报告》通过以后，根据国际展览局的要求，有些任务非常重要，要尽快启动，这就要加强世博局内的组织工作，因为这是上海世博会的重要机构，要让更多的人参与到这个机构中来。我很高兴地看到，你们已经有了很严肃的思考。世博局的扩展，我们在去年 9 月已讨论过，希望不只是纸上的改革，而是要有专业人士来支撑。因为现在已经进入了实质性的阶段，要把这些扩展具体化，有哪些部门、每个部门什么职责、有多少人、今年计划做什么，要有详细的时间表，不能停在纸上。关于招展，我有点失望，因为《注册报告》通过后已经过去几个月了，还没有发出官方邀请。我知道有一些程序，但按照时间表已经落后了。这不是对你们的抱怨，而是要求加快进程。现在离开幕只有四年了，在准备《注册报告》的时候，我们已经浪费了一些时间。希望在下一次国际展览局大会上看到你们很具体的时间表。"

2006 年 6 月 12 日，世博局举行工作会议，讨论参加国际展览局第 139 次大会方案。中国政府总代表华君铎大使说，最近洛塞泰斯给我来了几封信，他很生气，说他每次来中国，和我们谈工作，都毫无进展。他很着急，离开幕没几年了，来不及了。

2007 年 3 月，全国"两会"期间，香港《文汇报》报道全国政协委员、外交学院院长兼任国际展览局主席的吴建民在政协小组讨论会上的一个发言。据报道，吴建民忧心忡忡地说："我对上海世博会是担心的。

如果搞砸了，任何人都承担不起责任。"他透露，国际展览局官员认为上海并不重视世博会。

2020 年 10 月 31 日，《上海世博会志》正式发行。在发行仪式上，杨雄回顾了他在 2006 年初接手上海世博会事务时面临的压力。他说，2006 年他出访巴黎，和洛塞泰斯会谈时，洛塞泰斯曾对上海世博会筹备工作中的问题和不足提出严肃的批评，问："你们还想不想办好世博会？"

上海市领导其实在此之前就已意识到这个问题。2005 年 12 月 14 日，市委主要领导在听取世博会筹备工作汇报时，要求编制一个覆盖全市范围的世博会项目总体推进框图，这个框图要明确全市各条线、各行业在办博中的责任，世博会筹办工作究竟包括哪些、需要谁来做，什么事后做。市领导说，你们世博局要把工作派出去，不要自己捏在手里，晚上又睡不着觉。会议明确由上海世博局副局长许伟国、上海市发改委副主任陈寅两位领导牵头，组织相关人员编写总体推进框架图。

二、短暂而紧张的编写过程

（一）初稿诞生

2005 年 12 月 16 日上午，世博局副局长汪均益、许伟国召开专题会。我所在的研究中心已改名为总体策划部，我和本部门的许定，局办公室的刘骁、朱航，计划财务部部长王思政等参加，我们这些人相当于联合课题组成员。专题会议提出了关于框图工作的初步设想。

12 月 19 日，汪均益、许伟国率我们赴市政府发展改革委，就框图编制工作与市发改委副主任陈寅，以及发改委社会处、投资处、城市发展处、上海投资咨询有限公司有关同志进行沟通。我们首先提出关于框图工作的初步设想。我们介绍说，这是办博工作的第三份纲领性文件。之前的《行动纲要》描绘了整个办博过程，确定了一些概念，划分了办博工作的几个阶段。《注册报告》是对外宣布的办博措施，承诺必要的信息，但是现在看来还缺少一份五年规划。每年做什么？谁来做？要求是什么？这些问题在《行动纲要》里有框架性描述，但是不具体，不够严密，需要进一步推敲。我们建议，这个课题分三步走，第一步是描绘各项任务，包括工作内容与要求、责任部门、时间节点；第二步是找出各个任务之间的逻辑关系，上位与下位、总任务与分任务、前道工序与后道工序、主任务与配合任务；第三步是把上面的逻辑关系变成电子版，这个电子版有三个功能，第一是演示，第二是检索，比如按时间或按责任部门来查，第三是可以修改。

市发改委领导和处室负责人从编制规划角度提出了很好的参考意见，也提出了关于世博会计划的一些建议。随后双方确定"总体框架联合课题组"成员，投资咨询公司的钟贤滨、马念君参与课题组。

课题组开了几次会，首先需要研究的是，办博工作大致分为哪些板块。一开始，我们依据《行动纲要》，把办博工作分为五个板块，即（1）战略研究（《行动纲要》里的"编写《注册报告》"）；（2）园区建设（《行动纲要》里的"规划立项建设"）；（3）营销与推介（《行动纲要》里的"招商招展招客"）；（4）会展策划（即《行动纲要》里的会展策划实施）；（5）支撑措施（细化为组织领导、法律服务、资金保证、科技创新、人力资源、监察审计、舆论宣传等）。

这五大板块为一级任务，每项一级任务下面再细化为二级任务、三级任务等。比如"园区建设"可分为选址、立项、土地开发、规划、建设等五项二级任务，"建设"这项二级任务又可以分为基础设施建设、场馆建设、配套设施建设等三项三级任务,"场馆建设"这项三级任务又可分为中国馆建设、主题馆建设等四级任务。

从 2005 年 12 月中旬到 2006 年 2 月上旬,许伟国带领我们课题组召开多个座谈会,听取世博局各部门、世博土控公司和世博集团的有关部门、市发展改革委有关部门以及部分社会专家的意见与建议。经过反复分析、综合,我们不断调整板块结构。到 2 月上旬,原来五个板块调整为四个板块,即三条主线(建设、展事、运营)、一组保障。这四个板块又分为 21 项任务,每项任务都标明全市范围内的责任部门。这 21 项任务是:规划深化、动迁安置、园区基础设施建设、园区场馆及配套设施建设、全市大市政配套设施建设、全市服务配套设施建设、组织管理与对外协调、主题演绎与会展策划、招展招商招客、运营准备、会展服务、运营资金管理、政策与服务保障、法律保障、安全保障、人力资源支持、宣传支持、科技支持、交通组织、资金总体平衡、监察审计。每项任务下面有若干子任务,21 项任务共有 75 个子任务。比如,"资金总体平衡"下有两项子任务,其中"建设资金平衡"的责任主体是市发改委,"运营资金平衡"的责任主体是上海世博局。

投资咨询公司的钟贤滨、马念君对这种复杂系统的平面表达方式驾轻就熟,提出用框图来表达,最终形成《世博会项目总体推进框图——主要内容和建议责任主体》。

(二)对初稿的意见

2006 年 2 月 16 日,上海世博局向副市长杨雄汇报这个框图。

可能是因为刚接手世博会事务,杨雄没有对框图内容进行具体点评。听了汇报后,他提了几点看法。

第一，现在这个框架并不太好，有的任务很明确，有的并不明确。

第二，在办博的整个组织体系中，组委会、执委会、世博局究竟是什么关系，中央有关部门做什么，上海各有关部门做什么，希望在什么时候完成什么任务，要清楚。编制这个框图，就是要明确各项工作的责任。

第三，整个框图，宜粗不宜细。你们有些方面想得很详细，这当然没问题。但更重要的是，总体是否理顺，世博会筹办工作的性质、概念是否清楚。现在头绪太多，我担心的是还有什么没有想到，不要遗漏。我们拿出的是总的框图，附件部分一块一块派出去，这一块一块如何细化，是相关责任部门的事。如果现在对各责任部门规定很细，以后如果出现新的情况，他们怎么办？

第四，整个办博工作要有一条时间主线，这是你们来考虑决定的，不要等组委会、执委会来定。包括组委会成员单位在内，今后所有的工作都要以这条时间主线为准。

第五，有几个关系要处理好。一是场内与场外，场内外的主体是不同的。世博局负责场内，场外工作打成哪几个包，市里哪个部门负责，要很清楚。二是筹办与运营，2010 年 5 月 1 日之前做什么、"五一"以后做什么，要衔接起来，"五一"以后的需求，现在就要落实，否则到时候再提出需求不好办。三是局内与局外，要借这个框图，梳理一下"一局两公司"的责任，凡是两家公司做的事，世博局内要有对口联系部门。世博局内部各部门的关系也要理一理，这份框图明确后，一个部门一个部门谈，当然还是宜粗不宜细，但是不要漏，哪些是内部做，哪些自己做，哪些自己牵头来做，哪些委托他人做。

第六，面上的一些工作，比如环境整治等，请发改委梳理一下。这些事情，世博局不要管，可以在市政府的会上进行布置，借世博会的机会，让各个部门解决长期得不到解决的问题。

2月16日会议之后，上海世博局、市发改委随即召开会议进行研究。世博局内部先后召开局长办公会和三次由各部门参加的专题工作会议，分别对办博需求进行仔细摸排和梳理，对关键性的时间节点进行认真筛选和排列。主持工作的党组书记、副局长钟燕群两次邀请有关局、委、公司相关同志，举行专题会议，讨论研究世博会筹办工作框图。我还和许定、钟贤滨等专程赴北京奥组委总体策划部上门学习取经，调研北京奥运会筹办工作情况。

其中，2月23日的世博局局长办公会议，是世博局全体领导第一次正式讨论《总体计划》框架编制工作。钟燕群说："这项工作第一次列入局长办公会议议题，但是编制《总体计划》的工作早已开始，去年周市长开过专题会议，前几天杨市长也听过汇报。今天我们就是讨论，集思广益，大家谈谈框架图究竟该如何编制，如何落地。如何明确今后五年里各个单位、部门的职责。"联合课题组组长、副局长许伟国汇报了前两个月的工作，以及2月16日杨雄副市长听取汇报后的讲话要点。

也许是第一次讨论的缘故，各位副局长发言很放得开。有的说，第一次接触，学到很多东西；有的说，现在这个框架确定的责任部门需要重新考虑，应该和《注册报告》内容一致；有的说，《总体计划》里有的提法不妥当；也有的说，现有的工作都没有分清，在这个前提下，让季路德又出题目又写答案，肯定写不出来的。各位副局长也结合自己分管的工作，提出了很多具体的意见。

钟燕群在总结时说："这项工作是去年12月，根据市委主要领导的要求启动的，两个月来有了一个很好的讨论基础，作为一个明确办博任务的建议，不是什么成果。今天我们换一个角度来完善，确实，有些工作没有分清职责，还有遗漏。世博局是项目实施者，又要承担综合、协调、监督、落实等职责，所以要在我们世博局的局长层面好好讨论。今天讨论之后，请联合课题组再考虑一下，归纳为哪几个板块，打成几个包。今后每年还要有年度计划。"

（三）修改

经过 10 多天的紧张工作，到 3 月初，课题组调整了框架图结构（实际上就是对办博工作的再认识），提出新的框架图。

这次修改稿，主要是明确了"一图一表"。"一图"是标明三条主线（展事、建设、运营）重要时间节点的图，"一表"是从三条主线分解而来的 15 大类任务、52 项子任务，包括建议牵头部门、时间进度要求等要素在内的世博总体推进工作主要任务框架表。

3 月 3 日，杨雄副市长听取关于框图修改稿的汇报后，提出了很多问题。他说，这一稿比以前好，但还要再想一想，有些关键事项还是没有搞清楚。比如运营究竟是什么概念？建设和运营是什么关系？票务究竟是市场开发还是运营？我们现在不是理论讨论，而是工作职责的划分。有些事情现在还不着急，比如后勤保障，比较着急的是一线工作落实到谁身上？又比如主题演绎，现在是空的，和其他部门是什么关系？如果说园区规划由市规划局来做，那么总规划师做什么？世博局是协调局，协调什么？你们现在定了"两师"（即总规划师、总策划师），他们做什么？谁是他们的联系部门？还有客源组织，如果说是旅委负责，那么由世博局内哪个部门来对应，市场部，运营部，还是运营公司？园区内的交通组织谁负责？如果园区外的工作由市政府各个部门做，那么世博局如何做到内外沟通，哪个部门负责？志愿者由市文明办组织，那么世博局人力资源部如何根据园区需要来调配？园区需要安保人员，需要多少？从哪里来？比如说需要武警力量，拉一支队伍过来是能够做到的，但是由谁提出呢？园区外的建设不用世博局管，园区内场馆谁来建？这些问题再不考虑，要来不及了。

杨雄说，现在不考虑以前分工如何如何，主要看谁做更合适。分成三条线是可以的，但是不能简单地划分。到了更细的层面会发现，每件事情会涉及各个部门，有交叉。这不是理论研究，而是要明确责任；体现在框图上，就是两个方框之间的关系。总之，把要做的事情想清楚、看清楚，要重新"搓麻将"，不要有部门利益。

3月3日的会议表明，关于办博的工作框架，从三条主线来看，已经比较明确，不过总体上看，各项任务之间的相互关系还是不够清晰。会议之后，许伟国带领联合课题组继续修改。3月11日，再次向杨雄汇报。

（四）还要修改

3月11日的汇报稿，任务梳理方面比之前的几稿更合理，但是在世博局各部门的分工责任认定上，依然比较薄弱。杨雄在听了汇报后，就这方面提出批评。他举例说："城市最佳实践区的招展谁来做？国际论坛、国际招展是什么关系？整个主题演绎工作，谁在负责？我们要搞清楚，主题演绎已经分了好几块了。前一阶段，因为增加人员，出现新的部门，现在需要梳理。今天的稿子里，'责任部门'先去掉，你们再讨论一下。"

杨雄很谦虚地说："我接手这工作才一个月，很多方面我不如你们懂。"不过，我在现场做记录的时候，感觉他已经看到了世博局在分工方面的一些问题，也预计随着办博工作的展开，若不及时梳理，今后在分工方面会有更多的纠缠。

这次会议之后，工作框架又经过不断讨论、修改。3 月 25 日，杨雄再次听取汇报。

（五）定稿

这次会议提交的关于框图工作的文件有五份：（1）世博会总体工作任务表；（2）总体推进框图；（3）关键时间节点示意图；（4）世博局部门组织架构；（5）世博局各部门基本职责。

"总体任务表"明确了上海世博会办博工作为六个子系统（即一级任务），32 个大类（即二级任务），96 项任务（即三级任务）。六个子系统是：综合、展会、三招、建设、运营、保障。其中"展会"即之前的"展事"；"三招"即招商、招展、招游，是从之前的"运营"中独立出来。

世博局部门架构、部门基本职责这两份文件，是根据杨雄关于世博局内部要有明确分工，世博局对每一项任务都要明确协调、联系部门的指示而提供的。这次会议上，除汇报框图的修改内容外，还专门汇报了世博局内部在面向各国招展时主题沟通的流程建议、中国馆建设过程中建设方与中国馆展示策划方协调的流程建议，等等。

这次会议，标志着上海世博会第三份纲领性文件——《世博会项目总体推进框图编制》完成。

4 月 1 日，杨雄副市长召开市政府专题会议，研究世博项目总体推进工作。在框图上已明确责任的 60 多家相关部门、单位负责人出席会议。联合课题组在会上报告了"总体框架图"编写过程。杨雄阐述了"总体框架图"的目的和意义，分析了当时面临的办博形势，对下一步工作提出了要求。

第十七章　主题演绎
——灵魂还是噩梦？

一、令人纠结的岗位

我从事世博会工作的前三年，因为身在综合部门，差不多经历了申博工作的方方面面；后七年的筹办和举办过程，主要是两方面，除了前期参与编写三份纲领性文件以外，从 2005 年直到世博会结束，基本上围绕"主题演绎"工作。

有次我参加一个研讨会，一位著名的主持人问我："当我们提到市场开发、国际联络时，都知道这是什么意思。但是说到主题演绎，我们都不明白，这究竟是什么工作？"还有一次，有位主持人在介绍我身份时，看着提示纸，直接说"演艺部？哦，活动演艺部部长"。

其实，我虽然被任命为"主题演绎部部长"，但连我自己也很难讲清楚"这究竟是什么工作"。主题演绎是个新概念，不要说世博局外的人不了解，即使在世博局内，大家看法也不一致。由此，我担任部长的主题演绎部也很尴尬：一方面，在上海世博会国际论坛上，领导、专家都说"主题演绎是灵魂"；另一方面，世博局领导对我们部门基本上采取类似"放羊"的态度。一方面，有同事对我说，"你是管全场的"；另一方面，当主题演绎部参与非洲馆前期策划时，有人说"他们部门实在没事可做，领导给他们找一点活儿干干"。一方面，每当外来团队、专家开始参与展馆策划时，都由主题演绎部负责接洽；另一方面，最后却传出"主题演绎搞了好几年，就搞出 16 个字"的结论。一方面，主题演绎部是根据洛塞泰斯在修改《注册报告》时坚持要成立的；另一方面，当时主题演绎部已是全局人数最少的部门，却还有其他部门要从我这里抽调人员出去。这个部门究竟是做什么的？究竟是否有必要存在？一直到世博会闭幕，我还是感到困惑和郁闷。

在一定程度上，"主题演绎"是上海世博局与国际展览局沟通后的必然产物。2005 年 7 月，洛塞泰斯在与我们讨论《注册报告》修改时，要求上海世博局必须要有"theme development"的一套程序、一组文件、一支团队，这个团队里要有专家。关于"theme development"的中文译名，上海世博局根据日本爱知世博会《注册报告》，确定为"主题演绎"。

虽然根据洛塞泰斯的要求，上海世博会成立了主题演绎部，但是主题演绎究竟做什么，谁也说不清楚。2007 年 3 月，世博局组织业务学习，借浦东干部管理学院，全局人员在那里举办了几天报告会。所有其他的工作，比如规划、建设、国际联络、廉政、宣传、人力资源、投融资等，都由局领导讲解，唯独主题演绎这项工作，由我来讲。这绝不意味着我准备的材料有多好，恰恰相反，正说明这项工作还处在探索阶段，没有达到能够指导全局工作的程度。

当然，主题演绎的内涵很明确，所谓"develop"，有两层含义：一是从小到大，从简单到复杂，就是发展的意思；二是照相术里的"显影",就是从看不见到看得见,从抽象到具象。因此,主题演绎,就是把"城市,让生活更美好"这个主题表现出来,让大家看到。而主题演绎的外延是什么?为了表现主题,我们需要做哪些事?主题演绎部的具体职能是什么?就这些问题而言,说法不一,我归纳了一下,有三种理解。

第一种理解是"主题解释与深化",即"城市,让生活更美好"究竟是什么意思?城市能不能让生活更美好,会不会让生活更糟糕?难道乡村让生活不美好?回答这些问题,依然是在理论探讨领域,即使很重要,也毕竟不是用来参观。所以当时有个说法,"现在要从主题演绎转到演绎主题了";还有人提出,现在的主题解释不清晰,需要"二次演绎",但这马上招来反对,"再也不能这样演绎下去了,应该马上落地了"。但是 2006 年洛塞泰斯为我们请来了一位西班牙籍的主题演绎专家卡门,她的工作却还真的是从"主题深化和解释"开始的。

第二种理解是"主题演绎就是展览策划"。2004 年编写《行动纲要》就是按照这个思路落笔的,特别是东道国的两馆展示,即中国馆、主题馆这两个项目。展馆项目的筹备工作分为三部分,即硬件建设、软件策划、展期运行。其中的软件策划,就是从主题思想到视觉符号,即"主题演绎"。

第三种理解是,这是国际展览局的要求,要把"城市,让生活更美好"这个思想落实到上海世博会的方方面面,包括展示、论坛、活动、景观、园区服务等。洛塞泰斯认为,主题演绎要在各方面都得到落实,他称之为"theme offer",即"主题呈现",他很关心这一点。他认为,以前的世博会,主题表现不成功,他希望上海世博会在这方面做得更好。洛塞泰斯到访上海世博局时,有时候提出要听主题演绎,国际参展部就通知我去接待。而实际上，他是要听主题馆、论坛、文艺活动、与各国的主题沟通等内容。有一次他说要听听"你们主题演绎工作"，我见了他后，他说想了解"上海世博会的论坛工作进展"，于是匆匆通知论坛部人员来参加接待。他对中国馆展示方案没有什么兴趣，说"这是你们的事"。

因此，对于"主题演绎"这个概念，一方面，大家都认为是"灵魂"，另一方面，又看不清、说不准，很是矛盾。洛塞泰斯曾对我们说，"主题演绎"是"nightmare"（噩梦）。他是在一般意义上讲这话，意思是"主题演绎"很难做。不过我后来觉得"nightmare"这个描述很准确，主题演绎确实是我一段难忘的经历。

尽管有不同理解，但在整个办博期间，"主题演绎"的工作重点是中国馆、主题馆的策划。2005 年 4 月 27 日，市政府主要领导到世博局调研时，提到了中国馆的重要性。他说："我们不能对参展国寄予太高的希望。实践证明，世博会里最吸引人的是两类馆，一是东道国的国家馆，二是顶尖的跨国公司办的企业馆。中国馆如果搞不好，这届世博会也就差不多砸了。为此，要进一步深化主题，一定要深入研究'展什么，怎么展'。我们的主题是'城市，让生活更美好'，我们要集中全世界的智慧，研究展示的内容、手段、形式，科技办博要体现在展览水平上，千万不能搞成大杂烩。主题如何深化，从现在来看，我们还缺少方向。这不是由我们来想，而是请科学家来想，请艺术家来想，当然，他们的想象还要有可操作性。所以这是最艰巨的任务，最没有底的是这项工作。"

2020 年 10 月 31 日，杨雄在出席《上海世博会志》出版发行仪式上，回顾了世博会的工作，他说："上海世博会筹办中最纠结什么事？

最纠结的就是主题演绎。怎么演绎好'城市，让生活更美好'这一主题？主题如果没演绎好，世博会怎么可能成功呢？我们请了很多专家研究论证，做了几十个方案，一遍遍地讨论。"杨雄说的几十个方案，就是中国馆、主题馆的展示方案。

二、主题演绎部

（一）部门成立

2005 年 7 月，洛塞泰斯在与我们讨论《注册报告》时，要求建立主题演绎的团队。2006 年 6 月，主题演绎部成立。从提出要求到最终成立，一年时间内，我所在的部门换了五个名称。我曾对人力资源部部长陈锦田开玩笑说，你太折腾我了，让我不断换头衔，不断印名片。

2005 年 7 月，我被任命为上海世博局研究中心主任。不久，根据罗兰贝格提交的咨询报告《上海世博人才规划项目研究》（见第十二章），世博局需要有一个"总体策划部"，于是研究中心加挂"总体策划部"牌子。此时，正好世博局聘请了四位专家担任上海世博会总策划师，于是这个部门的正式名称是"总体策划部 / 总策划师办公室"。

2006 年 1 月 22 日，在工作框图编写过程中，"总体策划部"改名为"战略策划部"。这个部门的职责是"负责拟订与完善世博会总体战略，研究世博会主题和内容演绎，并监控世博会战略实施情况"。

2005 年春，世博局开始组织中国馆、主题馆展示策划方案。一开始，策划工作的甲方（即委托方）是世博集团，乙方是世博局外部机构。2005 年底，根据国际展览局的要求，世博集团、世博土控公司与世博局脱钩。世博局需要重新确定甲乙两方联系部门。2006 年 4 月，世博

局研究中心 / 战略策划部更名为展览策划部 / 总策划师办公室，负责代表世博局，与各乙方联系。

2006 年 6 月下旬，展览策划部更名为"主题演绎部"。至此，部门设定总算符合了洛塞泰斯的初衷。到了 2009 年 7 月 6 日，主题演绎部又加挂"研究中心"名称，"主题演绎"与"研究中心"汇合了。

有同事看到我，称我是"全场"，说"侬是管全场的"。实际上，我们这个部门在成立之后的两年里，主要负责与社会上参与中国馆、主题馆策划的机构联系。在专门从事东道国展览项目的部门成立之前，社会上的展览策划团队如走马灯般变换，而联系这些团队的，始终是主题演绎部。于是当最终确定展示方案时，之前的各种曲折，就成了主题演绎部的"业绩"。

（二）人员组成

从研究中心到主题演绎部，我们始终是一个很小的部门，前前后后，进进出出，也就是十几人。

最初，研究中心只有许定、王剑涛、孙明磊三位博士。许定和王剑涛是 2004 年 1 月世博局招聘进来的，我在第十二章"初期的世博局"中已介绍了这两位。孙明磊原来是市发改委系统的，应该是通过组织调配来到世博局的。

许定是研究型人才，对举办世博会和国家实力的变化关系很有想法，认为 2010 年上海世博会的举办是中国国运的象征，而随着国内外形势的变化，再次举办世博会的条件不成熟。王剑涛则习惯于用系统论来思考问题。一次他在谈论世博会筹办工作时，用上海方言连声说"瞎想""白相"，我当时有点纳闷，不明白他说的是什么意思。再仔细一听，王剑涛的意思是，如果把世博会系统比作"黑箱"或"白箱"，分析的结果是不一样的。许定后来调到其他部门，世博会开幕后，他在园区指挥中心担任指挥长。王剑涛后来调到国内参展部。

孙明磊也很有个性。他为人耿直，交给他的工作，若他接受了，一定努力完成。世博会举办期间，他负责和国际展览局秘书处接洽，承担了所有展馆评奖的联系工作，非常认真。但如果他脾气上来了，就会两手一叉，不正眼看你，小孩子脾气一览无遗。孙明磊后来调到法律事务部，负责编写国际展览局要求的《特殊规章》，2010年又调回主题演绎部。世博会结束后，他回到市发改委，可惜天不假年，2018年3月，孙明磊逝世，才50岁出头的年龄。我在本书最后一章"怀念战友"里，记述了对孙明磊的悼念。

在办博工作并未全面展开时，一下子配了三名有博士学位的研究型人才，让他们从事日常的文字、联络工作，从人才使用角度看，有点浪费。2005年7月，我到研究中心后，很需要一位具有研究能力的操作型助手。于是我起草了一份研究中心助理主任的职位要求说明。人力资源部根据这个说明，通过小范围的比选，选择了当时国际参展部的毛竹晨担任研究中心助理主任。毛竹晨英语极佳，曾在英国留学，攻读城市规划与开发专业硕士学位，回国后在浦东新区区政府任职，后进入世博局。她兼具城市管理学专长和政府工作经历，且年轻好学，当时研究中心不仅需要承担所谓的"世博战略策划、全局计划编制与更新"的工作，还要履行"总策划师办公室"的职责，因此毛竹晨来负责总策划师办公室的日常工作，是非常合适的。2007年6月初，毛竹晨随同洪浩、周汉民到巴黎，向国际展览局执委会报告上海世博会主题演绎工作。她边翻译边讲解，在促使执委会通过上海世博局主题演绎报告过程中发挥了很重要的作用。我的笔记本上有两段记录：2007 年 4 月 21 日，在世博局一次准备访问国际展览局的工作会议上，周汉民说，最近国际展览局有文件来，认为我们提供的主题演绎信息很少，要求看到高质量的主题演绎。6 月 7 日，洪浩在局内的一次会上说，刚从国际展览局回来，他们认为我们的主题演绎"excellent"（极好）。2009 年，世博局成立了中国馆部，毛竹晨调到中国馆部担任副部长，发挥了更多的作用。

毛竹晨调走以后，整个部门就剩我一个负责人。于是，世博局党组又为我配备了一位助手，朱航担任主题演绎部助理部长。说起来，朱航和世博会的渊源比较早。2001 年 7 月，申博办曾经向社会公开招聘，朱航当时报了名，并在 281 位应聘者中脱颖而出，作为研究主管，通过笔试、面试，进入 10 人候选名单。但是招聘进行到最后，领导改变了想法，考虑到申博结束后的人事安排难度，只留了外事主管、法律主管、策划主管、平面设计主管四人。2003 年末，世博局启动人才招聘，我翻出原来的记录，给朱航打电话，询问她是否愿意再来应聘。朱航确实很能"应考"，2004 年 1 月，她终于进入世博局，在办公室从事文字工作，之后调到研究中心。我对她的印象是"文武双全"，既能安心坐下来写文章，又善于联络组织协调，确实很好地发挥了助手作用。

叶建英，毕业于上海外国语大学，获硕士学位。因为谐音，我们都称她为"叶帅"。叶建英进入世博局后就来到主题演绎部，参与和各参展国的沟通工作。上海世博会有 200 多个国家和国际组织前来参展，它们的展览如何落地，有一套程序，包括硬件建设和软件策划，都需要和我们组织者沟通。其中，各国展览的主题，需要世博局依托专家来进行审核。叶建英是主题演绎部众多英语专业八级人员之一，她代表主题演绎部参与上海世博局技术办公室（负责各参展国展示工程落地）联席会议，很费力地协调各国展馆"软策划"与"硬建设"之间的关系。她不仅英语好，国家背景历史的知识基础也非常扎实，一些很小众的国家在她口里也有来有去。由她来做这项工作，再合适不过。近200个国家和国际组织的内容协调是个大工程，天天跟各式各样的英语口音打交道，"苦"并快乐着。她后来撰文，回忆了这段经历中的甜酸苦辣，很是不易。

杨宗伟，年轻时是足球队员，绝对宽阔厚实。他一个人时，喜爱骑行和自驾旅游；在一个群体里时，则表现出很强的联络组织能力。他先是在世博局市场开发部，世博会开幕前，调到主题演绎部。世博会开幕后，我们部门组织力量，对所有的展馆进行展项记录、展览策划人员访谈。这个项目的组织工作量非常大，基本上就是杨宗伟在负责。世博会结束后，他又组织了一些活动。好像只要是他组织的，各方面细节都不用我们担心。而且，我在和他交流时，发现他其实很有研究能力，但是世博会期间，和他接触时间不多，没能够更好地发挥他的作用。

俞康乃，主题演绎部里年龄最小的成员，个子也很娇小，总是笑嘻嘻的。她也是上海外国语大学毕业的，先在某国驻沪办事处工作，然后应聘进入世博局。她进入主题演绎部后，较多地参与中国馆、主题馆展览策划，很认真负责，也有自己的见解。她给我的感觉是双重的，一方面很纯净，内心无杂质，一方面又思维丰富。在工作中，她的英语能力逐渐表现出来，不仅口语表达清晰，书面翻译也准确到位，一些很繁琐的逻辑性语句，经她英语的转述反而比中文更清晰了。以至于到了2009年末，中国馆部希望调她过去。也许是这段经历的关系，激发了她从事展览和内容设计的潜心。她对文创事业的投入，是发自内心的志趣，而不仅仅是职业需要。世博会后，小俞更多地投入了文化创意事业，大家都称她"文艺青年"。

汤丽蓉，性格文静，又很有自主性，看准的事就会从头到尾认真做完，待人接物比较成熟、稳重。她是 2000 年高考生，毕业后进入上海图书馆信息咨询与研究中心，从事信息收集和分析的工作。2006 年，上海图书馆已承担为上海世博会收集舆情监测、做国情特点和分析的任务，她和另一位青年才俊曾原（后来调到市委宣传部担任处长）参与了上海世博会主题研究。2008 年 5 月 12 日，四川汶川地震那天，汤丽蓉正式借调进入世博局，进入主题演绎部。她来了之后，携双方（上海图书馆、上海世博局）优势，协助完善上海国际问题研究院、上海图书馆等组成的专家审核小组与各参展国之间的主题沟通机制。她严谨的思维、成熟的分析能力、高效利落的工作风格是参展方主题沟通能够顺利进行的基本保障。

费晓舟，同样参加了 2000 年高考。据说，高考那年她迟到了，由警察护送进的考场，最后还考取了上海交通大学英语系，这得有多强大的智力和心理素质。当然也要感谢警察叔叔，否则大家无缘认识晓舟。大学毕业后，晓舟赴法国留学，英语、法语都非常好！世博会期间，她一方面主持一部分展馆的采访、提问、交流、回来编辑，另一方面组织各路专家参观展馆、做导游、负责讲解，38 度高温下在世博园区进行体力与脑力的较量，非常辛苦。晓舟思维活跃，善于从各个角度去思考问题，性格豪爽，待人很热情，很会顾及他人情绪。她在场的时候，很会调剂氛围，是大家的"开心果"。

殷舒啸，也是 2000 年高考生。小殷酷爱音乐，也极其聪明，毕业于浙江大学英语系。他话语不多，但很有思想，对中国哲学很感兴趣，读了不少这方面的书籍。小殷为人成熟、稳重，做事很有主见，不太受外界影响，不被表面现象诱惑，参加或组织各方面活动，考虑比较周全。他的性格和费晓舟恰好互补，世博会后和费晓舟结婚，是主题演绎部诞生的夫妻档。他俩都爱好音乐，世博会后两人一起创业，在自然环境优雅的江浙一带从事音乐培训工作，过着与常人不同、神仙眷侣般的生活。

汤丽蓉、费晓舟、殷舒啸都参加了2000年上海高考，当时的作文题目是为上海世博会设计主题。而最终他们让世博会成为自己职业生涯的一部分，而且还是主题演绎！这不得不说是一种缘分。

张克，从水晶石公司推荐来到主题演绎部的展览设计新青年，富有创新思维，发言时常有金句脱口而出，但不苟言笑，话语不多，属于那种表达跟不上思路的类型。他眼光独到，经常蹦出非传统的新点子。后来他去了中国馆部，把现代的展览设计理念嫁接到了中国馆本土气浓厚的案例里，最后的中国馆红得让人惊艳。他似乎生来就对文创项目很敏锐，做特展达到专家水平。世博会后他自主创业，到处游历是他生活的一部分，策划过几个颇有特色的展览。

范勇，毕业于上海交通大学媒体与设计学院，获硕士学位，是整个主题演绎部里最是科班出身也最有展览实践经验的一位。世博会期间，他为非洲联合馆展示方案出了很多点子。世博会后，他加入知名的展览策划公司，继续在展示策划方面辛勤耕耘。阿里巴巴达摩院的企业形象展示是圈内比较引人关注的，是他的后续产出。小范思考问题较务实、细致，既擅长展示策划，也对商业模式有较多的思考。如果他和张克合伙，那么范勇适合担任总经理，张克适合担任总策划。

胡修齐，表面看上去木讷，寡言，表情严肃，也不积极与人打交道，常留一些胡子，实际上却是个很内秀的小男孩，为人处世悠闲，不紧迫。他很有绘画功底，手特别巧，对电脑设计操作也很在行。他平时话语不多，我们甚至感觉不到他的存在，但适合他的工作交给他，他会全心全意去完成。世博会结束前，主题演绎部编辑关于世博会文化活动方面的书籍，由他独自操刀，默默画画弄弄几个月，完成了《世博百景图》等书。

雷加能，2009年参加上海公务员考试被录取。当时市委组织部有要求，凡是考取公务员资格的，都要到基层实习锻炼。由于世博会筹备工作到了冲刺阶段，人员需求量大，世博局和市公务员局商量，把世博局也纳入实习基地，而且实习期为两年。雷加能就是在这种情况下进入世博局主题演绎部的。他在主题演绎部一群年轻人里面年龄最大，大家都叫他雷大哥。这位雷大哥讲话时有吞吐，貌似木讷、实诚，又有点害羞，但文笔非常好，知识基础扎实，一旦说起自己的文章，立马声音变大，阐述自信、有条理，有时候还能就"奇门遁甲"之类知识谈一通。大家佩服之余，经常拿他的性格开玩笑，他也不恼。

这个以年轻人为主的团队，实际上是很有水平的。但窝在这个奉命成立的"主题演绎部"，没有发挥出他们的才能，有点可惜！

（三）总策划师／主题演绎顾问

2005年7月，洛塞泰斯在上海与世博局讨论《注册报告》修改时，强调要有一支专家队伍。周禹鹏副市长当即表示："下次您来上海时，一定会有专家参加讨论。"

2005年9月12日，洛塞泰斯再次来上海，与上海世博局座谈。周禹鹏介绍了参加座谈的翁史烈、郑时龄、吴建中等几位专家。翁史烈是原上海交通大学校长，热力机械专家，中国工程院院士；吴建中是上海图书馆馆长，曾在申博阶段就关注世博会，组织力量编译出版了一套关于世博会的书籍，对历届世博会的主题很有研究；郑时龄是原同济大学副校长，建筑学专家，中国科学院院士，法国建筑科学院院士。

这次会议之后，世博局又联系了上海博物馆馆长陈燮君。他在绘画、书法方面有很深的造诣，又是博物馆专家。他的专长非常贴切世博会展示策划。事实上，到了后来，他担任城市足迹馆馆长，亲自操刀，承担了上海世博会五大主题馆之一的策划。

2005 年 11 月 23 日下午 5 点，上海世博局举行仪式，向翁史烈、郑时龄、吴建中、陈燮君四人颁发了"上海世博会主题演绎总策划师聘书"。聘书颁发后，周禹鹏副市长讲话，大意是：

> 总策划师的重要性：动拆迁、场地建设等是世博会的基础，主题演绎是核心，核心就是剧本，有了剧本，导演才能开展工作。总策划师要不辜负期望，这个期望来自世博会组委会、执委会，也来自国际展览局、世界各参展国。
>
> 总策划师的工作职责：主要职责是世博会总体策划、编写招展指南，确保各国参展主题与上海世博会主题一致。主题呈现方面，重点是展示。要在《注册报告》主题演绎基础上再深化，拿出主题馆、中国馆、世界博物博览馆的剧本大纲，然后动员社会力量，公开征集布展方案。整个过程中，总策划师要提出指导建议。这三个馆的策划方案要在 2006 年一季度出初稿，上半年出完成稿，报组委会。其他方面，包括论坛、各参展国的展示，主要是主题相关的审核，结合援助资金，帮助发展中国家深化主题等。
>
> 总策划师的工作机制：总策划师身边要形成一批最好的专家，专

家成员组成要多方面、多行业；具体行政方面的工作由研究中心来做，研究中心就是总策划部，是总策划师办公室。

12 月 1 日，由翁史烈教授主持，总策划师举行了第一次工作会议。会议认为，主题演绎的任务是：（1）编写《主题演绎纲要》；（2）通过社会力量，编写中国馆、主题馆、世界博物博览馆的展示策划方案，编写论坛策划方案；（3）对世博会举办期间的文娱活动策划提出建议。主题演绎总策划师的职责，是对上述过程进行指导。

2005 年 12 月起，上海世博局邀请上海三所大学的专家，进行中国馆、主题馆的展示方案策划（见第十八章、第十九章）。几位总策划师深入参与这个过程，对各高校提供的展示策划方案进行指导。到 2006 年 4 月，总策划师共举行了 12 次工作会议。

2006 年 7 月 18 日，经中国贸促会和上海世博局共同提名，上海世博会组委会主任委员、国务院副总理吴仪向国内城市规划、新闻传播、文化策划、展览、博物学、哲学等方面的 17 位专家签发聘书，聘请他们担任上海世博会主题演绎顾问，主要职责是指导深化世博会主题演绎研究，评审中国馆和主题馆总体展示方案。这 17 位专家中，有八位来自上海，除了原来聘请的四位总策划师转为主题演绎顾问之外，还有上海戏剧学院党委书记、教授，曾经担纲 2000 年德国汉诺威世博会上海馆展示策划的贺寿昌，华东师范大学中国现代城市研究中心主任宁越敏，著名哲学家、上海社会科学院欧亚研究所研究员赵鑫珊，上海科技馆研究设计院副院长许永顺。中国贸促会提名的北京方面的专家有著名导演冯小刚，后来担任北京市市长、时任清华大学环境科学与工程系主任的陈吉宁，国家建设部总规划师陈晓丽等。

这支汇聚了国内高手的主题演绎顾问队伍，并没有发挥出预期的作用。不过，其中有两位顾问，名副其实是又"顾"又"问"，多次来上海参与上海世博会主题演绎纲要的起草，参与中国馆、主题馆的展示方案讨论，还根据中国贸促会的安排，到全国各地指导各省区市世博办的主题策划和展示设计。很多省区市提出的方案，经过他们修改后，得到中国贸促会的认可。上海世博会之后，我们继续交往，他们和主题演绎部各位同事的友谊，一直保持到现在。

一位是原北京大学新闻与传播学院常务副院长徐泓。2005 年 3 月，上海世博局在北京昆仑饭店举行一次专家座谈会。当时，上海世博局正在组织编写《注册报告》。这次座谈会就是邀请北京专家对《注册报告》相关内容进行讨论。在座谈会上，我第一次见到了徐泓教授，感觉徐教授讲话思路严谨，信息量很大，讲一个观点会引用很多事例来佐证。

还有一位是原中央电视台导演、时任华人文化集团董事局执行主席的夏骏。夏骏在 20 世纪 80 年代后期，执导了一部在全国颇有影响力的纪录片，那时他还不到 30 岁。夏骏敢于表达不同观点，发言时语速很快，思路流畅，冲击力很强，你未必赞同他的观点，却又一时无法反驳他。有几次在讨论中国馆、主题馆展示方案时，我因身份所限，无法直言，就与同在会场的夏骏短信沟通，希望他来出面提出某些问题。我们的沟通总是很有效。

回顾与总策划师、主题演绎顾问的交往，我觉得相对而言，主题演绎顾问这个头衔还是比较合适的。因为总策划师类似企业的总工程师、总经济师、总会计师，虽说只是某种专业方面的头衔，但毕竟是企业内部工作机制的一环，是有责有权的，对某类工作要负责任的。而上海世博局的总策划师、总规划师，不是世博局工作机制中的一环，不需要

"坐班",实际上还是顾问性质的指导,不参与决策,也不会为决策结果承担责任。作为主题演绎顾问,也不需要拘泥于执行的细节,可以比较超脱地观察工作进程,从专业角度提出咨询意见。

事实上,2005年11月聘请的总策划师已经意识到这个问题。他们在总策划师会议上都表达了这个观点或担忧,认为:总策划师不可能承担写作任务,不可能独立完成展示方案;必须虚实结合,要有一支实际工作队伍,现在不缺能发表意见、参加评审的人,缺的是做事的人;要尽快明确展示方案、论坛方案的策划主体,当务之急是明确展示策划的专业队伍,如果是外国公司,还要明确与之合作的中方团体。

三、主题深化

主题演绎包括哪些工作?我在世博会筹备后期曾写了一篇体会《我所参与的主题演绎十个回合》。这十个回合是:(1)1999年至2002年的主题确定研究;(2)2004年至2005年的主题深化研究;(3)2005年4月至11月的中国馆、主题馆展示方案的第一轮征集;(4)2005年末至2007年7月的中国馆、主题馆展示方案第二轮策划;(5)从2006年中期到2007年初的主题框架再深化研究;(6)2007年6月至2008年7月的中国馆、主题馆方案的第三轮策划;(7)从2008年8月到世博会开幕的中国馆项目第四轮策划与实施管理;(8)2007年9月开始的与各省区市的沟通;(9)2006年9月开始的与各官方参展者的沟通;(10)参与其他主题项目的沟通。

之所以罗列这十个回合,其实就是想说明主题演绎工作覆盖面比较广,条理性不够。以上罗列的这些工作,涉及中国馆、主题馆的,将在本书第十八章、第十九章里介绍。这里重点回忆第五个回合，即上海世博会主题的第二次深化。

2001年，上海申博办在明确了主题表述后，即开始对这个主题进行深化，提出了五个副主题。这些副主题从经济、科技、文化、社会、城乡关系等方面，证明了城市能够让生活更美好。这无疑是正确的，城市当然能够让生活更美好，否则没有那么多人愿意涌入城市。但是如果对这个主题的解释到此为止，那就会留下一个很大的漏洞：如何解释"城市病"？城市能否天然地让生活更美好？

2006年9月举办的第四次世博会国际论坛，题目是"上海世博会的主题"。洛塞泰斯在论坛总结发言中谈了他对上海世博会主题的理解，他认为，城市在不同的进程中都面临很多挑战，人、城市和空间是相互联系的，这三者结合起来，决定了2010年上海世博会的主题。要从"和谐"角度来演绎主题，特别是城市化过程中，人与人、人与资源、人与自然的和谐。

一个月后，即2006年10月，洛塞泰斯推荐了一位西班牙展示专家、1992年塞维利亚世博会西班牙国家馆总策划师卡门女士担任上海世博会主题演绎顾问。在卡门的参与下，上海世博会的主题开始第二次深化。

卡门当年不到50岁，头发花白。她说，她在担任1992年塞维利亚世博会西班牙国家馆总策划师时，因为发生火灾，展馆被烧，一夜之间，头发全白了。她的父亲是西班牙共产党员，因此对我们这里的体制并不陌生。她精力旺盛，不停地开会讨论，也不停地发表看法。她的英语发音我听起来不很习惯，"exhibition"这个词，在她嘴里是"埃克西别凶"。每次她说到"别凶""别凶"时，我都会不自主地告诫自己"安静""安静"。

　　卡门非常勤奋，也很尽责。她来到上海后，和我们主题演绎部组成研究小组。根据杨雄副市长的指示，上海世博会园区总规划师吴志强教授参加了研究小组。卡门认为，当时中国馆、主题馆策划方案不够理想，是因为原来的主题内容框架（即五个副主题）不够理想，因此需要探讨新的框架。这个框架的基础，就是洛塞泰斯在论坛上提出的"人、城市和空间相互联系；城市化进程中，要关注人与人、人与资源、人与自然和谐"的观点。

　　研究小组经过几次讨论，提出了关于上海世博会主题的五个概念。首先，人为了更好地生活，进入城市，必然会造成人与人之间的冲突，因此第一个概念是"城市人"。其次，在解决人与人之间冲突的同时，又遇到人与城市的冲突，这就出现第二个概念"城市生命"，也就是说，不能把城市看作无生命的物质外壳；最后，为了解决人与人的冲突、人与城市的冲突，需要很多资源，可能加剧人类与整个环境的冲突，这就需要重视第三个概念"城市星球"，即城市化时代，要把事业扩展到整个地球，不能仅仅站在城市里面考虑问题。这三个概念相互之间的关系由来已久，并且将一直互动下去，由此又产生了两个概念，"城市足迹"和"城市未来"。

　　至此，上海世博会的主题有了新的解释。如果说2001年的副主题设计解释了城市能够让生活更美好的原因，那么2006年的第二次深化回答了城市让生活更美好的前提条件，即如果处理不好人与人、人与城市、人与环境的关系，城市是无法让生活更美好的。

　　在建立了新的主题内容框架后，卡门接着对展示策划思路提出了自己的看法。她说："我当年在1992年世博会西班牙国家馆展示策划时，首先从理念、哲学层面着手，然后研究主题内容的分配、每个馆的概念脚本、参观者体验路线。我的领导看了我们的方案就问，我进馆后，左面看什么，右面看什么。昨天我看到你们的文件，发现有惊人的相似之处。从概念直接跳到效果图，理念层面还没有搞清楚，就要急于看到效果。现在离上海世博会开幕还有三年半，我理解你们的压力。但是饭要一口一口吃。每个主题馆要有概念策划。既然有了五个副主题，就可以设五个馆，每一个馆要有一个详尽的脚本，不是三两行字，而是 30 页，是展示语言。写脚本的人，是能够把理念传递给大众的专家。不能仅仅依靠教授、专家——因为你让他们写脚本，他们会写出 10 本著作，洋洋洒洒；也不必请展示技术人员——他们可以以后再参与进来。"

卡门的批评，点到了当时国内一些展览公司的穴位。我认为，上海世博会中国馆、主题馆的策划过程，是上海世博会留给会展行业的宝贵遗产。这是另一个话题，我将在第二十六章里谈这方面的思考。

第十八章　艰难的中国馆前期策划

　　尽管大家对"主题演绎"有不同的定义，但这项工作的重中之重肯定是中国馆、主题馆展示策划，尤其是中国国家馆。中国国家馆展示什么，不仅体现了办博者的水平，更直接关系到中国的国际形象。如果几千万参观者直接看到的、全世界更多的人通过媒体间接看到的中国馆，展示内容贫乏且不准确，展示手段低级，那一定会成为世界级的笑话。

　　中国国家馆的展示策划非常困难，我认为有几方面的原因。

　　第一是世博会的中心任务所需。世博会是世界各国民众聚集在一起，参加一个以视觉体验为主的大派对。只有游客通过参观，产生美好的感觉，进而思索其中的道理，世博会的价值才能得到体现。也就是说，再好的主题，也必须落实到具象的展览中。可以说，世博会的一切筹备工作，都是为了"参观者看展"这个目标。因此，展示策划是办博的中心任务。

　　第二是展示策划管理过程很复杂。展示策划是艺术创作，这就和雕塑、音乐、文学、美术一样，艺术家基于对社会大众关心的话题，把自己内心世界的激荡，用艺术形式表现出来。展示策划是策划人员把自己对主题的体验，按照艺术创作的规律，用现代化科技手段表现出来。中国国家馆的展示面积超过 2 万平方米，而且是新建展馆，体量大，展馆建设和展示策划之间的协调非常重要，但任务又非常紧迫；展示策划团队是通过社会招标、邀请而形成的，从主题创意、内容策划到形象设计、布展工程等多个环节，每个环节都可能有学术、艺术、技术的碰撞，每个环节都有创新。因此，对策展过程的管理、控制非常难。

第三是对东道国的期望。国际展览局和我们中国自己都希望这一届世博会非常成功，而这就要求中国自己的展馆首先要成功。"城市"这个主题是中国提出来的，我们又占了天时地利之便，理应做得更好乃至最好。

第四是中国国家馆的政治标准和艺术标准的统一，这是我认为最大的问题。诚然，"文无第一"，除非由万众仰慕的祖师爷担任作者，否则任何文艺作品都可能引来评论，被人指出各种"缺陷"。尤其是国家馆这种作品，是集体创作，不是一个人在不受干扰的环境里闷头创作，然后一下子拿出来的。中国国家馆的展示策划工程，一直在阳光下，在各人的议论中艰难前行。往往在无数次讨论之后，感觉还是原来那稿更好一些。艺术标准本已五花八门，中国国家馆的展示内容又必须符合政治标准，因为这不是艺术家的个人作品，不能以"反对主题先行""反对政治干扰艺术创作"为由，拒绝官方提出的异议。

2005 年春，世博局启动了中国馆、主题馆的展示策划。整个中国国家馆展示策划与设计经历了六个阶段。从 2005 年春起，主题演绎部代表世博局作为各展示策划企业的联系部门。2007 年 9 月，世博局成立展馆展示部，同主题演绎部一起与各展示策划企业联系。2009 年 7 月，世博局成立中国馆部，专门负责中国馆的展示设计、布展施工，主题演绎部不再参与。

一、第一阶段（2005 年 4 月至 11 月）：面向社会公开征集

2004 年 11 月世博会组委会第二次会议通过的《行动纲要》，把展览策划工作放在"会展策划实施"子系统中，并明确此项工作主要由世博集团承担。

2005 年 2 月 7 日，春节前的小年夜，副市长周禹鹏召开专题会议。周禹鹏说："马上要过春节了，工作还是要抓紧，对不起大家了。今天讨论如何尽快启动展览、活动、论坛的策划。"会议明确，这项工作由当时兼任世博局副局长的世博集团董事长戴柳牵头，世博集团成立项目小组负责操作，上海世博局市场开发部作为这个项目落地的职能部门。

春节之后，我和市场开发部的邹勇飞——一位很务实、精干的同事共同商量，在戴柳的领导下，在北京、上海召开了几次座谈会，讨论征集活动的原则、思路、工作框架。我就是在那时认识了徐泓、夏骏两位专家。2005 年 4 月 26 日，上海世博局公布《中国 2010 年上海世博会展示和活动策划征集任务书》(简称《征集任务书》)，当时考虑，论坛如何举办，要与上海市的宣传系统相关单位沟通，世博局主要抓展示和活动。《征集任务书》中关于中国国家馆的要求是："体现整个中华民族悠久的历史与文化，以及对未来的期望和追求。体现历史和现代的结合，表现中国人对人类文明的贡献。"《征集任务书》把中国国家馆和地区馆放在一起，其要求是："中国各地区馆的策划要突出各地，具有鲜明的地方特色、民俗民风。不要求一个一个省区市分开，可选择东、西、

南、北最有典型性的城市生活，合并为较大的板块，便于在建筑形态上有一定的设计，避免地域、民族文化的过多重复。"

《征集任务书》发出后，上海世博局还分别与参与过历届世博会或其他大型活动的策划公司联系，通过电话、电子邮件、上门拜访、召开项目说明会等多种形式，请它们参与应征。到 6 月底，世博局收到来自国内外关于展示、活动的 77 份应征方案。7 月 5 日至 14 日，上海世博局组织专家对这些方案进行评审。我作为世博局研究中心主任列席评审会议。因为我在会场上所坐的位置有个拐角，看不到播放的 PPT，手里也没有材料，加上当时正好有其他事，我就离开了会场。事后，领导对我没有参加评审活动提出了批评。

7 月的初次评审后，获得初选入围资格的机构继续修改方案，于 9 月 30 日提交了深化方案。11 月 1 日，上海世博局组织专家对中国馆展示方案进行评审，第一名是日本旭通广告公司（ADK），第二名是日本电通公司，第三名是上海现代国际展览公司。

名单公布了，征集也结束了。后来没有继续推进下去，有三个原因。第一，在 2005 年 4 月征集启动时，《注册报告》尚未在国际展览局审议通过，因此《征集任务书》里并没有很翔实的主题依据，导致这次征集活动产生的方案，主线不清晰，内容与形式的结合也不很理想。第二，当时中国馆的硬件建设方案不明确，即使是第一名的方案，也难以落地。第三，更重要的是，前两名都是日本公司，在当时的形势下，公开宣布由日本公司来承担中国国家馆建设，不妥当。于是，世博局按照征集公告明确的奖励条款，在向第一名、第二名支付了奖金后，第一次征集画上了句号。

后来，在日本 ADK 公司工作的中国雇员刘大江告诉我，日本公司对参与中国上海世博会非常感兴趣，很希望能得到展示工程项目，ADK公司前前后后为参与上海世博会展示所付出的成本，超过了1亿日元。我从申博开始所得到的对日本方面的印象也是如此，日本民间对于参与上海世博会的确非常热情，从最初堺屋太一对上海提出建议，到接待上海团访问爱知世博会，再到上海世博会开幕后日本国家馆、日本产业馆的展示，都是非常投入的。

二、第二阶段（2005年12月至2006年3月）：面向上海高校定向征集

2005年11月，上海世博局聘请了翁史烈、郑时龄、陈燮君、吴建中等四人为上海世博会主题演绎总策划师。在研究如何推进世博会展示策划工作时，他们认为，对城市主题的理解，是展示方案质量的前提，因此首先需要请高校或研究机构进行展示内容研究，把城市历史与未来发展趋势的内容编成"展示剧本"，然后再组织会展企业进行展览设计和布展工作。2005年12月1日，国际展览局通过了上海世博会《注册报告》，确定中国馆的展示主线是"千年之都""丝绸之路""世纪之初""未来中国"。这是第一次公开征集所不具备的优势条件。12月29日，世博局向上海若干高校、展览公司发函称："上海世博局拟邀请本市展览艺术设计和策划机构，组建'上海世博会主题演绎与展示策划团队'，请受邀机构提出参与主题演绎与展示策划团队的设想，包括对上海世博会主题内涵及表现的理解，对中国馆、主题馆的策划设想等。"

一个月后，2006年1月26日，上海世博局正式委托上海交通大学承担中国馆、主题馆展示方案策划，复旦大学承担主题馆展示方案策

划，上海大学承担中国馆展示方案策划。

三所高校非常重视上海世博局的委托。上海交通大学自不待言，总策划师翁史烈原来就是上海交通大学校长，交大媒体与设计学院的两位教授蒋宏、姜进章亲自担纲，组织团队，很快交出了展示方案。蒋宏时任交大媒体与设计学院常务副院长，后来担任交大文科教务处处长；姜进章则一直在教学科研一线，2018年5月，我还在上海市会展行业协会组织的"特展"研讨会上见到了他。复旦大学由党委副书记、后来担任上海市委宣传部副部长的燕爽带队，组成以单文慧为主的团队。单老师是复旦大学城市研究中心负责人，富有艺术家气质，构思奇特。上海大学则由党委书记、常务副校长方明伦带队，参加团队的上大美术学院老师郭力对我们说："我们校长表态了，所有后勤方面的事你们不用管，校方全力支持，你们把方案做好就可以。"实际上，方校长是机器人专家，他考虑把中国机器人的研究成果引入中国馆展示。上大社会学系的顾骏教授是展示方案主要执笔者，他后来一直参与上海世博会展示方案的研究，直到世博会开幕那天，我还和他进园区一起参观。可能是因为专业的关系，他不是那种书卷气十足的学者，而是相当接地气，相当地"入世"。他和另一位主题演绎顾问夏骏，常常一起参加各种活动，被我们称为"两匹骏马"。

上海交通大学提交的中国馆方案的基本思路是：城市是人类生活方式的一种选择，和平发展是中国城市发展的核心理念。整个展馆分为四个展区，其中第二展区"丝绸之路——交往与延伸"，先是讲述了两个中国和尚的故事，即玄奘西天取经、鉴真东渡日本，然后假设东方人郑和、西方人哥伦布两位航海家在大洋上相遇的场景。我当时看了，觉得很有创意。

　　上海大学的方案更侧重于内在逻辑关系，巧妙地把"千年之都""丝绸之路""世纪之初""未来中国"展示主线和五个副主题，以及五行学说、五音、五色等中国传统概念结合起来，同时也设计了一定的故事线。

　　这一阶段的展示策划持续时间也很短。2006年1月正式委托，2006年3月底交方案，4月即告结束，之后没有继续推进，也没有按照原来的想法组织会展企业进行深化设计。2006年2月，市委决定副市长杨雄分管上海世博会。杨雄对展馆主线非常重视，认为展馆的"灵魂"必须搞准，"要拉好里面的筋"，否则展示内容可能会杂、乱。他刚到任，难以对纠结了一年多的展示策划过程，特别是只用了两个多月就产生的以"千年之都"为主线的中国馆展示方案拍板定调。

　　于是，这短短几个月的高校征集，也告一段落。

三、第三阶段（2006年5月至2007年7月）：逐步明确以"中华智慧"为主线的定向征集

　　2006年5月6日，市委宣传部部长王仲伟和副市长杨雄在上海图书馆召开会议，决定由市委宣传部牵头中国馆、主题馆的展示策划工作，并明确组成政府组、企业组，上海博物馆馆长陈燮君负责政府组，上海文广集团总裁薛沛建负责企业组，两组同时策划两套中国馆、主题馆方案。当时尚未提出新的展示主线，两馆还是以《注册报告》为基础。与第二阶段只有三个月不同，这一阶段延续了一年多。

　　会后，政府组牵头组织了上海博物馆、美术馆、高校美术专业等机构的专家，企业组牵头组织了若干个文化创意策划企业，进行了两个馆的展示策划。在2005年初之后的一年里，我主要是作为世博局联络员

与各应征团队联系，没有参与策划。从第三阶段开始，我和主题演绎部的同事进入各策划团队，参与讨论。

工作启动后，王仲伟和两个组进行了座谈，提出了关于展示策划的几点想法。关于中国馆的策划，王仲伟认为，一是中国馆的主题深化要和世博会的主题相连接。中国馆的策划要体现中华文化的精彩及其对世界的贡献，要突出中华价值中具备普遍意义的那一部分。二是要把展示策划的业务链进行综合考虑，即从主题的择取开始，到作品的征集／制作，到布展工程，再到营销推广，自策划一开始，就要统筹考虑整条业务链。现在有的策划常常是"艺术在左边，工程在右边，营销在后边"，整个业务链是断裂的，要避免出现这种状况。三是既要考虑中华特色，又要考虑主题的可视性。可视性的核心首先是造型艺术，而不是媒体艺术和舞台演出；展馆内主题演绎的关键是要作品化。四是对故事线不必过于重视。展馆的故事线不一定从头到尾一气呵成。要从人流量的实际出发，对作品进行合理的布局和编排。五是要建立一套评估体系，对策划方案进行综合评估。最终展馆是否成功是由人气说了算的，游客流量和逗留时间才是硬道理。

9月下旬，王仲伟部长和杨雄副市长听取两个组的汇报，决定陈燮君负责的政府组不再承担中国馆、主题馆的策划，集中精力做好世界博物博览馆。由薛沛建负责的企业组专门负责中国馆、主题馆的展示策划。

10月初起，薛沛建以上海文广团队为背景，邀请上海社科院、华东师范大学等研究机构的专家进行策划，10月6日向日本 ADK 等原来参与投标的几家公司再次发出策划邀请函。函中明确，这次策划的主线是"华夏文明""文化交融""城市缤纷""和谐未来"。这是在原来的"千年之都"等主线被证明不理想，但新的主线尚未产生的情况下提出来的。

今天回顾当时的过程，从 2005 年春开始，之所以一直纠结中国馆展示什么，确实是因为主题思想没有理顺，就是杨雄副市长一直强调的"这根筋没有拉好"。2006 年 11 月 7 日至 8 日，他接连两天召开会议，讨论主题演绎工作。我整理了他的讲话，大致如下。

第一，必须重视主题演绎的步骤。先要有一个基础，才能够指导整个世博会建设、展示、活动、论坛，包括场内外的布置、雕塑、会歌、吉祥物等项目。现在我们请专家，主要应该研究大致结构，对具体的展览方案倒不必看得太重。杨雄直言道："直到今天，没有一个能够指导整个世博会的文件，包括对规划、活动的指导，都是在没有主题的情况下，朦朦胧胧开始了。我们在向国际展览局报告工作时，主题、运营这两块总讲不好。各成员国都很有世博会方面的经验，一下就会看出我们有什么问题。现在时间很紧迫了，我们应该感到着急。"

第二，脚本很重要，这是每个项目的基础。展示策划方案不理想，展项堆积，都是由于缺少脚本基础，主线不清。比如中国馆的不少策划方案，都成了城市发展史展，出现"中华文化堆积"，原因就在于第一步没走好，没搞清楚从哪几个角度去切入主题，有了好东西就想往展馆里塞。杨雄说："现在中国馆主线已经定了，是'城市发展中的中华智慧'，要坚持这个主线。你们为什么要把中华智慧分为古代智慧、现代智慧？难道古代智慧在今天就没有用吗？比如在中国馆里讲生态，其实全世界都在讲生态，如何理解是中国的智慧呢？这里应当有中国的文化解释。我不要求你们讲全，比如说老祖宗有 30 个智慧，我们哪怕只讲三个也可以，这个意思我讲了多次了。问题的根子，都是没有脚本。"

第三，要讲清城市和生活的关系。"在中国馆、主题馆方案里都存在同样的问题。一些方案中，一说到城市，就是过去、现在、未来，很泛，成了城市博览会。一定要抓住城市发展与人类生活的关系，要讲出不同城市如何提供不同的生活条件，如何使我们的生活更美好。中国馆也必须从城市与生活关系的智慧中去找。外国人说，'Better City, Better Life'，OK，很不错，那么你们中国馆准备怎么做？"

把城市和生活结合起来，就要讲清道理。重要的不是展示居住条件多样性本身，而是展示居住多样性的道理，否则就是民居博物馆，就是历史博物馆。城市是包含人的生活在内的有机体，在展示城市的时候，可以把城市和生活放在一起解剖，它们由一个胚胎发育而来，可以说明以前有什么系统，现在混乱了，为了让生活更美好，就要修复，通过一个修复模型，从几个角度讲出几个道理，给人以启发。

杨雄一再强调，关键是第一步要走好，思路要清晰，搞清楚从哪几个角度去切入主题。无论内容还是手段，都要深入浅出、直观、有寓意，主要面对老百姓。主题展不是教科书，不是"成就展"，要借一个物讲一个道理，用一个展景表达一个理念，让大家看懂，这就是世博会！

因为薛沛建经常需要代表世博局与各方专家、企业打交道，所以2007年初，在忙碌了大半年之后，经过上海世博局与市委宣传部的沟通，薛沛建团队被明确为上海世博局展览展示部。

写到这里，我需要梳理一下与展览有关的几个部门的名称。

2005年底，根据国际展览局的意见，世博集团不再承担世博会事务，同时在世博集团内部成立了一个"世博会运营有限公司"，公司下面设"中国展馆部"，负责当时与中国馆有关的硬件建设、软件策划事务。2006年4月，"中国展馆部"改名为"展馆展示部"，依然在世博集团内部，与世博局的部门有工作上的联系，但没有隶属关系。

2006年4月，我所在的战略策划部改名为展览策划部（加总策划师办公室）。

2007年2月，世博局专门为薛沛建团队挂了牌子，定名为"展览展示部"，在人事上依然由市文广集团负责，薛沛建任部长，上海复旦上科多媒体有限公司总裁胡学增任副部长。这样，薛沛建可以作为世博会项目的代甲方来工作。

这样，在中国馆部成立之前，上海世博局出现过三个分工不很明确，但都与展览有关的部门：隶属于世博集团的"展馆展示部"（前身是"中国展馆部"），作为代甲方的"展览展示部"，世博局内设机构"展览策划部"。我自己如果不借助文字，一下子也辨识不了这几个部门哪个是哪个。我相信不少人都会被这几个名称弄糊涂的！

薛沛建原来是上海市教委主任，在担任文广集团总裁前，曾任市政府副秘书长。他表示，自己不考虑什么级别，甘愿担任世博局下面的一个部门的负责人，就是要把中国馆做好。他看似身形单薄，精力却很旺盛，常常开会到半夜，而且几个会议室同时安排讨论，他就像是医生巡视，穿梭在不同的会议室之间。在讨论时，他常常站在演示板前，撸起袖子，在板上画画写写，提出各种展示设想，有时一字一顿地说，"要耳目一新，眼前一亮，为之一振"。他组织能力很强，常邀请上海市的众多专家学者前来参与讨论。好几次我看到著名历史学家许纪霖背着书包来参会，从背影看，他很像普通大学生。胡学增原来是上海师范大学教授，曾任上海科技馆副馆长。我第一次见到他，是在2005年世博局第一次公开征集时的一个座谈会上，他很犀利地指出，世博局征集展示方案，路子不清晰，只是给了笼统的要求。他的这次发言，让我对展示策划这项工作有了新的认识。之后我和他有多次合作，我称他为"老阿哥"，他也对我很关心，在工作上给我不少指导。

说起当时的"展览展示部",有两个小插曲。

因为已明确展览展示部是世博局内设机构,我和薛沛建、胡学增就相当于同事关系。我当时刚拿到驾照,胡学增给我找了一辆旧车,让我上下班使用。我觉得这是同事之间的帮助,没有拒绝。不料世博局监察审计部收到一封举报信,说我接受关联企业的馈赠,影响了世博会项目招标的公正性。监察审计部找我了解情况后,认为不存在影响公正的馈赠行为,但是容易引起误解,让我把车退回去。此事同时也说明社会上不少企业很关心世博会项目,其实是好事。

薛沛建团队后来退出策划工作,因为没有承担什么项目,他提出300万成本补偿。一年多的艺术创作集体劳动,这笔钱不算多,于是世博局同意了。我办理了费用支付手续后签了名。到了世博会后期,市审计局查账,看到我的签名,了解情况后,和我探讨:"这笔钱的支出,没有看到什么成果,算不算国有资产流失?"我觉得这个问题非常深刻,也带有一定的普遍性。因为我们最终在世博会开园后看到的中国国家馆,和2005年以来的上百个方案相比,有巨大的差别,即使和2009年高层审查确定的"最新方案"相比,也有变化。那么之前所花费的人力、财力,是不是浪费?为什么不能采用第一稿,避免后来的投入呢?推而广之,办博过程中,几乎所有的条线都是这样,一开始提出的方案,到后来都面目全非,能不能说之前的工作都是白费劲,只有最后的努力才是正确的?这应该是大型会展活动中常见的现象,值得研究。

从2006年12月起,以薛沛建为部长的展览展示部集中围绕"城市发展中的中华智慧"做文章,绞尽脑汁,思考哪些中华智慧滋养了从古至今中国城市的发展。最初,大家比较直观地从中国历史上城市的选址、规划、建设中寻找智慧,比如屋顶飞檐的防水功能、屋脊两端龙头与龙尾装饰的避雷功能等。很快，专家们认为，不能拘泥于城市建设操作层面的智慧，而应该从影响中国城市发展的基本面来提取中华文化中的一些要素，也就是"大智慧"。在这个过程中，一步步形成了"自强不息、厚德载物、和而不同、师法自然"16个字的方向。那段时间，我们的工作节奏非常快。记得2007年"五一"七天假期，我们集中在东方绿舟，有六天每天开会到午夜一两点，第二天上午10点钟以后继续开会。到2007年6月，团队邀请了国内外10余家展览策划公司，先后提出了20多套方案，这些方案基本上是围绕这16个字的中华智慧来策划的。

2007年8月，世博会执委会、市委和市政府主要领导分别听取了以这16个字为主线的中国馆展示概念方案汇报。9月24日，世博会组委会第五次会议听取了中国馆展示概念方案汇报。

四、第四阶段（2007年12月至2008年7月）：新机制下的再次公开征集

2007年9月24日的组委会第五次会议还听取了中国国家馆的建筑方案，要求修改后尽快开工建设，同时要求加强对中国国家馆展示策划的领导。这两个决定，对上海世博局的中国馆管理机制提出了新的要求。据副局长陈先进介绍说，8月的一天，杨雄副市长来电话说，文广集团撤出了，不做国家馆了，国家馆还是交给世博局来做。杨雄认为，相比较而言，在所有的局领导中，陈先进更懂展览。

陈先进接手这项工作后，很快促成世博局内部中国馆项目部门的调整与充实。2007年9月，世博局成立新的展馆展示部，原来的展馆展示部是在世博集团旗下的运营公司内，现在的展馆展示部是重新建立的，

由陈先进直接领导（我所在的展览策划部已改名为主题演绎部，以薛沛建团队为班底的展览展示部已撤销，因此，此刻世博局只有一个部门冠以"展览"或"展示"）。与此同时，根据组委会的决定，上海世博局与中国贸促会沟通，建议成立由中国贸促会牵头的中国馆策划、建设体制。2007 年 12 月，中国馆筹备领导小组成立。经领导小组批准，世博局开始向全社会公开征集中国馆展示方案。这是 2005 年春以来的第二次公开征集。

此次征集有 40 多家公司报名。据展馆展示部副部长许永顺回忆，他当时在和应征团队沟通咨询时，曾提出中国古代名画《清明上河图》是一个不错的展项。果然，这些团队提交的方案中，有六家公司的方案里提到了《清明上河图》。2008 年 4 月 15 日，经专家评审选出 10 家公司。

这一阶段的征集，入围的方案都坚持"城市发展中的中华智慧"这根主线，在展示结构、展项设计上，也有一些创意。但专家们还是感到不理想，他们提出的意见有：（1）内容翔实有余，深度不够，更多的是对中华文化碎片的罗列，没有把中华智慧与城市化进程有机联系起来；（2）案例选择偏重于古代，反映传统文化和历史的内容较多，当代中国城市的发展和未来方向的内容过于单薄；（3）有的方案讲故事的方式过于复杂、理论化和学术化；等等。

上海世博局还专门就如何展示中华文化，拜访了上海一位著名文化学者。这位学者认为："用'自强不息'等 16 个字作为主线，有两方面的问题。第一，中华智慧很丰富，用 100 个字也概括不了；第二，很多智慧是全人类的，世界上哪个民族不说自己自强不息？还有厚德载物，也是人类共同的智慧。"

到了这个时候，上海世博会中国馆的策划思路与工作机制越来越清晰，越来越明确。5 月下旬，根据世博局的建议，胜出的 10 家公司组成了四个联合团队，继续修改方案，相互竞争。2008 年 8 月上旬，专家们对四个方案进行评审，选出两个较好的方案。

五、第五阶段（2008 年 8 月至 2009 年 2 月）：新思路、新机制下的策划

2008 年 8 月 25 日，上海世博局在虹桥迎宾馆召开"中国国家馆展示概念方案再优化研讨会"。这是一次有转折意义的会议。

这天上午，我开车从南浦大桥附近的家出发。不料天降大雨，市区道路积水严重，等我驱车开到零陵路时，小车内积水已达刹车踏板，我担心车熄火，连续加大油门，终于开到了虹桥迎宾馆。当时我有点后怕，如果车因为浸水停在半路上，我也不可能抛下车走到宾馆去开会。

这次会上，长期从事城市发展研究，《城记》一书的作者、新华社记者王军，作了一个与以往团队思路迥异的发言。他认为，改革开放 30 年来，中国掀起了人类历史上最大规模的城市化，这是一个里程碑式的时期，应该在中国馆得到反映。会后，根据副局长陈先进的要求，王军写了一篇有关展馆策划主题构思的文章《寻找城市发展中的中华智慧》。这篇文章建议，中国国家馆可以从"中国城市化：影响世界的力量""老城市的启示""21 世纪的城市"等几个方面来进行展示设计。

王军的这个发言和主题构思文章，提供了中国馆策划的新角度，客观上要求对原来的 16 字主线进行反思。9 月 19 日，经过一段时间的讨论，我根据陈先进的思路和要求，起草了向副市长杨雄汇报 8 月 25 日以来展示策划思路变化情况的材料。汇报稿提出："8 月份的再优化工作

会议强调，中国的城市化引起世界关注，中国馆应当展示中国城镇化现状，要正面回应国内外对中国城市化进程关心的问题，不回避现实，同时让大家看到，中国历史上的智慧可以解答今天的问题。……从再优化阶段开始，我们鼓励团队打破原来的逻辑结构，不再机械地按16字设置展区。……建议：一是按照人与人、人与自然的关系来表现智慧，例如城市建设中的智慧达成人与自然的和谐，城市生活中的智慧达成人与人的和谐。二是不仅要反映当代城市，也要反映当代农村，例如农民进城、城乡二元结构。"

杨雄副市长同意不再以16字作为主线的建议，说："好的，给你们松松绑吧"。

2008年8月底之后，陈先进要求以新思路为策划主线，对原有的方案进行调整、深化和优化，形成新的A、B方案。8月底、9月上旬，世博局展馆展示部、主题演绎部和策划团队、专家们在世博局所在地附近的格林豪泰宾馆每天从早到晚开会讨论。我因为几年来一直跟踪中国馆策划，而且之前一直和卡门讨论主题的核心思想，脑子里一直是"人与人""人与城""人与自然"这几个概念，在参与主题馆策划过程中，我们主题演绎部提出了当时被戏称为"三生馆"的想法，因此我也有一些关于中国馆展示内容比较成形的想法。一天，我和参与策划的来自台湾跃狮公司的负责人姚开阳讨论，他说，中国馆的展厅在空中，参观者要乘坐四根大立柱里的电梯上去，这个电梯就可以成为展区。我突然感觉找到了一个线头，把很多想法串了起来。我在随后的策划会上谈了我的想法。我说能否根据中国城市化进程中面临的三个矛盾，即"人与人""人与城""人与自然"来设计展示内容结构。比如，一进电梯，参观者匆匆入内，比较拥挤，这时候四壁可以放映农民进城视频，也是一副匆匆忙忙甚至带有汗水的情景，这个展区可以定名为"大迁徙"。然后是三个展区。第　个展区表现农民进城后，城市管理者如何努力达成人与人的和谐，这个展区可以定名为"都是一家人"或者"同一个屋檐下"。第二个展区表现大量人口涌入城市后，城市建设、交通、住宅等遇到的问题，城市本身是活生生的，不能被当作无机物来随意压榨，这个展区可以定名为"城市在呼吸"。第三个展区是关于有了美好的生活和美好的城市后，如何保护环境，这个展区可以定名为"只有一个地球"。我发言后，有位专家说："你这么一说，思考就都贯通了。"之后的会议上，陈先进听了这个设想，提出了一些内容建议，重新讨论了展区定名，作为策展基础，供大家继续讨论。

11月25日，世博会执委会听取汇报，决定以A方案为主，整合B方案的优点后，向中国馆筹备领导小组汇报。

12月23日，中国馆筹备领导小组审议通过上海世博局关于中国馆展示策划方案的汇报，并同意世博局提出的请中央美术学院作为中国国家馆深化设计总承包单位的请示。2009年1月，中央美术学院开始组织力量，开展展示策划和设计。与此同时，上海世博局建立了世博局、策划团队、专家三结合的工作机制，逐个研究、讨论具体展项。

六、第六阶段（2009年2月至2010年5月）：中国馆部管理机制下的最终落实

2009年2月，世博局开始酝酿成立中国馆管理部，上海科技馆副馆长钱之广调到世博局，担任中国馆部部长。从此，中国馆展示工程有了组织保证。当时，陈先进分管好几个部门，包括国内参展部、主题演绎

部、中国馆部、主题馆部、市场开发部、票务中心、商业管理部等。这些部门大概每两周召开一次例会，我在参加由陈先进主持的工作例会时，零星参与了中国馆的一些讨论。2009 年 7 月，中国馆部正式成立，随后进入园区现场办公。我所参与的中国馆展示策划前期讨论也告一段落。

第十九章　参与主题馆前期策划

中国国家馆与主题馆都是中国作为世博会东道国的展示舞台。当然，两者的地位有所不同。和所有参展国的展馆一样，中国国家馆是中国在世博会期间发出的名片，是展示中国自己的历史和现实，表现中国对当今人类面临问题的认识和解决方案。而主题馆，我们当时的理解是，应该代表国际社会的认识，应该具有时代性，而不是站在中国自己的角度来策划；但主题馆最终如何展示，却又代表了中国对国际话题的把握和表现水平。因此，这两类展馆都是上海世博会的重点项目。

与中国国家馆展示策划的艰难过程（见第十八章）相比，主题馆的策划没有那么纠结。我认为有三个原因。

第一，主题馆的展示主线比较清晰。当然，其间也有变化——先是考虑对应 2001 年末《申办报告》确定的五个副主题，设置五个展区或者五个独立展馆，后是对应 2006 年末形成的五个基本概念（见第十七章卡门担任主题演绎顾问的相关内容），明确五个主题馆。也就是说，每个展馆或展区的主线有明确的要求，因而在策划基点上没有什么反复。

第二，由于主题馆数量不止一个，且相对独立，需要尽快明确每个主题馆的策划主体，这在客观上加快确定了主题馆展示策划项目管理体制。事实上，到 2007 年底，当中国国家馆的展示策划还在考虑进行第二轮社会公开征集时，五个主题馆的策划主体均已落实。

第三，从 2005 年开始，中国馆、主题馆的策划组织工作是合在一起的，很多有关协调、法务等方面的事项，都在方方面面对中国国家馆的重视背景下，统一得到解决。因此，主题馆的策划组织相当于"搭车"，没那么多的"烦事"。

2005 年春，世博局启动中国馆、主题馆的展示策划。根据我的记录和理解，上海世博会主题馆的展示策划大致经过四个阶段，前三个阶段和中国国家馆策划同步，从第四个阶段起，两馆分别推进。从 2005 年春起，主题演绎部代表世博局作为各展示策划企业的联系部门。2007 年 9 月，世博局成立展馆展示部，同主题演绎部一起与各展示策划企业联系。2009 年 7 月，世博局成立主题馆部，专职指导、协调五个主题馆展示设计、布展施工，主题演绎部不再参与。

一、第一阶段（2005 年 4 月至 11 月）：初次公开征集

第一阶段的公开征集概况已在第十八章里有所描述。经过几次调研后，我和世博集团的邹勇飞起草了《中国 2010 年上海世博会展示和活动策划征集任务书》。在这份任务书里，主题馆的主线是上海世博会《申办报告》《注册报告》里明确的五个副主题。2001 年底定稿的《申办报告》有这样一段话："将设置 8 万平方米的主题馆，分别以多元文化

现象、城市新经济、城市科技创新、和谐的城市社区、城市与乡村的互动为中心，展示全球城市化的经验和更美好生活的模式。"

2005 年 4 月 26 日，世博局公布《征集任务书》，其中关于主题馆的要求是："应围绕城市和生活展开，应尽可能多地考虑城市多元文化的融合、城市经济的繁荣、城市科技的创新、城市社区的重塑、城市与乡村的互动等副主题下的各种可能命题；对于各个命题，应进行阐述和演绎，并提出对此进行有关展示策划的可行性；各种命题的时间跨度不仅限于过去和现在，更应包含与主题有关的 2010 年以及 2010 年后的未来发展趋势和那时人类所关注的热点问题等。"

根据要求，各应征团队是把中国馆和主题馆放在一起进行策划的。2005 年 11 月 1 日的评审结果是，第一名日本 ADK 公司，第二名日本电通公司，第三名上海现代国际展览公司。之所以日本公司的方案比较抢眼，原因可能是：第一，日本举办过多次世博会，相对于中国的会展企业来说，比较了解主题展；第二，日本的城市化程度较高，日方专家对于城市面临的问题和解决之道，有较多体会；第三，相对于欧洲会展企业，日本人比较了解东方文化。

但是，在应征期间，即 2005 年夏天，国际展览局对中国提交的《注册报告》提出了很多修改要求，特别是包括"主题演绎"在内的四个篇章需要重新撰写（见第十四章）。因此，到 2005 年底，对于是否还以五个副主题为主题馆的展示主线，我们就不那么坚定了。加上和中国馆方面同样的担忧，如果上海世博会的中国馆、主题馆都由日本企业承担，很让上海世博局为难。于是，根据《征集任务书》的约定，在向第一名、第二名支付了奖金后，第一次征集即结束。

二、第二阶段（2005 年 12 月至 2006 年 3 月）：面向上海高校定向征集

2005 年 11 月，上海世博局聘请翁史烈、郑时龄、吴建中、陈燮君等四人为上海世博会主题演绎总策划师。根据总策划师的意见，12 月 29 日，世博局向上海若干高校、展览公司发函，定向征集中国馆、主题馆的策划设想。

2005 年 12 月 1 日，国际展览局审议通过上海世博会《注册报告》，报告明确上海世博会将按五个副主题设置五个主题馆，即体现城市多元文化的"永恒之城"、体现城市经济繁荣的"活力之城"、体现城市科技创新的"创新之城"、体现城市社区和谐的"宜居之城"、体现城乡良性互动的"生态之城"等。2006 年 1 月 26 日，上海世博局按照《注册报告》的表述，委托上海交通大学、复旦大学进行主题馆展示方案策划。3 月底，两校提交了策划方案。其中，上海交通大学的方案是按照征集要求展开的。而复旦大学单文慧老师领衔完成的策划方案独辟蹊径。这个方案认为，美好的城市应该满足人们的物质、沟通、精神、创造、快乐等需求，由此设置了五个展区：物质之城、网络之城、精神之城、创造之城、快乐之城。

4 月，刚接手分管世博会的杨雄副市长和世博局领导听取汇报后，依然觉得不够理想。此次征集很快偃旗息鼓。

三、第三阶段（2006 年 5 月至 2007 年 7 月）：文广集团作为代甲方 定向征集

2006 年 5 月，市委宣传部牵头中国馆、主题馆的展示策划工作，由

上海博物馆馆长陈燮君牵头组成政府组，文广集团总裁薛沛建牵头组成企业组，两组并行策划两套中国馆、主题馆方案。9月下旬，市领导决定由薛沛建负责的企业组专门负责中国馆、主题馆的展示策划。

10月6日，薛沛建以上海文广集团总裁的名义，向日本ADK等原来参与投标的几家公司再次发出策划邀请函。函中要求策划六个主题馆，即城市地球馆、城市生活馆、城市生命馆、城市挑战馆、城市创新馆、城市未来馆。这些馆并非完全对应五个副主题，例如"城市地球馆"的内容要求是：要反映城市影响地球的可持续发展、城市的形态和景观体现人文之美与自然之美的和谐、城市快速发展正在对地球的资源与环境构成巨大挑战、城市肩负着人类和地球可持续未来的双重使命等。

与此同时，洛塞泰斯推荐来担任上海世博会主题演绎顾问的西班牙专家卡门于2006年10月底来到上海。她在了解了我们的展馆策划后，认为需要重新考虑"城市，让生活更美好"这个主题的内涵。经过讨论，我们提出了与五个副主题既有联系又有区别的五个概念领域，即城市人、城市生命、城市星球、城市足迹、城市梦想（见第十七章第三节"主题深化"）。

为了更好地开展工作，2007年2月，世博局成立了展览展示部，由薛沛建任部长。这个部门在工作上与世博局联成一体，在人事上依然由市文广集团负责。展览展示部成立后，邀请国内外10余家展览策划公司，先后提出了20多套主题馆的方案。这些方案不仅内容不同，而且究竟设几个馆、用什么名称也不同，例如有考虑按五个概念领域设五个馆，也有建议只设两个馆（浦东一个主题馆，浦西一个未来馆），也有提出取名为"城市系统馆"的。

当时,主题演绎部(主要参与者是我和毛竹晨、朱航等几人)一方面作为卡门的联系人,和她一起讨论世博会主题演绎,一方面参与展览展示部的策划会议。同时进行这两方面的讨论,主题演绎部对此也提出了自己的展示设想。我们设想的基本思路是围绕人与人、人与城市、人与环境三对关系,设置三个展区。第一展区是"千百万人的家园",展现城市以它的活力满足人类的同时,又以它的病态挑战人类;第二展区"生命在于系统"想要表现的是,城市是一个系统,很多"城市病"的出现,往往是因为忽视了这一点,最终走上畸形发展道路;第三展区是"历史和未来的对话",设计思想是地球只有一个,人类生活在一个脆弱的生物圈里。后来,我们进一步建议,三个展区扩展为三个馆:生活馆、生命馆、生态馆,我们戏称为"三生馆"。当然,主题演绎部不是展示设计公司,也没有实力深化、细化方案。我们的设想只是为引发更多的讨论。这些想法不断在我脑子里强化,后来我在讨论中国国家馆时,提出了同样的想法(参见第十八章)。

在此期间,杨雄副市长、王仲伟部长、世博局多次听取汇报。2007年6月,杨雄明确要求按照五个概念领域(即城市人、城市生命、城市星球、城市足迹、城市未来)设置主题馆。

2007年8月,世博会执委会、市委和市政府主要领导分别听取中国馆、主题馆展示概念方案汇报。9月24日,世博会组委会第五次会议听取中国馆、主题馆展示概念方案汇报。这几次汇报都明确,上海世博会设五个主题馆,分别对应主题内容结构中的五个概念领域。其中对应"城市人""城市"和"城市星球"的三个主题馆是"城市人馆""城市生命馆""城市星球馆",对应"足迹"和"未来"的是"城市文明馆"(后改为"城市足迹馆")、"城市未来馆"。

四、第四阶段（2007 年 8 月至 2008 年底）：世博局再次公开征集，确定展示工程主体

2007 年 9 月，上海世博局撤销原来以文广集团为主体的展览展示部，成立世博局展馆展示部，由世博局副局长陈先进分管。展馆展示部成立伊始，便接手主题馆的公开征集。

此次征集有 49 家海内外团队应征，其中 15 家符合资格的团队提交了方案。2007 年 11 月 19 日至 21 日，上海世博局组织专家对这 15 个方案进行评审，从中确定五个团队，分别承接五个主题馆的展示设计工作。其中，"城市人馆"由荷兰科斯曼·德容公司（Kossmandejong）设计；"城市生命馆"由中国美术学院设计；"城市星球馆"由德国德力策划公司设计；"城市未来馆"由西班牙 INGENIAqed 公司设计；"城市文明馆"由上海博物馆负责，以代甲方身份牵头展示设计和展示工程。

2008 年 1 月，杨雄副市长听取汇报，同意由这五个机构承担主题馆方案深化工作。上海世博局负责跟踪、指导、协调"城市人馆""城市生命馆""城市星球馆""城市未来馆"的项目进展，由上海市博物馆承担的"城市文明馆"（后改为"城市足迹馆"）在世博局外运行。主题演绎部与展馆展示部一起，继续作为世博局的代表与各展示策划机构联系。主题演绎部确定了五个人，与主题馆部保持密切联系，每人盯住一个馆，参与讨论"城市人馆""城市生命馆""城市星球馆""城市未来馆"的主题、概念、内容。其间我曾与两个团队的领头人——也是艺术界的权威人士——发生不小的争论。我坚持认为他们的方案里有的思路需要重新考虑，他们则批评我不懂艺术。事后回想起来，可能各有各的道

理吧。

为了给展示设计团队配备一流的、立足本土的制作和布展队伍，世博局又通过全国范围的比选，选出了四家国内知名企业，作为各馆的展示工程承建方。广东集美设计工程公司承担"城市人馆"，上海美术设计公司承担"城市生命馆"，上海复旦上科多媒体有限公司承担"城市星球馆"，北京清尚建筑装饰工程有限公司承担"城市未来馆"。

设计团队和施工团队确定以后，特别是 2009 年 7 月，世博局成立主题馆部后，主题馆项目落地有了扎实的组织基础，展示设计和施工开始有条不紊地推进。

第二十章　参与招展点滴

　　整个世博会的筹备工作，如果打比方，就好像中国传统中的农村年末欢庆活动。搭戏台就是硬件建设；确定唱什么戏就是软件策划，即主题演绎；安排和邀请本村、邻村的村民看戏，就是宣传推广，招徕游客参观世博会；整个过程的资源筹措，就是投融资。整个欢庆活动中有一件事非常重要，就是邀请戏班子，这在世博会筹办工作体系中，就是招展（对中国省区市而言，是"组展"）。

　　上海世博会有 246 个国家和国际组织（含 190 个国家和 56 个国际组织）参展；来自世界各地的 47 个城市或地区以案例形式进入城市最佳实践区参展；25 个中外著名企业建成 18 个企业馆；还有中国内地 31 个省区市和港澳台地区参展。作为东道主，中国上海除了有中国国家馆之外，还贡献了五个主题馆，以及公众参与馆、生命阳光馆（即展示残障人士生活、精神的展馆）、世博会博物馆等。上海世博会为 7 308 万人次的参观者提供了 300 多个精彩展馆。因此，招展（组展）工作非常重要。

我在办博阶段，参与了很有限的招展（组展）工作。我有一个体会：由于对象的不同，招展和组展工作的特点也不同。大致来说：（1）对参展方而言，它们在确定了主题和展示内容之后，更关心的是建馆、租馆过程中，上海世博局可以提供什么样的服务。毕竟，对参展方来说，这是不在本土进行的综合项目，东道主的政府行为和市场环境对于它们能否有个好的展示，影响很大。（2）对中国内地省区市而言，它们更关心的是如何把展览做得更精彩，因为省区市的展馆都在同一个空间，且面积一样，都是 600 平方米。这相当于省区市站成一排接受检阅，如何让中外领导人、中外参观者在本展馆前多逗留一会儿，就看策展水平了。（3）对台湾地区来说，主要的不是物理条件、展示内容，而是政治待遇。台湾地区曾参与 1970 年日本大阪世博会，相隔 40 年之久后，现在回到世博会，当然很开心，但是以什么身份来参展，是海峡两岸都极为关心的。

以下是我参与的这三类招展（组展）的点滴回忆。其中关于台湾地区的参展，是我在 2008 年 12 月的一篇记录体会。

一、加拿大参展谈判

关于国际招展，我接触到的印象最深的，是 2007 年 2 月 8 日上海世博局与加拿大参展代表团的座谈。

2006 年初，中国政府向世界各国政府和国际组织发出参加上海世博会的邀请函。一年之内，超过 100 个国家和国际组织允诺参展。但允诺不等于落实，双方要对许多具体事项进行沟通，取得共识，然后签署参展合同。在已承诺参展的 100 多个国家和国际组织中，和加拿大的沟通是第一场。

就世博会参展经历来看，加拿大是熟手，中国是新手，加拿大方面提出了很多具体的问题，因此这场谈判对世博局来说，是解剖案例，带有探路性质。加拿大参展代表团来访之前，已提交拟讨论的问题清单，共 17 类、61 个问题，其中不少问题包含若干个小问题，算下来有 99 个问题。上海世博局十分重视这次谈判。2 月 6 日，分管国际招展的副局长周汉民专门召开预备会议。周汉民说："加方提出的问题涉及九个部门。今天是预演，这些问题都过一过，后天各部门负责人都上场，我负总责。"

2 月 8 日上午，周汉民主持与加拿大参展代表团的会谈。加方有三人出席：加拿大外交部国际司官员、加拿大国家馆馆长、加拿大驻上海领事。当三人走进会议室，我猜想他们可能有点愕然，因为会议室已坐着 20 多人，参与谈判的双方人数为一比八！周汉民素来思考缜密，他在开场白中表示："今天我请那么多的同事来，是内部训练的需要。他们回答后，我会把意见作一个归纳和总结。"言下之意是，如果对我同事的回答不满意，请别着急，我会补充的。

这次座谈，除了事先提出的问题之外，加方还口头提出不少新的问题。所有的问题大致上分为两大类：一是展览的物理条件，包括场馆、环境、建设与布展要求等；二是建馆和举办期间东道主能提供什么服务，包括交通、保险、公共设施、通信、住宿、金融等。其实，大部分问题在参展指南中已有原则性回答。可能是加方感到还不具体，或者不够确信，所以需要有更加个性化的答案，需要面对面详细了解。

比如，关于加方展馆的空间位置，有一个问题是，是否有障碍物影响观众进出／注意到分配给加方的展馆地块，例如高架步道、楼梯、机动车道？关于建设，有没有事先指定 / 约定 / 授权的建筑承包商，须加方与之合作？如果有，什么时候给参展者提供相关资料？关于保险，何时给参展者提供公共责任险的发票？关于馆日活动，加拿大现在能否预约 7 月 1 日为馆日？关于公共设施，是否能为官方参展者 24 小时供应充足的冷却水，以保证高峰期展馆设备、电器、展示部件正常运作？若能够，预计成本是多少？关于参展方工作人员住宿，何时提供可供选择的公寓大小和户型方面的信息？租金是多少？标准公寓是仅提供用具，还是租金已包括家具？何时可以入住？等等。

2 月 8 日的会议，我方的回答基本上遵循参展指南的口径，对于加方超出参展指南范围的问题，往往是"我们正在研究，将很快给你们答复"。因此加拿大代表频频点头的背后，是否内心真的很满意，也很难说。记得类似的情况在编写《注册报告》时就已发生，国际展览局要求的是"究竟是多少""究竟会怎样"，而我们往往用"原则上""基本上""总体上"来表达。这里面有东西方思维习惯的差异，更主要的原因是办博计划还不具体、不成熟。

讨论时，加方提出一个细节问题，如果加拿大展馆耗电多少多少千瓦时，大概需要多少钱。我恰好前一天支付了家庭的电费账单，便测算了一下，报了个数字，加方认为不贵，表示满意。不料过了一会儿，我突然意识到，自己算的是每个月的电费，而加方问的是整个世博会期间展馆电费。我只得再次报个数字，加方的开心只持续了 10 来分钟，当时双方都有点尴尬，这至少表明我方准备工作不很仔细。

这次工作会议之后，汉民副局长在世博局内部进行总结。之后，与其他国家的参展谈判，就没有那么大的规模了。

二、国内各省区市组展

中国国家馆是中国在世博会上的一张亮丽名片。而中国内地各省区市参加上海世博会，能更好地向全世界展现中国国情，具有政治意义。省区市如何参展，需要缜密思考，精心规划。早在 2004 年组委会第一次会议上，吴仪副总理就要求研究各省区市参展问题。2007 年 9 月，吴仪副总理召开了全国参展会议。之后，各省区市非常积极，呈现出领导挂帅、主动竞争、唯恐落后的局面。

理论上讲，各省区市可以在 11 个方面参与上海世博会：一个 600 平方米的展区；网上世博会；以城市为主题，参加城市最佳实践区展示；企业参展；文艺活动；在本省（区市）举办世博会论坛；进入园区内的中华美食一条街；加盟特许商品供应；派遣志愿者；旅游推广；门票销售。实际上，真正的"必修课"就是 600 平方米的展区。各省区市非常重视，省领导都有专门批示。比如时任山东省委书记，后来担任中华全国总工会主席的李建国，对山东省参加上海世博会的展示有这样的批示：借世博机遇，让齐鲁文化走向世界。天津市领导也有这样的批示，大意是要把天津滨海新区作为展示主题，让世人和国人了解。也有某省负责展示的官员私下向我们抱怨："才 600 平方米，我们怎么做？很困惑。"

在各省区市参展热情高涨的同时，难免让人担心，各地虽然展示愿望强烈，但最终做出的展示能否与中国国家馆匹配、贴切？在上海的一次座谈会上，有人大代表担心，世博会会不会成为地方政府成就展、领导个人形象展。当然，这也许是杞人忧天，应该相信各地政府都能够顾全大局，以绿叶姿态来烘托中国国家馆这朵大红花。但是，如何做出能够真实反映中华民族丰富多彩亚文化的地区展示，依然是个问题，弄不好，可能落入商品展加图片展的俗套。据了解，大部分省区市的参加世博会工作由该地的商贸厅或贸促会牵头。一般来说，各地的商贸厅、贸促会负责本地的商品交易会。因此，工作启动之后，各省区市都有一个从"招商引资洽谈会""商品交易会"到世博展的认识转变过程。

2007 年 9 月 25 日，国务院召开上海世博会国内参展动员会，会议的主要任务是落实国务院常务会议精神，全面动员部署各省区市和国有大型骨干企业参与上海世博会。各省区市常务副省长（副主席、副市长）参加会议。吴仪副总理在报告中指出："办好上海世博会，难点和重点都在中国馆，关键是理念，各省区市能不能办好，就是看能不能准确领悟和把握历史文化传统和科学发展理念，这是对参展领导领悟力的检验。"会议之后，中国贸促会的朋友告诉我们，在起草吴仪的报告时，他们特意加上了"领悟"两个字。他们认为，能不能把省区市展示做好，确实是对地方领导的考验。

为了既不干预各省区市的创意，又防止可能出现的不恰当展示，上海世博局借鉴世界各国参展做法，要求各省区市先提交一份《主题陈述》，概要介绍展览概念、主线。各省区市非常重视这份文件，纷纷与世博局联系、咨询。我和主题演绎部的同事，根据上海世博局国内参展部的安排，在上海与 20 多批次的来访省市代表座谈，还赴外省市沟通 20 多次，介绍上海世博会概况、世博会主题和《主题陈述》的编写要求。有的省还希望我们参与他们本地征集作品的评审，更多的省提交了主题陈述、展示设想后，希望上海世博局给予点评。一方面，我们邀请上海世博会主题演绎顾问徐泓、夏骏等为各省区市参展提供指导，另一方面，我在多次讨论中表示，我们要求看到《主题陈述》，是为了保证展示内容合理的底线，在底线之上，创意是无限的，我们没有能力来参与各地丰富多彩的展示创意。

到 2008 年底，在与各省区市有了一定程度沟通的基础上，我写了几条原则性建议，作为对各省区市的统一回答：

（1）省市展馆的定位。

国家馆从总体上反映中华文化，各省区市馆从各个侧面反映中华文化，600 平方米的省区市展馆不宜像国家馆那样全面。如果各省区市能展现丰富多彩的"本地一绝"，国内外参观者就能更深刻地体会到中华智慧的深邃和伟大。

（2）做好省市展馆的两个关键。

做好省区市馆有两个关键：一是对建设和谐社会思想的领悟，即如何理解主题；二是对政府公关能力的把握，即如何表现主题。关于表现主题，今天的民众比过去更快、更多地掌握各种信息。政府需要通过富有美感的艺术形式来表现意愿，昭示前景，树立榜样，推广理念。

（3）关于《主题陈述》。

"主题陈述"有两个作用：一是说明本展馆将展示什么，这是为确保整个世博会都围绕一个主题，组织者必须作出的规定。二是向展示策划机构提出的要求，相当于展示策划招标任务书，因此《主题陈述》不需要回答"我们将看到什么"，不需要表现展示效果，这是由展示策划来回答的。《主题陈述》是指导思想，是任务书。

三、台湾参展过程中的重要会见[1]

2008年12月20日下午，中国国民党名誉主席连战访问上海世博局。12月21日上午，中国国民党主席吴伯雄访问上海世博局。两次访问都由燕群书记接待。我有幸旁听会谈，很有些感慨。

世博会和奥运会不同，奥运会是城市举办，国际奥委会可以有台湾方面的代表，香港、澳门、台湾可以单独组成代表团参加。而按《国际展览会公约》第35条规定，国际展览局成员必须是"联合国成员国或非系联合国成员的国际法院章程成员国、或联合国各专业机构或国际原子能机构成员国"，因此官方参展者必须是主权国家。在这之前，台北市长郝龙斌已就城市最佳实践区来过世博局，震旦集团筹建企业馆的事也已在一年之前确定。但这些都是打了世博会的擦边球，城市和企业毕竟不是官方参展者，加上郝龙斌作为国民党元老郝伯村的儿子，震旦董事长陈永泰对中华文化的酷爱，他们参与上海世博会时，在法律和感情上都没有障碍。而台湾如何作为一个整体参加，这个问题很是尴尬——中国馆没有台湾参加，于大陆方面是个难题；邀请台湾参加，于台湾方面是个难题。

这次连战和吴伯雄来，钟燕群书记在感谢台北市政府、台湾企业积极参展的同时，还不失时机地提出设立台湾馆、中国国家馆内展出台北故宫《清明上河图》的建议。这里我补充几句关于邀请台北故宫《清明

---

[1] 本节写于2008年12月24日。

上河图》来展的背景。当时上海世博局组织的中国国家馆展示策划，已初步确定展示反映中国古代城市管理的名画《清明上河图》。据说，这幅名画自问世以来，有非常多的临摹本和伪造本。大多数人承认的真迹现存于北京故宫博物院，也有说台北故宫博物院藏的是真迹。上海世博局的想法是，把现存于北京故宫和台北故宫的两幅画一起邀请到上海世博会，让国宝相会，同时含有中华民族总归要团聚的意思。

对钟燕群的提议，连战和吴伯雄的反应很有意思。连战说："刚才说的几件事，我回去后会给相关单位提建议。现在两会协商渠道很好，我们会配合上海，努力使世博会成功。关于《清明上河图》，回去后跟台北故宫博物院的周院长转达，周院长和你（燕群书记）一样，是位能干的 lady（女士）。"不过连战没有对"台湾馆"项目表态。而第二天吴伯雄的回应，婉转中透露出明确的态度。他说："2010 年一定会有很多台胞到上海来，我的 11 个孙子就一定要让他们来。更多的台胞参与，对两岸交流很重要。而几百万台胞来，要受到尊重，这是很敏感的事，今天不在这里谈了。总之，没有被矮化，而是受到尊重。如何筹备，这要商量。"吴伯雄不愿意就具体项目表态，不过他强调："我们两岸都是炎黄子孙，我们有足够的智慧来解决，要做到皆大欢喜。"

连战和吴伯雄的表态不同，可能是因为所处的位置不同。连战担任过台湾地区副领导人，按理说他与大陆更有心理上的隔阂，但实际上他比吴伯雄更积极，那是因为他已不在位置上了。而吴伯雄表态谨慎，可能因为他是国民党主席，台湾民众会根据他的一言一行来判断马英九的下一个动作。当然，他只是谨慎，其立场还是很明确的。

连战与吴伯雄的放松与谨慎，还有个有趣的对比。连战临走时，应上海方面的要求，欣然题词。在题词时，一位女记者抢着拍照，不小心打翻了一杯水，连战抬起头来对这个女孩子说："你比我还紧张嘛。"吴伯雄则婉拒了上海提出的题词要求，不过也幽了一默，说"今天不写了吧，等我回去把字练练好"。

　　通过这次接触，我相信，确如吴伯雄所说，我们有足够的智慧来解决这些问题。双方要共同努力，来演绎"两岸关系中的中华智慧"这个主题。

第二十一章 "敏感内容协调"经历

　　确保上海世博会成功、精彩、难忘，是党中央、国务院对办博工作的明确要求。其中，成功是基础，没有成功，就谈不上精彩和难忘。而世博会的成功不仅要避免出现因天灾人祸导致的人身伤亡事故，还包括精神层面的安全。

　　上海世博会园区内，代表各国脸面的展馆咫尺相对，原来遍布全球的世界各国，如今都挤在一起，所谓的国际关系，一下子就成了身边的事。由于历史的原因，参加世博会的国家可能存在政治、宗教、文化、领土等方面的矛盾，如果把这些矛盾带入世博园区，引起不必要的争端甚至冲突，即使最终没有出现物质层面的事故，这届世博会也谈不上成功！

　　上海世博会开幕前，上海世博局专门建立了防止各国在世博园区内由于展览、活动内容而发生冲突的工作机制，即"上海世博会敏感内容协调机制"。

一、主题沟通

在"敏感内容协调"这项工作被正式明确之前,上海世博局已经从另一个角度关注各国展示内容。那就是上海世博局与各参展国之间的主题沟通。

所谓主题沟通,是指各参展国在和世博局就参展事务进行谈判时,向上海世博局递交《主题陈述》,在文件中明确其展馆主题和整体内容。根据国际展览局相关规定,只有在上海世博局对这份《主题陈述》审核通过后,参展者才能获得展示空间。主题沟通,当时是通过"主题沟通机制"来实现的。这个机制的前台是上海世博局国际参展部和主题演绎部,后台是由上海国际问题研究所所长俞新天、上海图书馆馆长吴建中任组长的上海世博会主题沟通专家组。专家组的成员不固定,根据任务需要,由组长邀请上海市的国际问题专家担任。这些专家来自上海图书馆 / 上海科学技术情报研究中心、上海国际问题研究所(院)、上海师范大学、上海外国语大学、复旦大学、华东师范大学、上海社科院等。

国际参展部接到有关国家提交的《主题陈述》后,由主题演绎部先作初步判断,然后交相关专家,每份《主题陈述》由两位专家分别审读。专家根据三条原则提出意见,即(1)是否符合上海世博会主题,(2)是否符合国际展览局宗旨,(3)是否符合公众欣赏习惯。其中,符合上海世博会主题是比较宽泛的标准,只要是反映该国社会经济实践的,都必然与城市、生活有关;而符合国际展览局的宗旨,主要是为了防止出现由各种原因导致的不和谐内容,比如国与国的纠纷、文化冲突等。专家的意见反馈到上海世博局后,主题演绎部汇总、整理,调整成官方回复意见。

在与参展方的主题沟通中，上海世博局遇到了法理和操作层面的两重困难。第一，各参展方都是主权国家，或者独立的国际组织，它们完全有权决定自己的展示理念和展示内容。即使上海世博会组织者提出了明确的主题范围，参展方也完全可以根据自己的理解来演绎主题。第二，各参展方参与世博会是一个与组织者互动的复杂过程，需要解决的问题很多。在实际参展过程中，很多物质层面、技术层面问题的解决，往往显得更迫切，相对而言，"形而上"的、理念层面的沟通，就被放到次要位置。由于这些困难，主题沟通往往被虚化。但是，如果组织者从一开始就放弃主题沟通，就有可能为以后各国在世博园区和谐相处带来隐患。因此这项工作虽然难做，却必须坚持。主题演绎部叶建英为此曾以"酸、甜、苦、辣——记上海世博会主题沟通中的四味体验"[1]为题撰文，回忆了她作为各参展国与专家组之间联系人的体会。

2006年3月，中国政府发出参展邀请。8月，有参展国家开始提交《主题陈述》。第一份《主题陈述》是欧洲某国提交的。我们先请上海图书馆馆长吴建中提出意见。吴馆长非常敏锐，发现这份文件中提到坚持能源独立，提到××文化是周边地区文化的源头问题，这实际上是在暗示该国对某邻国的优势，表现了两国冲突历史。这种把两国矛盾带入上海世博会的做法，是我们需要防止的。根据吴建中的建议，上海世博局向对方提出了修改意见。这也说明，主题沟通是保持园区和谐氛围很有必要的第一步。

---

[1] 参见陈东晓主编、季路德副主编：《从世博会到进博会》，格致出版社2019年版。

二、敏感内容协调机制

（一）机制成立

2009 年 11 月，在上海世博局的一次工作会议上，关于展示内容的汇报称，有的展厅可能有宗教方面的内容。例如亚美尼亚展馆希望展厅内立柱上以浮雕形式展示其国内著名大教堂，非洲科摩罗希望在入口处出现清真寺形象，沙特阿拉伯展馆设计师介绍说影片中将有祈祷镜头；国内各馆中，台湾馆内一客厅墙上有佛经的内容，福建馆提出展示妈祖塑像。杨雄副市长对此十分重视，要求关注此事，并要求世博局进一步了解各国展示情况，除了关注宗教内容以外，还要注意有没有损害中国国家主权、不利各国和平相处的内容。我印象中，这次会议首次明确了敏感内容协调这项工作。

这次会议之后，上海市民族和宗教事务委员会（简称"民宗委"）和世博局联系，建议双方加强沟通，在世博会期间处理好展示活动中宗教文化与传统文化的关系。市民宗委将就此提出把握好这一关系的若干具体标准。根据与市民宗委沟通的情况，2009 年 12 月下旬，世博局综合计划部提出《关于进一步加强世博会民族宗教工作的相关建议》，主题演绎部提出《关于参展方展示内容审核机制的请示》。主题演绎部的请示建议，援引上海世博会《注册报告》《参展指南》相关条款，要求各参展方在世博会开幕前 120 天提交展示信息。关于展示中宗教内容的把握，该请示提出：（1）宗教圣物不进世博园区，以避免引发宗教狂热，确保世博会安全；（2）虽有一定的宗教含义，但已融入世俗文化的雕塑、绘画、建筑等艺术品，可以作为展示物或宣传品出现在世博园区内；（3）有明显宗教含义的单项事物（如经书、教堂、寺庙、佛像等）可以出现在非主要装饰中，但不能作为主要展项。该请示还建议邀请市民宗委参与内容审核。

2010年2月10日，杨雄召开专题会议，明确建立"上海世博会敏感内容协调机制"。这个机制由上海世博会中国政府总代表华君铎大使牵头，上海世博局局长、相关副局长协助，机制成员由上海市外办、市民宗委、市测绘管理办公室（简称"测绘办"）、世博局各相关部门等组成。世博局主题演绎部和总代表办公室具体负责协调机制的日常运作，相当于这个机制的秘书处。总代表助理是徐波，他在中国申博时担任中国驻法使馆双边处处长，很早就开始参与上海世博会事务；世博会之后他积极从事中法民间交流，很有思想。华君铎曾先后任中国驻澳大利亚大使、中国驻印度大使，是一位老资格的很稳重的外交家，在处理国与国之间的麻烦事方面很有经验。虽然敏感内容协调机制规定了一定的处理程序，但实际上很多事是主题演绎部接到信息后，和徐波一起，直接根据华大使的指导来处理的。以这样的方式，很多问题很快得以解决；只有一些比较重大、复杂的事，才启动机制，进行专题研究。

2月21日，市外办主任李铭俊召开参与敏感内容协调专家会议，杨洁勉、俞新天、吴寄南、伍贻康等上海市的国际问题权威专家参加。我介绍了上海世博局方面的准备情况。讨论中，杨洁勉说："成立专家组来处理世博会展览方面的事，可能是独一无二的。领导很希望听到专家的声音，我们要能够拿出东西。这项活动要机制化，要紧张起来，如果自身工作太忙，就难以参加；要有纪律，要保密，不要做二传手，把工作传给自己学生去做。还要扩大队伍，要信得过、靠得住、用得上。"

3月，根据上海世博会外事工作指挥部总指挥刘云耕的指示，世博会执委会副主任周汉民多次召开会议，了解、研究上海世博会敏感内容处理工作，提出了加强组织工作的具体要求。刘云耕还亲自到世博局听取汇报，指导工作。

4月，根据工作需要，上海世博局明确由副书记、副局长陈安杰分管敏感内容处置工作。

到了7月，各国展馆的展示内容变化不大，而园区内在活动、论坛、宣传资料等动态内容方面的敏感问题开始凸显，使得敏感内容协调机制面临新的挑战。7月21日，市外办主任李铭俊和上海世博局党委副书记陈安杰联合召开会议，中国政府总代表华君铎与会，讨论了敏感内容工作面临的新动向、新特点，再次明确处理问题的程序，强调与动态有关的各部门的职责，提出应对新问题的具体措施。此后，这个机制发挥了更有效的作用，直到世博会圆满闭幕。

（二）机制运作

敏感内容协调机制包含以下几个方面。

敏感内容：当时确定为涉外、涉宗、涉台三个方面，工作重点是各国的展示，兼顾活动与论坛。

协调原则：一是抓重点。根据具体情况，把参展者分为三类：凡是已出现敏感问题迹象的，属于重点跟踪类；凡是可能出现问题的，属于重点关注类；其他的属于非重点类。二是重程序。鉴于展示内容把握事关国际关系，一定要做好事先收集证据的工作，请专业人士判断，不能盲目回复。三是反应快。一旦出现敏感内容，一定要尽快处理，不能让争议扩大。四是内外有别。凡是各参展方之间的争议，采取"不告不理"的原则；凡是触及中国根本利益的，一定要认真对待，妥善处理。

敏感内容协调程序:第一步,了解情况。主要依靠世博局的一线部门,以及游客的反映,包括信访反映,把情况汇总到主题演绎部。一般情况下,主题演绎部要去现场取证;不过很多情况下,各部门汇总过来的信息已包含现场取证内容。第二步,根据问题的性质,请有关主管部门提出意见。属涉外的,请市外办组织专家审核并提出处置建议;属涉宗、涉台的,请市民宗委、市台湾工作办公室(简称"台办")的驻园机构进行判断。第三步,上海世博局把情况和判断意见上报政府相关部门。第四步,根据相关部门的意见,先由上海世博局主题演绎部直接或者通过上海世博局其他部门(如国际参展部、活动部、论坛部等)与参展方交涉。若交涉无效,则由总代表办公室出面。就上海世博会组织者的权限而言,如果参展方坚持自己的意见,中国政府总代表华君铎有权出面直接处理。不过实际上,各参展方还是比较配合,一般在总代表办公室出面时,问题已经得到解决。

这个机制是在世博会开幕前才建立的,涉及部门很广,协调内容又很敏感,一开始运作并不顺利。在上海世博局内部,一开始以主题演绎部、国际参展部为主,到后来活动部、论坛部、安保部、各场馆片区部都深度参与,而且在很多场合下,都冲到了第一线。在上海世博局外,市外办、市民宗委、市台办、市测绘办、上海海关、市文化市场行政执法总队、中国图书进出口公司等都有驻园工作小组,这些机构在敏感内容协调环节中的职责并不十分清晰。主题演绎部作为与中国政府总代表的联系部门,代表上海世博局与各机构相互沟通,逐步形成了良好的工作规程和明确的判断标准。各相关机构、部门都能恪守职责,尽心竭力,又顾全大局,在情况不清、职责不清、时间紧迫的情况下,相互配合,把国家利益放在第一位。

敏感内容协调工作得到了国际展览局的支持。2010 年 2 月，我们根据《注册报告》的要求，致函各参展方，要求它们在世博会开幕前，向上海世博局提交展示信息、宣传资料样本。有的参展方获信后，向国际展览局抱怨，认为组织者管得太宽，国际展览局当即对它们说，组织者有这个权力，希望它们能理解、配合。

敏感内容协调工作更得到了各参展方的理解。事实上，各参展方出现的所谓"敏感内容"，大部分是无意的，有些虽有一定的政治诉求，但在世博会组织者与其沟通后，都能改正。

三、敏感内容协调事例

从 2010 年 2 月开始，直到世博会结束，敏感内容协调机制共处理了涉及 80 多个国家的 128 个案例。以下列举若干事例。

世博会开幕第二天，我在某亚洲国家馆参观。在一个关于该国欢庆活动的视频播放后，屏幕下方出现了很多国家的国旗，大意是表示对该国的祝贺。我突然发现一个很像"青天白日旗"的图案一闪而过。我请在场的管理员再放一遍，他不肯，说要按照播放规则进行。我在现场无法和他多纠缠，马上打电话给国际参展部负责亚洲国家参展的陈骅。第二天陈骅告诉我，已经和制作这个视频的展示团队联系了，确实是"青天白日旗"，现在已经从视频中去掉了。

早在 2009 年，尼泊尔馆就宣传要展示佛教圣物"舍利子"，要点燃来自佛祖诞生地蓝毗尼的"和平之火"。他们的宗教网站上已经登出消息。但世博园区内不能出现宗教仪式、宗教圣物。为此，到了最后关头，市委书记俞正声亲自出面开会研究，各方紧密配合，与对方沟通，相互体谅，终于得到较为圆满的解决。

2010 年 4 月 9 日，外交部要求我们关注柬埔寨馆外装饰画可能引起的问题。据了解，柬埔寨馆外墙画的是"柏威夏寺"。这个寺已由联合国认定为柬埔寨的文化遗产，由于在柬泰边境上，前几年两国曾在那里发生武装冲突。如果现在柬埔寨馆外画这个寺，外交部担心会再次引起两国争议，希望我们能及时了解情况。因为从 4 月 10 日起，世博园区封园，我们进出园区十分不便，4 月 9 日当晚 9 点，我和叶建英开车进园区拍照取证，第二天请市外办组织专家判断，总代表助理徐波提出"不告不理"的处理意见，请示外交部获准。直到世博会结束，泰国也未提出此事，得到较好的解决。

2010 年 3 月 8 日，B 国馆方向我们提交了一部动画片的方案，其中有 20 世纪 50 年代中国在 B 国和 S 国冲突中表态的内容，以及其他一些敏感画面。这个方案报世博局后，由于当时程序较多，直到 3 月 30 日，我们都未能答复对方。对方很着急，来到主题演绎部与我面谈。我当时口头表示，世博会是讲城市与人民生活的，不宜过分政治化；因为时间很紧迫，我现在以主题演绎部的名义给你们书面回复，如果今后有必要，我们再作进一步的沟通。我当即手写了这些意见。后来，B 国馆内放映的影片中，取消了中国在当时表态的内容。

4 月 17 日，上海世博局接到中国驻非洲某国使馆传来的明码电报。电报说，该国外交部官员约见中国使馆官员时称，上海世博会组织方撤下了一个有该国四个岛屿模型的展台，这个群岛关系到该国的国家主权和领土完整，如果中方未对展台布置作出更正，或者展台上只有三个岛屿模型，该国将退出本届世博会。之后，外交部非洲司、国际司相继来电，询问此事。我即和非洲联合馆管理部一起到展馆现场取证，看到该国展台内设置了代表四个岛屿的四个展台，而不是三个。此前，上海世博局从未就展览岛屿问题与该国的总代表交涉，更未要求他们撤下展台。我们即将此情况报外交部非洲司。后来我们了解到，2009年春，该国提出的展示设想中，只有代表三个岛屿的三个展台。2009年8月，该国展示方案中又增加一个展台，代表与某国有争议的岛屿。但展示设计公司在向上海世博局提供的文字资料中，仍然沿用了原来的文稿。2009年12月，主题演绎部发现文字与图案的差别，即向对方提出疑问，但未收到答复。因此，总体而言，展台没有问题，只是沟通不及时而已。

2010年8月下旬，亚洲某国拟在馆日活动中举行文艺演出，他们提交的活动节目介绍中有一段关于历史上为抗争某国侵略的谴责性文字。该国总代表要求上海世博局控制入场观众，阻止某几个国家的观众进入活动现场。上海世博局活动部收到该国活动申请后，把文字材料转主题演绎部。我们商量后回复对方，不在世博园区内批评、指责、攻击其他国家，是我们对各参展方的一贯要求。但历史上该国确实受到他国侵略，且这种侵略为国际社会共同谴责，目前已成为共识，作为世博会组织者，世博局对此文字不提异议。另一方面，对方要求我方避免"相关国家的观众"入场，超出了上海世博局的权限，我方无法赞同。

此外，佛得角在宣传文字中提及港口城市的发展得益于19世纪的鸦片战争；菲律宾馆的地图中忽视了中国南海；印度在展示中涉及与中国的领土纠纷；等等。我们发现这些问题后，即与对方沟通，对方很快就改正了。

在对各参展国展示内容、宣传资料的审核中，我们发现，涉及中国的地图、疆域、名称、旗帜类的问题，占敏感内容的比重较大。比如一些参展方展馆的外墙、展馆内画面、视频、地图实物及宣传册内，常常出现中国大陆与台湾不同颜色或漏绘台湾、南海诸岛等情况；中国和邻国海陆边界线不符合中国地图测绘标准；有些宣传品将台湾放在国家名单内，或出现"中华民国"字样，比如某国在介绍本国文化成就时，提到本国著名歌手巡游全球，到访的"国家名单"中，有台湾。主题演绎部、国际参展部、活动部等会同中国图书进出口公司一起，努力于世博会开幕之前发现问题。事实上，一旦发现问题，和有关国家总代表交涉，问题很快就能得到解决。也就是说，我们没有发现是参展方有意造成这些问题的，经过交涉后，它们都非常配合，进行修改，有的还向我们表达歉意。

"敏感内容协调机制"这段经历给了我启发：在中国国土上举办的大型国际活动，是完全采用国内管理原则，还是要参照国际惯例？这很值得我们思考。因为是在中国的国土上，如果我们不管，可能会触犯中国的根本利益，会引起公众的不满；如果管得太多，也容易引出不必要的麻烦或事件。总结"敏感内容协调机制"的经验，创新大型国际活动的管理体制，使其更加符合国际通用的模式，也是世博会的宝贵遗产之一。

第二十二章　试运行第一天[*]

2010 年 4 月 20 日，上海世博会试运行第一天。

1999 年初，我开始投身这项工作。回首过去的 11 年，既有恍若隔世的悠久感，也有似乎是刚刚过了一夜的近距离感。那么多的思考、策划、沟通、争辩，那么多的苦恼、郁闷、兴奋、激动，那么多的出差、加班，现在终于到了画句号的时候。究竟这 4 000 多个日日夜夜意味着什么，到揭晓的时候了。换一个角度，也可以说，所有这些都该结束了。

早晨 6 时，起床，洗漱后上网看了看新闻，发了个邮件，吃饭后出门，7 时半到世博局，进了办公大楼。

外交部派了一批专家到上海，要在正式开幕前看一看展示内容，避免以后出现可能引发争端的敏感内容。8 点半，我和殷舒啸、叶建英来到专家下榻的饭店，集合后分乘两辆车，9 时出发。殷舒啸带的车直接去后滩；我和叶建英带的车先在白莲泾出入口停车，一批专家下车进园

---

* 本文写于 2010 年 4 月 21 日零时 30 分。

区，再到高科西路出入口，排队时一看手表，9 时 27 分。

世博园区有八个陆上出入口，四个水上出入口。高科西路出入门有
20 来个闸口，排队的露天广场约有 100 米长，我们在约 60 米处排队，
半个多小时后，进入有屋顶的排队区，又过了半个小时，到了安检口。
我回头一看，露天广场已挤满了人。

10 时 40 分，我真正进入了中国自己的世博园区。天阴，有点毛毛
雨，空气湿润，园区内已有不少人，大巴来来往往，一切设施都是新
的，各种色彩都是鲜艳的，一片清晰、新鲜的感觉。想想以前在国外，
游览区里都是外国人，电影都是外国话，现在同样的拥挤，同样的欢
聚，基本上都是中国人，讲的都是中国话，感觉就是不一样！

中国国家馆前已是人山人海，喇叭里不断喊着什么。中国国家馆需
要预约。香港馆、澳门馆、台湾馆前也排了长队。因为是第一天运行，
不少馆没有开，人们都挤到了中国馆区这里。我随意走着，顺便"考
察"了厕所。来到世博轴，接到中国馆部的毛竹晨的电话，说是北京的
徐泓、夏骏两位专家已在中国馆内参观，他们希望能以简便方式进入主
题馆，毛竹晨让我联系一下。

主题馆的章克勤部长非常支持，尽管已经很忙乱，但他仍答应安
排。我在世博轴周围转了一个小时。下了小雨，高架步道很滑，我很担
心年纪大的游客会摔跤。12 时后，毛竹晨送两位专家来到世博轴和阳光
谷交接的雕塑处。章克勤已在主题馆北门等候。

我们参观了城市生命馆、城市星球馆、城市人馆。2006 年秋，主题
演绎部和几位顾问、教授一起，从五个副主题演绎出五个概念领域，即
人、城市、生命、足迹、未来。2007 年秋，这五个概念领域变成五个展
馆的概念方案。之后的两年多里，眼看着这些概念方案一步步细化、深

化、具象化、物质化。现在，我们随着人群，在这里看到这些早就在汇报稿上熟悉的六个家庭、图书馆、家居生活、活力车站、灵魂广场、反映地球生态变化的电影等展项。我们边看边议论，都认为世博会开幕后，很有必要请专家通过媒体对展览项目进行导读。很多展览做得云里雾里，我们由于是过来人，还能有所体会，而一般观众是看不懂的；也完全有可能有人从反方向去理解，把意思给弄拧了。我建议两位专家下午晚些时候到世博局，我们一起吃点东西，商量如何推进专家导读工作。

14时，徐泓、夏骏继续去看中国馆的省区市馆，我即走回世博局。从8时半开始，差不多站立、走动了五个小时，感觉很累很饿。

到了办公室，朱航给我买了面包。吃几口后，和孙明磊、朱航一起商量工作。

第一，新华社驻塞浦路斯记者发来稿件，说塞方坚持要把有谴责土耳其侵略塞国的宣传材料放进世博园区，因为这是历史。记者认为，世博会上出现这样的内容，会引起相关国家对中国的不满。高层领导在这份材料上批示，后又层层下批，直到我们部门。实际上，关于此事，我们已与塞方做过沟通工作，得到外交部的明确指示，现已进入处理程序。现在记者一写，高层领导有批示，外交部只能说再研究研究，我们只得等待进一步的指示。

第二，中国驻法国使馆认为不少外国经贸、文化、教育、科技方面的客人要来参观世博会，并想借此机会扩大与中国上海、内地省市的经贸文化交流，为此建议我们成立一个世博交流中心。市领导、局领导都有批示，世博局领导要求研究中心先提出方案。我请朱航先起草个初稿，提出成立这个中心的意义、中心的服务对象和需求分析、管理体制和工作模式、中心的具体职能等。

第三，市文化检查大队要来工作。我们要和他们签署合同，把来人安排落实进片区，明确和他们的工作联系。此事请孙明磊、胡悦落实。

第四，尽快解决专家入园的长期证件制作。我已和安保部部长联系，要继续跟踪。

第五，关于编辑《中国大博览》中的世博内容，尽快和新闻宣传部部长徐威商议。

第六，巴西展馆内有个圣保罗活动周，其中放映的影片，人体裸露程度超过了我们国情允许的范围，要和他们沟通。此事要与市里电影审查部门联系。

第七，下午在主题馆部时，接到市民宗委陈坤梅的电话，说民宗委派人进世博局协助工作，世博局人力资源部已明确由我们主题演绎部负责落实。我说我不知道此事，容我了解情况后再说。为此需要和人力资源部联系，明确我们的任务。

在我们商量工作时，接到浦东新区妇联的电话，希望我去介绍世博会。我说实在是没时间，请原谅。

我们的工作商量还没结束，就接到总代表助理徐波的电话，讲了几件事：一是关于朝鲜馆内的一本书，其中有的内容不合适，希望我们部门直接和朝方说明。我说已和承担朝鲜展馆的中方团队现代国际展览公司联系了，公司总经理张定国说完全能解决此事。徐波说最好还是世博局直接和朝方沟通，否则将来一旦有问题，讲不清楚。我允第二天见朝方代表，并随即与张定国联系，请他联系朝方人员。二是徐波已和以色列代表见面，和他们就展馆内的东耶路撒冷图片进行沟通，希望撤除一些易引起巴勒斯坦不满的有争议内容。以方答应了。但以方同时说，巴勒斯坦馆内也有儿童阻挡以方坦克的照片，希望中方能够一视同仁解决。徐波希望主题演绎部通过负责以色列展馆设计的中方团队了解情况。

15 时 50 分，我刚接通人力资源部的电话，想了解市民宗委派人的来龙去脉，即接到徐泓、夏骏的电话，说他们已到世博局，但进不来，需要我到门口去接。

我刚要离开办公室，又接到外交部进园区专家的电话，说他们有一位专家在中国省市馆的山西馆里摔了一跤，要我去处理。处理完这件事后，回到办公室，已经是 17 时，接到市科技教育委员会党校老师章基申的短信，希望 4 月 29 日我能去党校介绍世博会。我也婉言拒绝了。

17 时 10 分，市新闻出版局一位领导来电，说他们在研究世博会工作时发现，目前由中国图书进出口公司审查的各国进口书籍，被退回去的太多，当然，这些书籍被退回去，都有一定的理由，但世博会比较特殊，退得太多，会引起外国人的不满，既然已明确主题演绎部是敏感内容牵头部门，你们应该把好关，是否都要按规定处理，要灵活一些。我回答说，我和中图的刘总讨论过了：凡是中国新闻出版条例有规定的，要按照条例来处理；凡是涉及他国纷争的内容，条例管不到，中图公司吃不准的，可以交给我，我请外办方面的专家来审查。我还说，如果说因为我负责一切敏感内容的最后审查，所以要我来拍板哪些不能进口哪些能进口，那么当我遇到新闻出版方面的问题需要决策时，我必须请专业人士来判断，最终还是回到中国图书进出口公司。我最后表示，实际上，问题的实质是谁承担责任，我不是怕承担责任，但如果专业机构判定有问题的东西，我却说没问题，可以放行，那么损害的是国家利益，我没有这个权力。

18时，接送外交部专家回宾馆的殷舒啸、叶建英回到办公室。部里的其他同事汤丽蓉、费晓舟、俞康乃、雷加能、胡悦等都在办公室加班。朱航是带病忍痛来上班的，一天下来，人很难受，我让她赶紧去医院。

我请叶建英准备第二天与朝方代表见面的事，还准备了两份小礼品。19时，陪同外交部进园区的市外办处长钱玉林来电说，下午有人摔伤了，我说我已知道。钱玉林说："救护车送到医院后，拍了片子，做了一些医疗。目前医疗费是上海国际问题研究院的赵干城老师垫付，怎么办？"我说："外交部的专家是我们的客人，当然不可能是赵干城付钱。我就作为第一责任人吧，你请外交部的同志写个简单情况，把发票给我，我和山西省馆同志商量，实在不行，上海世博局解决。"

殷舒啸前几天忙于四川达州送世博局的雕塑的事。现在雕塑已到上海，但进不了园区。19时30分，我请示副局长丁浩后，和世博局安保部部长联系，请他为进园区送雕塑的车放行。安保部很快回复，问清了需要进园区的车辆号码、时间、地点，即同意。20时30分，送货车到了世博局，殷舒啸跟车出发进园区。

21时，我离开世博局办公室准备回家，同时电问住在宾馆里的外交部专家组的总联系人。我问那位摔伤的同志是否已休息，我想去看望。联系人说，专家已休息，她会转达我的问候。接着，她问："今天在园区里可看的馆不多，明天是否会有新的馆开放？"我说："据我了解，明天比今天可看的馆更少，要不我协助联系中国国家馆吧，争取明天能有新的内容。"随后我和中国馆部的毛竹晨打电话，她压低了声音说："对不起，我还在开会……"

是啊，这个时候，还有很多人在会议室，总结、回顾一天来的情况，寻找问题和答案。因为这才是第一天，有点乱，还有190来天呢！

第二十三章　记录与评奖

2010 年 1 月 15 日上午，胡锦涛总书记到上海世博园区实地考察，听取上海世博会筹办工作情况汇报。胡锦涛要求有关方面着眼长远，谋划好"世博后"这篇大文章，最大限度地把举办世博会带来的无形资源转化为推动经济社会发展的现实优势。

总书记的这个指示非常及时。因为到了这个时候，办博工作已进入冲刺阶段。世博会开幕在即，一方面要全力保证世博会成功举办，另一方面要抓紧记录世博会进展过程，研究世博会效应，向社会交代，花了那么大的代价的项目，究竟对社会有什么价值。

在紧张的筹备工作中，上海市方方面面，包括上海世博局，积极落实总书记的这个指示。我参与了一些会议，我所在的主题演绎部／研究中心也做了一些世博会成果记录、整理工作。

一、总结世博遗产

实际上，关于上海世博会遗产整理工作，在 2009 年就已开始。2009 年 3 月 4 日，市委办公厅、市政府办公厅就发出《关于加强中国 2010 年上海世博会档案工作的通知》。

2009 年 7 月下旬起，根据上海世博局领导指示，研究中心参与了有 23 名上海市的全国人大代表组成的"举全国之力办好世博会，放大世博效应"专题组调研活动。我们研究中心作为上海世博局代表，列席了各次调研活动，并与专题调研小组召集人多次讨论调研活动计划、调研报告编写大纲、撰写思路。在广泛听取调研小组各代表意见与建议，并听取了上海社科院专家的修改意见以后，由我们研究中心执笔（我记得是以费晓舟为主撰写），历经五稿，完成了调研报告。10 月 12 日，市人大刘云耕主任主持 2009 年度上海市全国人大代表专题调研报告总结大会，通过了这个调研报告。

2010 年 2 月 4 日，副市长杨雄召开会议，研究世博会后遗产整理工作，我汇报了研究中心关于此项工作的设想。我在汇报中说，上海世博会从申办、筹办到举办，中央投入大量的行政资源，一定是对上海有所期待。总书记要求做好"世博后的文章"，就是要发挥好上海世博会对上海的价值，进而对全国产生影响。而要做到这一点，前提是总结上海世博会的遗产。这项工作有三个难点：一是涉及部门多，工作条线广，资料分散；二是时间非常紧迫；三是人手紧张，凡是了解世博会的，基本上忙于世博会本身，而社会专家有时间，有理论，但缺少感性体验，总是隔了一层。我建议从两个方面进行遗产总结：一是全面记录上海世博会的成果——实际上，当时世博局各个部门已经在考虑整理本部门工作，纷纷筹划出版书籍；二是系统总结上海世博会筹办经验。杨雄原则同意这个汇报，他要求在保证世博会成功举办的同时，先整理总结各方面的工作成果。

2月下旬，市政协与上海世博局联系，提出要开展世博后课题研究。上海世博局对此表示感谢，但是根据市领导的指示，世博局集中精力做好世博会开幕准备工作，原则上不参与世博后课题；若有需要，我们愿意提供帮助，世博局研究中心作为联系部门。

2010年3月，国务院研究室为起草领导人在世博会期间的讲话稿，请上海世博局提供相关资料。根据局领导的要求，我收集汇总了3万字的世博会背景资料供上报。背景资料包括上海世博会主题产生、各方对主题的质疑；上海世博会的特色与创新；专家对上海世博会经济社会带动效应的评述；上海世博会可能留下的精神遗产和物质遗产；以及国外历届世博会遗产情况。这个整理过程对我本人在上海世博会后继续进行世博遗产记录总结，起到了预思考的作用。

3月12日，洪浩局长主持世博精神遗产工作专题会议。各部门汇报档案收集、大事记编写、园区现场及展馆的摄像摄影、各永久建筑建设过程的记录等工作。局领导认为，目前各个办博机构、上海世博局各个部门都在写书，这些都是必然的；在世博局的层面，要抓三件事——档案、大事记、重点工作条线的总结。洪浩在总结时说："精神遗产这项工作的由来，是锦涛总书记在视察时提出的要求，正声书记和杨副市长都很重视，一致认为目前最重要的是留下历史，要完整、准确、全面记录历史。世博局内，现在有的部门已经开始做了，要从全局考虑；世博局外的整理研究，有些课题我们做不了的，可以开出单子，建议哪些课题由哪个机构来做。这项工作的牵头部门是研究中心。"

3月20日，世博局局长办公会议再次讨论世博精神遗产总结工作。我代表研究中心汇报了关于启动这项工作的具体设想。洪浩局长说："今天就是下达任务，不讨论。各条块的分管局长作为责任人，汇总资料，纳入编辑框架，出版时，各位都是分册的副主编。这是公共活动，全局编辑，不是个人所有。"

3月22日，我参加市政府发展研究中心主任周振华主持的世博后课题研究会议。市委宣传部、市发改委、市建交委、市科委、市规划局、市社科院等单位有关领导出席。周振华传达了3月16日市委会议中关于世博后课题研究的精神。周振华把世博后课题归纳为六个方面：世博经济的后续效应、世博精神的传承、世博科技应用、世博园区再开发、世博场馆的过渡性利用和延续性利用、办博经验总结。

3月16日市委会议还要求市政府发展研究中心做好世博园区各国展馆考察记录。3月23日，市政府发展研究中心顾性泉来上海世博局，商谈展示记录课题组进园区事宜，包括专家人数、是否能够安排组织参观各国展馆、是否能够事先提供相关资料，等等。我们当时认为，原则上应该支持，但是目前讨论这些为时过早。事实上，很多具体问题是直到试运行才逐步暴露、解决的。

4月4日我接受中央电视台采访，从下午2点到6点半，我用了四个多小时，谈了上海世博会从申办到筹办的过程，谈了上海世博会主题的来龙去脉和后来的演绎情况。

按照国际展览局的要求，世博会举办国要在世博会结束后，向国际展览局提交一份官方报告。2010年7月，上海世博局开始对此项工作进行部署，由世博局综合计划部牵头，国际参展部、研究中心协助，进行官方报告的资料收集工作。这项工作在世博会后正式启动，2011年11月，以上海市政府、中国贸促会共同名义撰写的官方报告，提交给国际展览局，其中关于世博会的数据、事实，成为后来关于上海世博会的各种报告、《上海世博会志》引用的权威信息。

2010年9月20日，上海世博会还有40天闭幕。上海市市长韩正召开市政府专题会议，研究世博后课题工作。杨雄、姜平、周波、洪浩等出席。周振华汇报了前一阶段研究情况。

杨雄说："世博后课题研究很难，今天听了汇报，有不少很好的想法。"杨雄谈了他对世博会遗产总结的思考："第一，关于地区定位，中央活动区也好，中央商务区也好，吸引国际组织入驻也好，可否先不停留在概念上，反正规划已留地了，需要深化。第二，关于城市论坛，我们要提出'城市日'，要有个长期举办的论坛，但这绝不容易，比如达沃斯论坛，背后是有世界银行支撑的。第三，关于后续开发体制，不主张以各区为主开发，这块土地应该由市里统一考虑，甚至将来要做的事，市里也解决不了，要国家层面来。当然，以市为主，还要调动区的积极性。第四，关于自建馆，哪些拆、哪些保留，已经解决了。现在最着急的是城市最佳实践区，世博会后拆迁是很快的，能否定位创意园区？中国国家馆非常重要，斗拱怎么用？要快点定位！第五，关于人才。这要有个主体，比如上海有没有顶级的会展公司来凝聚世博会的会展团队？靠一些小型企业，如何打造国际创意中心？第六，关于科技，上海原来已有科技应用推广的管理框架。有关部门要研究世博会上出现的好东西，包括产品、标准，如何进入现在的框架。第七，关于人文，已经考虑得很多了，现在需要汇聚成几条可用的东西，包括非物质遗产、论坛成果、城市文明建设、园区志愿者如何延伸到社会活动中，等等，先抓住几件可做的事。"

韩正市长作总结讲话。他肯定了关于世博后课题研究的阶段性成果，要求在世博会闭幕前出报告，向市委、市政府、市人大、市政协汇报。报告不要很厚，要讲清对未来上海发展有指导意义的世博理念、精神，能够在世博会后在国家层面进行汇报，不能就世博谈世博，也不要把一切都纳入世博会。

9月27日，国务院研究室信息司司长杨书兵专程到上海，与市政府发展研究中心、上海世博局讨论上海世博会的成果、特点、经验等，为起草温家宝总理在世博会闭幕式上的讲话做准备。巧得很，杨司长是我在复旦大学管理学院读研究生时的师兄，他1983年入学，我1984年入学。但是杨书兵非常忙碌，没有时间和我们老同学相聚，在上海短暂停留后，匆匆回了北京。

二、园区展示记录

在世博遗产整理工作中，主题演绎部／研究中心一方面按照世博局的统一部署，以编写书籍方式进行世博会成果总结，出版《园区漫步》《品味世博》《2010年上海世博会主题演绎解读》《2010年上海世博会主题演绎实践》《主题演绎你我他》《世博百景图》等书籍，另一方面努力克服各种困难，创造条件，策划组织了一些记录工作。

（一）2009年组织"口述世博史"

研究中心在2009年就组织世博历史记录工作。2000年11月，曾经主持20世纪80年代世博会研究的原上海市科委长期预测处处长、高级工程师汤万方给上海申博办来信，表示很高兴看到上海代表中国申博，并回忆起 80 年代的一些事。当时上海申博办曾邀请他和其他参与研究的专家到申博办座谈。到了 2009 年夏天，我考虑以研究中心名义，和上海市档案馆合作，邀请汤万方等与世博会有关的老一辈来回忆，留下视频档案资料。经过一段时间的策划和联系，请示了世博局领导，也得到了资金支持。

从 7 月 30 日到 9 月 18 日，上海世博局研究中心和上海市档案馆一起，先后采访了八九十年代参与世博会研究的汤万方（曾任上海市科委长期预测处处长）、颜莹舫（曾任上海市计划委员会社会处处长）、许泽成（曾任上海市计划委员会市政交通处副处长）、夏丽卿（曾任上海市城市规划管理局局长）、郁鸿胜（曾任上海市计划委员会研究所副研究员）、夏禹龙（曾任上海社会科学院副院长）等，参加 2010 年上海世博会申办与研究的陆晓文（时任上海社会科学院社会学研究所副所长）、吴建中（时任上海图书馆馆长）、贺寿昌（曾任上海市信息化办公室副主任）、钱玉林（时任上海市外办政策研究室主任）、马学强（时任上海社会科学院历史研究所研究员）、周先强（曾任上海申博办国际联络部副部长）、张勤龙（时任上海张闻天故居管理所所长）、陈信康（时任上海财经大学世博经济研究院院长）、宁越敏（时任华东师范大学城市与区域发展研究所所长）、蒋应时（曾任上海市发展和改革委员会主任）、王思政（时任上海市信息中心主任）、李炜（时任上海市发展和改革委员会经济价格管理处处长）、马念君（时任上海市投资咨询公司副总经济师）、徐兆春（曾任上海申博办特别顾问）、王战（曾任上海市政府发展研究中心主任）、陈志兴（曾任上海申博办副主任，时任上海市知识产权局局长）、朱林楚（曾任上海市人民政府发展研究中心副主任）、苏功洲（时任上海市城市规划设计研究院总工程师）等，还特意采访了汪道涵老市长的大公了江致重。

上述采访都是在上海市档案馆进行的，基本上都是由朱航担任采访人，档案馆进行录像。

10月至12月，我们还登门采访老市长叶公琦、蒋以任、徐匡迪。

和叶老相约很有意思。我们给叶老秘书发信后，有一天，我在华山路市人大培训中心开会，偶遇叶老。我自我介绍后，和他约定时间。不料快到预定日子时，他秘书来电说，叶老在外地小遇车祸，虽无大碍，但还是需要休息几天。10月9日，汪均益带队到叶老家里采访。

11月12日，我们采访了蒋以任。他后来索要了采访整理稿，感觉还不过瘾，又补充了不少材料，从4 300多字扩充到9 700余字，以"难忘的申博之路"为标题，发表在2010年1月21日的《解放日报》上。

2009年12月10日，我和朱航等陪同上海世博局综合研究顾问汪均益，以及上海市档案馆接收征集部相关人员专程赴京，就上海世博会申办历史对中国工程院院长，原全国政协副主席、上海市市长、上海市申博领导小组组长徐匡迪进行采访。徐匡迪回忆道："上海申办世博会的历史可追溯到上世纪80年代。当时有香港籍的上海政协委员提议举办世博会，汪道涵市长组织了一些专家、政府部门负责人进行研究，我当时就参加了这项研究。回顾这段历史，我们越来越认识到，世博会是展示人类发展理念的国际盛会；也是城市基础设施不断完善的过程——要有足够的硬件来保证软件的表现。到1999年，条件成熟了，我们正式提出了申办请示。……今天我们筹办世博会，一定要认识到这是一个经济、社会、文化、人文的综合活动，是展现和谐发展理念的重要契机。要从这个角度理解和认识世博会，要组织、动员广大民众参与世博会，参观世博会。"老市长的回忆，不仅加深了我们对世博会价值的理解，也对即将开幕的世博会，很及时地提出了全民办博的要求。

作为一个被上海这座城市的社会各界牵挂了上百年的国际项目，作为一个被国际展览局掌门人誉为"世界诞生了一个伟大的希望"的盛大派对，这些采访实在是微不足道，连万分之一都谈不上。当然，采访还是有一点点作用。比如2022年，原上海世博局部分同事组织编辑了《世博与我》一书，其中就有根据2009年的采访所整理的关于20世纪八九十年代的四篇回忆。尤其是夏禹龙老先生关于日本友人堺屋太一的回忆，更是十分珍贵。关于堺屋太一到上海，向汪道涵市长建议中国举办世博会的这段往事，当事人均已逝世。夏老的回忆，一定程度上弥补了这个空白。但是，说到汪老市长，他那句"世博会和广交会不同，世博会是战略性的，管50年"，究竟出自哪次讲话或哪个文件，到目前为止，至少在我看来，还是没有确凿的证据。这在历史研究中，是需要补课的。

（二）2010年对世博会展馆的采访记录

2009年底，根据上海世博局领导"编写故事，以形象方式来传播世博会"的要求，主题演绎部编写了介绍世博会展馆的《园区漫步》。当时，各国展馆的内容还没有成形，我们是根据它们提交的展示方案来介绍的。世博会开幕前，我产生了一个想法：既然我们部门已经承担了上海专家审读各国"主题陈述"的桥梁角色，大致了解了各国展馆的最初构思，现在又有了展示方案，那么我们能否为每个展馆做一个档案？每个档案包括五个文件：各参展国提交的"主题陈述"和"展示方案"，各个展馆馆长（或策展人，或总代表）采访记录，主要展项的摄影摄像资料，社会各界及舆论媒体对该展馆的反映与报道。即使做不到为每个展馆建立展示档案，但如果能为 100 个主要展馆做展示档案，再加上展馆硬件建设方面的资料，以后也一定是世博会研究者求之不得的宝贵素材。

但是想起来比较简单，好像很有道理，做起来就难了。

首先，按照国际展览局要求，各国在参展过程中，确实需要向组织者即世博局提交主题陈述和展示方案，不过由于世博会筹办工作前松后紧，"硬件"方面的任务进展是当务之急，于是有些规则便可有可无了。叶建英在回忆中提到，各国参展代表在与我方谈判时，非常愿意介绍展览内容，希望得到我们的认可，帮助向中国大众传播，但是这种介绍往往被搁置，"这个你以后再说吧，我们现在有更重要的事需要讨论"。因此，这些关于展示的文件，从一开始就是不完整的。

其次，当时已明确，请央媒、上海电视台，以及成功记录北京奥运会过程的公司，承担上海世博会的影像资料拍摄，包括 3D 效果的拍摄。他们很专业，我再提出重新组织力量，不是很合适。这方面有个小插曲：2010 年 5 月，有一位海归专家写信给市领导，自我推荐其摄影技术，市领导把此信批转给市科委，科委信息技术处发函到上海世博局转到我们研究中心。我约见了这位专家，感觉他的技术是很好的，但当时已经明确上海世博会盛况拍摄记录团队，而且双方采取版权共享的方式，上海世博局不支付货币形式的任何费用，而这位专家提出的预算是我们无法考虑的。我在征求了世博局新闻宣传部意见后，只能谢绝。

尽管当时上海世博局已经明确世博会盛况拍摄团队，但我的这个"系统收集所有展馆展示文件，建立展示档案"的想法还是得到了上海世博局领导的支持。除已有文件收集外，还需要采访，这个环节由我们主题演绎部承担——2010 年 3 月，恰好有八九位长期志愿者来到我们部门，这些充满朝气的大学生成为这项工作的生力军。至于拍摄团队，我们和长期承担上海世博会展示策划的水晶石公司商量，由他们组织力量，随同我们进展馆拍摄，包括视频和照片。我们约定：版权归双方共有；五年内公司不能公开使用；我们支付一定的费用，作为公司拍摄成本。

立项已经不易，实际拍摄采访更是非常艰辛。从纸面方案到实际操作，需要组织力量、联系进馆、现场拍摄、事后整理等多个环节。我本人没有参加后来的拍摄采访，主题演绎部的各位年轻人事后的回忆，很让我感动。

俞康乃回忆道：

"世博会的工作经历是我一段很珍贵的记忆，平时不刻意去想，但它深深浸透入我的血液和人生的感悟里。在2010年世博会正式运营的时候，我们部门做的一件事就是去记录和拍摄世博会的所有展馆，以及采访自建馆和租赁馆的馆长或总代表，作为世博会软性内容留存。每天去跑三个左右的展馆或采访，前期要搜索信息，做大量研究和材料准备，以期和馆长对话的时候能够精准地问到背后不为人知的故事。相较于大国的馆长回答问题时浓厚的外交意味和官方式的严谨，我更喜欢采访一些小馆的馆长，他们真诚、敞快、袒露性情，每次都会带给我很多感动，甚至我现在在工作中面对很大挑战的时候，也会想到那段经历和他们的人生态度，受到莫大的鼓舞。见贤思齐，榜样的力量是巨大的。

"有一个馆最让我印象深刻——澳门馆。澳门馆的馆长杨宝仪是一位美丽优雅的女士，当年才40岁左右。那天她发着40度高烧，不顾同事的劝说，坚持完成我的采访。她之前是澳门经济局局长，和设计、文化这一块没有任何关系，对她来说很多事情要从头学起。她是澳门馆筹备办公室主任，以及总代表和馆长，可以说澳门馆是她从头到尾一手操办的。她跟我说，整个澳门馆内，筹备、运营加起来，包括接待组和保洁阿姨，总共才20多人，这么少的人要负担每天6 000多的客流量，难度可想而知。而且在澳门馆的整个筹备和运营中，她个人经历了很多困难，她没有展开说，我猜可能是很多人事上的压力。她说了一句非常决绝且坚定的话，让当时的我很震惊——'我就把世博会的这份工作当成我人生的最后一份工作'，言外之意，为了澳门馆，出于必要，即使得罪再多人，她也不给自己留任何后路。她这种把自己毫无保留全部'抛出去'的态度让我至今印象深刻，这样的女性才是最美的。"

费晓舟回忆道：

"行动对象为所有场馆——自建馆42个、租赁馆44个、港澳台3个、联合馆11个（共128个参展主体）、企业馆18个、城市最佳实践区建设案例13个展馆33个案例、中国省区市联合馆29个、中国国家馆与主题馆5个。

"我们先是联络馆方进行沟通，馆方允许进入，踩点和拍摄就提上了议程。……从联络馆方约踩点时间，排好拍摄日程通知馆方，到准备园内小电瓶车运送拍摄人员，确认时间，监督指导志愿者助手做好展示记录，安排就近吃饭，均为分内之事。……几次三番，浦东片区的广袤土地被我们一次次用双脚丈量了出来，相邻场馆间的路程、员工餐厅的位置、利用什么交通工具节约时间，全部了然于胸。更有甚者，一次在日本产业馆的拍摄中，对方特意为我们辟出晚上闭馆后的时间清场拍摄，不料摄像机竟然临时没电，最后赶紧去找了一个又长又重的工程用电源接线板，一路拖拽着跟随摄像机跑完整个馆……

"有一次好不容易约到了瑞士馆的拍摄，排在塞尔维亚馆的拍摄时间之后。刚刚收拾完设备，只听一阵轰雷巨响，惊得呆了半晌也没反应过来。天公不待见，突降瓢泼大雨，瑞士馆缆车亮起红灯闭门谢客，光线也不甚理想，拍还是不拍？兴冲冲的一干人等还是不愿意放弃这个难得的机会，拍！除了缆车还有建筑空间呢，大不了为下次晴天拍摄预练一次！情急之下，只能从保洁人员那里拿来两只黑色大垃圾袋整个儿套在摄像师身上，同伴像牵着盲人过马路般一路跟跄地把人和机器拖到瑞士馆……本来短短的两三分钟步行变得异常艰辛，手里的雨伞虚弱地抵挡着强风骤雨，一行人就这样浑身湿透地抵达瑞士馆。"

叶建英回忆道：

"上海世博会举办期间组织的世博会展馆采访记录，让参与此项工作的小伙伴们有机会看遍 2010 年世博会所有的展馆，这是一次跨国文化的洗礼和浸润，是一次世界最先进的主题策划的培优班和速成班。我们从采访各展馆总代表、拍摄展馆展览内容到用文字把它们记录下来，再加上之前对各展馆的主题评审和主题演绎，于公来说，一是留下了宝贵的影音和文字资料，二是加强了主办方与各个国家展馆间的交流；于私来说，让参与的队员在思想上潜移默化地提升了大局意识、国际意识，在能力上耳濡目染地锻炼了策划能力、交流能力、表达能力和组织能力。

"除了艰辛，采访记录过程中也有一些有趣的事情。有一个欧洲国家的展馆采访拍摄是由我负责。当时约了这个馆的总代表，在上午 10 点采访，时间约一小时，我在前一天还特别和对方确认了时间。当天，我和拍摄团队 10 点准时到达展馆，结果被告知总代表还没来上班。我先是自己打电话给总代表，对方关机，然后让展馆的工作人员联系，也是联系不上。最后我们等了近一小时，快 11 点的时候，帅气的总代表姗姗来迟，很抱歉地和我们说他把这事忘了，让我们哭笑不得。

"相比之下，某个亚洲国家展馆负责人的时间观念又是另一个极致。这个国家展馆的采访是我们另外一个同事负责，我陪他一起去。我记得这个亚洲国家展馆的负责人提前一天把所有的细节和我们都对好，包括里面的机器人表演场次是几点，我们几点去能拍到表演画面，都考虑得非常周到，我们到达展馆后也是按时间按节点进行拍摄，非常顺利，时间一点不多，一点不少。"

朱航回忆道：

"采访拍摄记录过程非常辛苦。我们是和水晶石公司合作进行这个项目的。水晶石派出的人员中，有位姑娘叫余育娇，她非常认真负责，整个采访记录过程中，只有她从头到尾坚持到底，而且最后就是她独自做了所有的整理工作。我一直记着余育娇，很好的姑娘。相比之下，参与这项工作的长期志愿者中有个男孩，跟了两天后，累得发烧，当天收工是我送回去的，后来好几天没来。有个女孩，一开始跟着费晓舟一组，也是采访了几天后，休息好几天。"

我感到很遗憾的是，主题演绎部和水晶石公司合作的各展馆采访和拍摄记录，事后没有得到及时整理。那么多的总代表、策展人、馆长非常热情地介绍，帮助我们积累了不少资料。但是由于大部分采访的是外国展馆，采访过程是用英语进行的，事后也没有及时翻译，因此没有把口语整理成文字。世博会后，我们仅仅是把视频文件交给了上海市档案馆。虽然我们同时编辑出版的《品味世博》《园区漫步》对这些展馆都有文字描述，但如果能把这些采访拍摄记录进行整理并出版成书，那一定能够帮助后人对这些展馆有更深的理解。时过境迁，现在看着这些采访视频，已没有精力、资源来编纂成书了。

三、官方参展者评奖

对参加上海世博会的各国展馆进行评奖，是根据国际展览局的规定而进行的世博遗产记录工作。这项工作在上海世博局内部，是由研究中心、礼宾部、国际参展部一起操作的。

对世博会展示进行评奖，历史上早已有之。根据上海图书馆世博信息中心提供的资料，早期世博会的评奖对象是展品，所以有中国蚕丝、茅台酒获奖的记录，而且数量很多。比如，1851年伦敦世博会有5 130个展品获奖，1900年巴黎世博会上获奖展品达到45 000多个，一直到1958年比利时布鲁塞尔世博会，还对291个展品类别颁发了3 961个奖项。

随着世博会关注的焦点从具体展品转变为发展理念，对展品评奖的做法越来越不被认可。由此，1967年加拿大蒙特利尔世博会总代表委员会决定放弃评奖。

2005年，日本爱知世博会重启评奖活动。组织方设立了两类奖项："爱地球奖"和"自然睿智奖"。前者以项目为对象，颁发了100个奖项；后者以国家为对象，分两次评选，共颁发了24个奖项。

2008年底，国际展览局第144次大会通过上海世博会第14号《特殊规章》。这个规章明确了上海世博会评奖的几条原则。一是奖项设计，有三个维度，即展馆类型（自建馆、租赁馆、联合馆）、展览面积（对自建馆及租赁馆而言，分为2 000平方米以上及以下两组；由于上海世博会自建馆规模很大，在实际操作中，经与洛塞泰斯沟通，又把4 000平方米以上自建馆单列出来作为一组）、奖励内容（所有展览的主题演绎、展示创意，自建馆及租赁馆的建筑设计）。二是"评奖团"，也就是后来的"评奖委员会"成员，由国际展览局主席、秘书长，上海世博局提名的四人，以及国际展览局推荐并经组织者提名的三人，共九人组成。三是工作模式，规定由评奖团逐馆参观，然后会议讨论评审。四是参与评奖的范围，评奖对象为东道国展馆（中国国家馆、五个主题馆）以外的所有官方参展者和国际组织的展馆。

2009 年 9 月 7 日，洛塞泰斯到上海世博会讨论评奖工作时，建议增加两个奖项：一是特别贡献奖，由世博局提名；二是国际展览局与 1990 年日本大阪国际花与绿博览基金会共同设置的世界奖，设一个奖项。

接到这项工作后，我和礼宾部商量如何操作，认为有三个问题需要和洛塞泰斯商量。一是《特殊规章》规定了官方参展者参与评奖，那么非官方参展者呢？比如中国馆内各省市的展区，有的省份的参展人员希望能得个什么奖，"回去好有个交代"。二是评奖团或者评奖委员会正式工作之前，世博局是否需要做一些准备工作，比如可否组织预评？现场观察的只是展项情况，那么关于主题演绎评奖，是否需要参照各方在参展谈判时提交的《主题陈述》？三是关于奖项设计，除了主题演绎奖、展示创意奖、建筑设计奖外，是否可以增加"参展组织奖"，以鼓励那些虽然在展示方面比不上发达国家，但已经付出巨大努力的小国家。

10 月 10 日，研究中心和礼宾部共同提交关于评奖工作设想的请示。我们建议先成立一个专家组，预先考察所有受评展馆，收集、了解舆论反应，撰写初评报告，评出 60 个展馆，以初评报告及影像资料形式，提交国际展览局评奖委员会。评奖委员会可在专家组的基础上进行评选，可以要求专家组详细介绍初评理由，也可以否定专家组的初评结果，重新对所有对象进行考察。关于非官方参展者，即企业展、中国地区展、城市最佳实践区案例展、网上世博体验型展馆等，其评奖方法参照本设想制定细则。

11月11日，上海世博局再次与洛塞泰斯讨论评奖。洛塞泰斯否定了我们提出的"参展组织奖"，他认为，不排除有些国家虽克服各种困难参展，但其展馆质量仍乏善可陈。如对其颁奖，势必让劣质展馆和优质展馆同时获奖，这将严重损害世博会奖的名誉和价值。他还否定了我们提出的成立专家组支撑评委会工作的设想。洛塞泰斯表示理解中方成立专家组来支撑评委会工作的好意，但按照国际展览局的工作机制和以往世博会的惯例，除了评委会，不能再设立任何专家机构来对各国展馆进行评估。他坚持除了网上世博可能需要中方专业人员提供技术支持外，其他评奖工作都应由评委会完成。

洛塞泰斯还强调，根据第14号《特殊规章》，除了国际展览局主席和秘书长、国际展览局推荐的三位专家以外，希望中方尽快推荐四位专家。对于我方提出希望能推荐熟知上海世博会筹办工作的中方领导作为评委会成员的建议，洛塞泰斯也明确表示反对，认为评委会成员不应介入本届世博会的筹办工作过深，否则很难保证其评判观点与立场的客观中立。

会议之后，研究中心提出了三位专家名单（北京、上海、广州各一位）。12月26日，上海世博局向市委主要领导汇报包括评奖在内的世博会筹备工作。市领导认为，评奖是国际展览局主导的国际层面的工作，上海世博局作为组织者，主要是积极协助、配合做好评奖工作。根据这个精神，最终所有的专家（包括中国专家）都由国际展览局来提名确认。

到世博会开幕前，关于展示评奖工作，上海世博局和洛塞泰斯经过多次讨论，在原则、计划安排、操作细节等多方面都取得了一致意见。当然，和所有的小博工作一样，尽管事先再三考虑、谋划，但真正看馆、评奖时，还是有很多想象不到的困难。殷舒啸回忆道："（2010 年）7 月 4 日，外国专家到上海，我负责接机。我准备下午 5 点去机场接韩国国家博物馆馆长康泓彬。下午 2 点左右，我接到一个来自韩国首尔机场的电话，得知康先生的签证出了问题。原来康先生的中国签证是半年有效，还剩一天就要到期，而他以为还在有效期内，到了机场才发现。7 月 4 日是周日，使馆照例休息，办理签证最快也要到周一早上。结果康先生迅速搞定签证，在 5 日下午就赶到上海，直奔园区，开展工作。"

世博会正式开幕后，园区里有时候会看到有主题演绎部人员带领的两支队伍，匆匆忙忙地进出场馆。一支是孙明磊引导的国际展览局评奖委员会诸位专家，很多时候他们还穿着西装。为节省时间，他们有电瓶车协助，进馆时不排队，不过除此之外没有其他特殊照顾，进馆后，不需要展馆负责人介绍（洛塞泰斯原则上反对馆方出面接待），边看边讨论边做记录。一支是杨宗伟引导的展馆采访拍摄团队，团队人员非常年轻，带着设备，进馆后不是很匆忙地参观、离开，而是进行座谈。

第二十四章 编纂《上海世博会志》

上海世博会结束后，上海市地方志办公室会同当时尚未撤销的上海世博局一起，启动了《上海世博会志》的编纂工作。我因为已到退休年龄，且之前10余年一直从事文字工作，所以参与志书编纂，既有可能，也是职责所在，遂担任了编纂办公室副主任，直到2015年退出（《上海世博会志》是2020年10月才正式出版的）。因此，我可以说参与了上海世博会从申办酝酿到结束总结的全过程。

今天，当我打开键盘，回忆自己的参博过程时，我认为需要把参与编志这件事记下来。当然，我尽量客观回忆，若有事实出入，也盼望相关人员能以各种方式来纠正。

一、对编纂《上海世博会志》工作的理解

（一）对志书的理解

以前我一直认为，所有的历史书籍就是记录和评述以往发生的人和

事。参与编志工作以后，才知道，"史"和"志"是不同的。专家说：当代修志，隔代修史。细想一下，极有道理！现在我们知道的"二十四史"，都是隔代编修的，甚至到今天，还没有像样的《清史》。之所以要"隔代修史"，是因为当代人往往囿于事件发展中的喜怒哀乐，由于利益损益，很难对历史事件作出正确评价。隔了几代，对具体事件的情感淡漠了，就能够冷静分析事件背后的客观原因。至于"当代修志"，那是因为很多历史细节稍纵即逝，除非当事人老老实实把过程写下来，否则靠旁听途说，肯定失真，而离开事件的真实记录，后人如何"隔代修史"？

经过专家这么一解释，我对编纂《上海世博会志》的重要性的理解加深了。我相信，对上海世博会的评价，也需要"隔代"，后人一定比我们更客观、更准确。但是他们的研究绝对离不开世博会当事人的记录。进一步说，所谓"后人"，数量上是无数的，不管是50年还是100年甚至500年后的，都是"后人"；而有责任修志的"当代人"，却只有"一代"，数量有限。当参与上海世博会的人逐步退休、老去之后，如果《上海世博会志》尚未编纂，那将是无法弥补的遗憾。

当代人的事件记录有两种方式：一是官方机构组织的志书编纂，二是当事人的个人回忆。上海市地方志办公室组织编纂的《上海世博会志》，是后人了解、研究2010年发生在上海的这个重大国际盛会的唯一权威史料。至于个人回忆，则是从感性、细节层面对官史的补充，是帮助后人了解世博会的重要参考资料。

（二）《上海世博会志》编纂的难点

志书编纂过程中，世博局有位领导私下问我："路德，你也是世博老人了，这个志书怎么编成这样啊？"

我也一直在思考这个问题。这里我不讨论责任，不牵涉个人。我觉得《上海世博会志》的编纂可能有三个难点。

第一，关键是谁来编纂。

按照"当代修志"的道理，最适合编纂上海世博会志书的，应该是全职参与上海世博会申办筹办的人员。但是，世博会举办期间，根本抽不出人来，而世博会结束后，大量借调的人员都回到了原单位。而且平心而论，忙碌了几年，特别是经历了举办期间几乎无休止的紧张工作，世博会闭幕后，大家都进入了"三而竭"的状态，客观上需要休整，并选择新的岗位。像我这样正好退休，不再面临新岗位选择的，是很少的。

如果说举办世博会是把"纸面概念"转变为"现实项目"，那么编纂世博会志则正好相反，是把"现实中的成功"转变为"纸面上的历史"。在某种程度上，第二个转变不比前一个转变容易。因为从纸面到现实可以有多个途径，允许和鼓励创新，这里走不通，可以换个方向来推进；而从现实到纸面，只能忠实记录，不允许创新，因此最合适的编纂者是那些"把纸面概念转为现实项目"的当事人。

2011年6月，在一次关于世博后事项工作会议上，当讨论到《上海世博会志》编纂时，杨雄副市长说了一句话——"关键还是谁来编纂"。但当时也找不到其他解决途径，只能采取两个办法：一是多次召开在原世博局工作过的人员的座谈会，听取他们的介绍；同时尽量收集世博会档案资料——当时曾考虑过世博会档案先存放在世博会志编纂办公室，待编纂结束后再转交市档案馆，可能这个设想不符合档案管理要求，最终没有被采纳。二是地方志办公室不得不抽调自己的力量，投入世博会志编纂中。这种抽调一直延续到2015年，肯定是影响地方志办公室本身的工作的。

第二，混淆了"事件志"与"地区志"。

参与编纂后，我听到专家多次强调，志书编纂有一个基本规律，就是"横排门类，纵写史实"。与此同时，专家也提出，《上海世博会志》和一般的地区志不一样，世博会志是事件志。

我从参与世博会开始，不管是早期编写《申办报告》，还是后来写《行动纲要》《注册报告》《总体计划》，一直觉得"世博会的工作分为哪几块"这个问题极为重要。现在参与编纂志书，一听到这个"横排门类"，顿时觉得抓住了关键。只是究竟世博会的工作分为哪些"门类"呢？在听到"地区志"和"事件志"这两个概念后，我逐步感到，如果说《上海世博会志》的编纂不甚理想，也许有个重要原因，就是把事件志混同于地区志了。

地区志确实需要横排门类。比如先分政治（或公共管理）、经济、社会、文化等大类；在经济类中，又分工业、农业、建筑业、服务业等；在服务业里，又分商业、金融、交通、旅游等。门类排好之后，很重要的一步，就是把这些分好的类，切块到相关部门，比如商业就由商委部门负责，交通就由交通管理部门负责，如此等等。一般来说，一个地区的行政部门结构，是根据本地区的特点，在多年里逐步稳定的。因此这些分类的结构在逻辑上很适合部门结构。

而重大事件是在一个相对短暂的时期里发生的。从工作角度看，可能有行政管理、财务管理、交通、建设、文化、青少年动员等条线，但其结构却不完全符合现成的政府部门结构。2011年8月，《上海世博会志》启动后，《上海世博会志》编纂办公室以《上海世博会志》编纂委员会的名义，在全市进行动员，一下子把所有的办博工作"横排门类"，切块到全市各个部门，编纂委员会成员达到80多个，每个单位都落实了编纂任务。当时甚至考虑，世博会的财务是否由市财政局编写、法律事务由市法制办编写。我对这种大面积铺开感到不解。我从自己的工作体会出发，认为即使需要全市方方面面努力，整个办博工作的体系也还是从办博的专职机构，即上海世博局发端的。如果一下子全部铺开，各单位撰文时，"起承转合"的"起"是什么？我提出疑问后，得到的回答是，"上海世博会是全市的项目，不是世博局一个机构的项目"。对这样的解释，我自然无法辩解。原上海世博局局长洪浩曾对志书的结构有个批示，即要求"聚焦园区"。我理解他的本意是希望能把世博会看作一个项目，要区别这个项目的核心业务和保障支撑业务，这里的"园区"不是地理概念。但是他的批示没有得到很好的理解和落实。

我参与《上海世博会志》编纂的第二年，有了一个新的认识。我从办博经历中体会到，世博会肯定离不开现成的国家机器，但当时并没有把办博任务直接切块到各个政府部门，而是通过某种"转换"，各部门都在寻找与世博会工作体系的接口。现在要反映历史，同样需要有个"转换"，当然是从相反的方向，就是每个部门在写了自己的工作后，"转换"成世博会志。从这个角度分析，各部门只是提供材料，还需要我们在编纂中进行"转换"。我把这个认识写成了一篇小论文《〈上海世博会志〉编写过程中的逻辑转换》，提供给2012年底的一次研讨会，不过没有引起什么注意。

第三，我本人主观上的懈怠。

我得承认，我主观上也有问题。在编纂办公室中，来自原世博局的只有我和汪均益两人，汪均益是《上海世博会志》编纂办公室双主任之一，我是具体承担编纂工作的副主任。我的懈怠，基本上就是编纂过程中"世博会参与者"的懈怠。

　　坦率地说，2011年午中，我刚担任《上海世博会志》编纂办公室副主任时，很有一股激情，有一种责任感。但很快我就感到了别扭，多次在编纂办公室会议上提出不同意见——当然，我对如何编纂世博会志也没有很明晰的思路，特别是客观上存在"谁来编纂"这个当时无法解决的问题。我只是感觉，当时的志书结构需要调整；不应该把编纂工作一下子在全市铺开，从而降低了原世博局人员的作用。但是如何解决这个问题，我没有想清楚，也没有可以落地的方案。编纂工作也只能在当时已框定的计划内推进。整个2012年，争论不断发生，以至于编纂办公室在一次工作报告中有这样的话：编纂办公室的人来自两方面，即原来参加过世博会筹办工作的骨干和参与过编志的专家。因为两方面视角不同，编纂过程中发生过十几次争论。当然，这种争论有利于编纂思路的拓展。

　　桌面上的争论往往没有结果。私下里，有人劝我："你着什么急啊？难道只有你一个人懂世博会，别人都不懂？""你说得有道理，但是人家说得也有道理的呀。或者先写起来，到时候再说吧。"2012年大致上就是在这样的争论中度过的。

　　从2013年起，我开始懈怠，无意再和他人争论。今天回顾起来，我从积极争论转为消极懈怠，主观上确实是有责任的。我曾有过情绪，但是后来细想，当时的编纂工作计划也是在那时的局限之下一步步制定出来的；我对整体计划中的局部不理解也是事后的意见，不可能在编制计划之前考虑到解决方案。我们不能脱离具体环境，只能尽量克服困难去推进。真正需要批评的，不是埋头往前走的勇气，而是在困难面前退缩的行为。

二、编纂过程

据了解,编纂《上海世博会志》的想法出现得很早。

2002 年 12 月,中国申博成功。2003 年,上海市地方志办公室在《上海市志》调研论证工作中,将《上海世博会志》列入《上海市志》规划。2010 年 2 月 12 日,上海市人民政府办公厅下发《上海市第二轮新编地方志书编纂规划》,明确《上海世博会志》是上海市第二轮志书编纂规划中的重大事件志,由上海世博局牵头承编。

2010 年 10 月 21 日,上海市地方志办公室副主任朱敏彦等来到上海世博局,商谈由上海世博局牵头承编《上海世博会志》事宜。我和世博局办公室副主任廖其红等接待了朱敏彦一行。

朱敏彦介绍说:"《上海市志·上海世博会分志》已列入《上海市志》编纂规划之中,此项工作具有特殊性,世博会运营期间,世博局非常忙碌。现在世博会快要结束了,需要考虑:上海世博会的档案、资料如何搜集保存?熟悉世博会情况的人去向如何?世博会志编纂工作从哪里着手?这是系统工程,要考虑各项工作的衔接问题。"

我根据局领导的指示精神,谈了一些看法。我说:"今年 2 月份,杨雄副市长已召开专题会议,要抓好世博遗产整理工作。世博局的领导也多次召开会议,要求局内各部门做好世博园区内各条块的资料汇总、工作总结。关于世博局牵头编纂世博会分志,我们想到的有几方面问题。一是机构的不延续性。世博会之后,上海世博局要撤销,目前无法考虑和今后编纂工作的衔接。二是资料收集的局限性。上海世博局可以负责自身承担工作的资料收集和总结,但很多工作由全市甚至中央各部门承担，需要他们一起参与，世博局难以对他们的工作'牵头'。三是专业性和理论性的脱离。现在，了解上海世博会的人没有时间写，如果请研究机构来写，恐怕很难写到位。四是谁来确定整体框架，包括对世博会的历史怎么看、怎么总结经验、工作条线怎么划分等，要由组委会、执委会来确定，比如对于中国馆的评价，需要中国贸促会参与。"

朱敏彦对世博局牵头所面临的困难表示理解。我也允诺把情况报局领导，表示至少在世博园区范围内，会做好资料汇总、工作总结，为下一步的地方志编写打好基础。

2010年10月31日，上海世博会闭幕。11月11日，市委常委、宣传部长、市地方志编纂委员会副主任杨振武到市地方志办公室调研，明确"以《上海世博会志》为重点，整体推进本市二轮修志"的工作思路。

2011年1月12日、13日，市委副书记、市地方志编纂委员会主任殷一璀两次听取市地方志办公室工作汇报，强调尽快启动《上海世博会志》编纂。

1月24日，朱敏彦到上海世博局，和洪浩局长就推进《上海世博会志》进行商谈。朱敏彦传达了殷一璀主任关于尽快启动《上海世博会志》编纂工作的批示。洪浩明确表示："在世博局撤销之前，会和地方志办公室共同牵头《上海世博会志》编纂工作，世博局方面派出综合顾问汪均益、研究中心主任季路德具体参与。"

此后，经过多次来回磋商，终于在2011年8月15日，上海市地方志编纂委员会发出《关于成立〈上海世博会志〉编纂委员会的通知》，并在上海展览中心友谊会堂召开大会。《上海世博会志》编纂工作正式启动。

编纂办公室邀请了上海、北京22位参与过上海世博会筹备工作的专家担任《上海世博会志》编纂顾问。2011 年 11 月 9 日，编纂办公室召开顾问会议，介绍了这本志书的设想，由于志书编纂工作尚未展开，顾问们也是初次接触这个项目，谈得比较抽象。

曾任上海世博会主题演绎顾问的华人文化集团董事局执行主席夏骏说："《上海世博会志》要强化国际视野，因为这套资料日后不仅是中国很好的参考，也是全世界的参考。从这点出发，不应该是上海在总结政绩或者中国人在自娱自乐地总结感受，而是给世界、给人类文明留下一个非常经得起考验的著作。比如说，中国人第一次办博，我们肯定走过弯路，如果这块内容我们都敢于且有胸怀放进来，像上海城市精神一样海纳百川，那就能让世界看到有别于平面记录的更立体的东西。"

上海社科院常务副院长左学金说："这事涉及很多领域，编纂过程中，可能还要请教更多的专家。世博会有形的东西我们看得比较多，而无形的方面，如论坛、策划等，如何能适当体现于志书中，在今后工作中还要努力加以琢磨。"

曾任上海世博会主题演绎顾问的上海图书馆馆长吴建中说："我是学图书情报的，我知道保留人类文明记录的重要性。世博会结束了，它到底给我们留下了什么，需要有一批人去冷静地思考，把这些东西整理出来。第一，尽量不要遗漏，处理好纵向与横向的关系。第二，处理好虚与实的关系。比如说，上海世博会之所以能够'成功、精彩、难忘'，跟社区的参与和管理密不可分，上海几乎 200 多个街道都投入到这项工作中，如何记录？第三，处理好繁和简的关系。比如，哪些历史需要展开？展开到什么程度？"

曾任上海世博会主题演绎顾问的上海博物馆馆长陈燮君说："上海世博会闭幕后，社会的共识是对世博筹办和运行的赞扬，但世博会的后续利用、总结，以及世博会作为文化遗产的继承方面好像没有什么动静。现在启动《上海世博会志》的编纂，意义重大。编志要符合国际眼光、现代眼光。关于内容，建议要包括诸如世博会博物馆、各国展馆陈列设计、各国撤展后把展品捐赠给上海等。"

曾任上海世博会主题演绎顾问的上海戏剧学院党委书记贺寿昌说："这件事抓得及时。《上海世博会志》作为地方志，可以永久保存，是宝贵的财富。翻开这一段历史，令人自豪，且能够帮助人们把世博会的精神作为血脉融入城市未来发展中。编纂时，要避免把可感可知的事变成死文字，要有创新；要突出'设计篇'的分量，这牵涉到上海的展览业和符号传递的非代沟化。最后要重视，是中央集全国之力办世博，是全国人民办世博。"

曾任上海世博会主题演绎顾问的华东师范大学教授宁越敏说："此事意义重大，需要众多政府职能部门和各界人士参与。编纂时应考虑体例的多样性，如若一味地按传统形式报流水账，势必味同嚼蜡，降低可读性。另外要注重世博理念和世博事件本身。"

曾任上海世博会主题沟通专家组组长的上海国际问题研究院研究员俞新天说："我对修志之艰难深有体会，一定要有一个好的筹划，要超越世博看世博会。我们要关注世博会的三个特性：一是全国性，是集全国之力办博，不应该局限在上海；二是群众性，不要把领导的篇幅写得太重；三是世界性，要把着眼点放在开放上，我们如何排除各种干扰，让全世界的智慧融入到上海世博会中来。要跳出框框，不要写成一部无意义的编年记。"

曾在 2002 年 3 月担任上海迎接国际展览局来沪考察陈述人的上海国际问题研究院院长杨洁勉说："我个人作为顾问，要尽心尽力尽责地做好相关工作；作为研究院领导，我要把研究院作为《上海世博会志》编委会的一个延伸部分，让单位里百十号专家学者参与进来，成为一股智力支持。"

著名历史学家邹逸麟说："传统方志的三个功能中，我是比较强调'存史'的，因为'资治''教化'在不同时代会有所变化，唯独存史是存真。在接触了《上海世博会志》编纂工作后，我感到资治、教化也很重要，这是集全国之力在上海办博，个中经验得失应该存下来，可以供日后其他大型活动借鉴、教化后人。编志讲求实事求是，不要光讲优点，办博中有缺点、需改进的地方也要记录。"

《上海世博会志》编纂委员会成立大会之后，8月15日，便组建编纂办公室。之后是组织培训、落实办公用房等。11月，编纂办公室明确分为三个组，并做了分工，编纂工作正式起步。

编纂办公室实行双主任制，分别由共同牵头《上海世博会志》编纂的上海世博局、上海市地方志办公室派出，即上海世博局综合顾问汪均益、上海市地方志办公室副主任朱敏彦。朱敏彦是"文革"结束恢复高考后的大学生，理论功底很好，曾任上海市委宣传部理论处处长。编纂办有三位副主任，除了我之外，另外两位是：来自上海市地方志办公室的梅森，一生从事方志编纂，极有经验，是国家级的方志专家；来自华东政法学院的胡训珉教授，当年是赴黑龙江的知青，我看过他写的回忆文章，文笔非常好。编纂办还聘请了两位主任助理，一位是原世博局新闻宣传部的宋仲琤，是一位作家，思路活跃，喜欢聊天，一旦进入工作状态就很踏实认真；另一位是来自松江区方志办的何惠敏，很有编志经验，为人也很沉稳，有一股文人气质，我曾对他开玩笑说，要是早生100年，你肯定是松江县的秀才、举人。

此外，编纂办公室还聘请了三位富有文字工作经验的退休人员，即原上海社科院信息所研究员朱长超、原《解放日报》高级记者胡志刚、原上海世博局《世博人报》总编辑张彭鑫。这几个人选是我提议的。我原本考虑，在各方提供资料的基础上合成的上海世博会志书，可能很需要文字整理、修改加工。但最后的情况不是这样，这几位老师并没有什么机会发挥作用。

编纂办公室的年轻人都来自地方志办公室及其下属单位，分为三个组，我们三位副主任分别负责一个组。第一组由胡训珉担任组长，组员有余璐、徐菲，主要负责原来市委系统各部门承担的办博工作，如宣传、活动、论坛、志愿者等。第二组由梅森担任组长，组员有刘雪芹、翟辉，主要负责原来由市政府系统各部门承担的办博工作，如交通、安保、商业、礼宾接待等。第三组由我担任组长，组员有黄婷、朱神龙、胡俭，主要负责由申博办、世博局承担的办博工作，如申博、中国馆、主题馆、国际招展等。

从地方志办公室抽调来的这些年轻人都很有朝气，也很有水平。我印象特别深的是余璐，他话语不多，工作时非常认真也很专业，常常为了一些事实和数据反复查证，讨论时也不忌讳上下级关系，敢于直言。我觉得，假以时日，他能够成为一名优秀的史学工作者。

就是这样一个机构，在这样的背景下，开始了对上海世博会的官史记载。经过三年的努力，召开了多次世博局领导、员工座谈会，我们于2014年开始统稿，经过多轮评议、评审后，基本定稿。2015年夏，《上海世博会志》编纂办公室实际上已解散，借调人员回到地方志办公室，我也不再到设在世博发展集团的办公室上班。朱敏彦主任留任，承担总纂工作。2016年，经过他总纂的300多万字的志书，呈报国家新闻出版总署。我后来对他说："你是所有参与世博会的专职人员之外，最了解世博会的人。"2018 年，中国贸促会在上海召开申办 2030 年世博会可行性研究座谈会，朱敏彦作为专家参加座谈并作了发言。

三、最终出版

《上海世博会志》于 2016 年定稿上报后，经过几年努力，在 2020 年 10 月上海世博会闭幕 10 周年前得以出版。

2020 年 10 月 31 日，由上海市地方志办公室、世纪出版集团主办，《上海世博会志》编纂委员会办公室、上海人民出版社、上海世博会博物馆承办的《上海世博会志》出版座谈会暨上海世博会 10 周年图像展开幕活动，在上海世博会博物馆召开。

原上海世博局局长、《上海世博会志》编纂委员会执行主任洪浩介绍了《上海世博会志》编纂过程。他说："经过全市 80 家参编单位 800 多名编纂人员，和 400 多位评审人员整整 5 年的通力合作，2016 年 6 月，《上海世博会志》全志定稿本全面完成。2020 年 8 月，国家新闻出版署批复同意《上海世博会志》出版。《上海世博会志》设代序、图照、凡例、总述、大事记。主体部分按照上海世博会的活动时序，设世博申办、世博筹办、园区运行、世博展示、活动论坛、世博保障、效应表彰等 7 编 26 篇，另设国际展览局与上海世博会等 7 篇专记。全志分为上中下 3 册，460 多万字，2 000 多幅图照，系统记述了上海世博会申办、筹办、举办全过程。"

洪浩指出："从 2003 年 12 月明确要编纂《上海世博会志》，到今天《上海世博会志》正式出版，前后跨越 18 个年份，时间之长，超过了世博会本身的申办到举办。《上海世博会志》能够编纂出版，除了世博会本身具有重大价值之外，编纂工作方面有三个主要原因：一是各级领导高度重视，二是参编单位通力合作，三是评审过程精益求精。"

上海市人民政府原市长、原上海世博会执委会常务副主任、《上海世博会志》编纂委员会主任杨雄在座谈会上深情回顾了他参与世博会的经历。

他说："我参加工作至今，压力最大的就是 2006 年参与办博。我当时就下了个决心：一定要把世博会办好！在此后的办博工作中，大家始终把'为国争光'牢牢放在首位。再大的压力，我们也都扛住了；再多的困难，我们也都克服了。

"上海世博会让我们广大干部群众经风雨、见世面，还建立了自信。虽然世博会早已结束，大家都到了各自新的工作岗位，但是，上海今后的发展和各个方面的工作，仍然需要这种精神、需要这种劲头、需要这种自信。特别是现在面临复杂严峻的国内外形势，加上疫情，我们一定要坚定信心，不畏难、不退缩，敢于担当，直面挑战。只有这样，上海这座伟大的城市才会有更加美好的未来。"

当我结束世博回忆时，脑海里浮现许许多多参与世博会的领导、同事、专家。我怀念那个时代，怀念杨市长等已逝的老领导！

第二十五章　世博遗产思考之一
——关于"后世博研究"[*]

2010 年 1 月 15 日，离上海世博会开幕还有 100 余天，胡锦涛总书记在视察世博会筹备工作时指出：要着眼长远，谋划好"世博后"这篇大文章，最大限度把举办世博会带来的无形资源转化为推动经济社会发展的现实优势。[1]

上海世博会结束后的两个月，即 2010 年 12 月 3 日，胡锦涛总书记在主持中央政治局集体学习时再一次强调：上海世博会给我们留下了丰厚物质成果和宝贵精神财富，要紧密结合贯彻落实党的十七届五中全会精神，认真总结上海世博会经验，弘扬上海世博会精神，努力把上海世博会成果转化为推动科学发展、促进社会和谐的新优势。

胡锦涛在世博会开幕前和闭幕后关于继承世博遗产的两次讲话，绝不是偶然的。举办上海世博会，是上海进入新世纪后的一件大事，它对

---

[*] 2010 年 12 月，我在一次座谈会上作了关于后世博研究的发言，整理成文后，曾刊登在《现代上海研究论丛》上。

[1] 《胡锦涛考察世博园区　要求安保工作万无一失》，中国新闻网 2010 年 1 月 15 日，http://www.chinanews.com.cn/gn/news/2010/01-15/2075374.shtml。

上海现代化的长远影响，以及这种影响如何通过上海"率先作用"延伸到其他地区，需要我们认真研究。这方面的研究，首先是要认真思考上海世博会的丰富实践，同时结合上海长远发展中面临的问题，提出一些研究的方向和课题。[1]

一、"后世博研究"的意义

（一）世博会的闭幕不意味着世博会概念的结束

2010 年 10 月 31 日，上海世博会闭幕了。我们能不能就说，上海世博会结束了？

世博会开幕前，参加过前几届世博会的专家对我们说，上海世博会期间，你们会哭两次，开幕的时候哭一次，因为看到小孩诞生了，是一种失态；闭幕时哭一次，是失落。又有人说，世博会突然结束，好像一辆满载货物的列车戛然而止。

上海世博局中国馆部副部长毛竹晨写过一篇文章《酥油花与世博会——谨以此文献给世博局的疯子们》。酥油花是藏传佛教里的一种艺术品，酥油拌上矿物质，有十几种颜色，然后用这些酥油捏成花。做的时候，手指要不时地浸在冷水里，否则手指的温度会让酥油融化，所以做酥油花很辛苦。这样捏出来的花，可以用八个字来形容："娇艳无比，稍纵即逝"。

毛竹晨写道："世博会和酥油花有着惊人的相似性，用英文来说就是 ephemeral：朝生暮死。……世博会注定是朝生暮死的艺术，比起十

---

[1]《十七届中共中央政治局第二十四次集体学习》，内蒙古新闻网 2011 年 4 月 28 日，http://ztpd.nmgnews.com.cn/system/2011/04/25/010583986.shtml。

数年的谋划和准备，六个月只能算作瞬间，短短半年之后，这个承载了无数人的创意和心血的'第一现场'就永远消失了。"

世博会就是这样的艺术品，做的时候有一群疯子不顾个人利益，不顾家庭的困难，拼命做。难道做完以后，只是短暂的展示？突然就没有了，消失了？当然不是！因为酥油花本身是一种文化，反映了佛教并不是清心寡欲的，也是追求美的，它给人留下的是一种长久的记忆，一种隽永，而不仅仅是花本身。世博会也是这样！

（二）上海世博会闭幕只是成功的一半

为什么要问"世博会后忙什么"？这涉及我们如何评判世博会的成功。

社会对世博会的评判是"很成功"，很多人心里都是这样想的。但细想一下，我们不应该只从世博会的运行来判断世博会是否已经成功。举一个例子，如果某人搬了一块石头，这块石头非常非常重，这个人可以说"我成功了"。但是别人会问："是的，你搬石头这件事是成功的，但我不懂你为什么要搬这块石头？你搬来了，有什么意思？"拿世博会来说，举办本身很成功，但世博会的价值在什么地方？这需要有明确的回答。

可能有人说，世博会举办过程中的很多做法都是为参观者着想，"以人为本"，这就是价值。但是，如果不办世博会，这种精神在别的地方也能出现。所以世博会的成功不能只是用184天来衡量。我们要把世博会放到整个历史里看，它对上海和中国的进步是手段，不是目的——我们不是为了办世博而办世博，而是把它看作推动中国社会前进的一个手段。

上海举办世博会是偶然事件。不举办世博会，上海一样发展。进一步讲，上海如果不举办世博会，还会争取举办奥运会。中国这样大的国家，有上海、北京这样两个大城市，一定会举办大型活动，不举办世博会也会举办奥运会，或者 APEC 会议。上海 1997 年举办了国际商会第三十二届世界大会，1999 年举办《财富》全球论坛，2001 年举办 APEC 会议，每两年举办一次大型国际活动。1999 年开始，上海申办世博会。我们应当想一想，上海为什么要不断举办这类国际活动？难道仅仅是为了当年的国内生产总值（GDP）吗？

国际上很多城市的发展经验证明，大型国际活动能推动一个地区的现代化、国际化进程。从这个角度看上海世博会，我们就不应该在世博会闭幕后，认为世博会概念就已经是历史了；相反，我们要挖掘这件事背后的必然性，要把上海世博会看作一个历史进程的第一步，用汪道涵的话讲，上海世博会要影响 50 年。

（三）要有专门队伍来承担"后世博研究"

上海世博会举办前，一些高校、院所成立了世博研究机构，一些专家也发表了关于世博经济、世博文化、世博外交方面的研究报告。世博会闭幕后，黄浦江边的原世博园区正在逐步开发——这是上海世博会物质遗产的继承；上海世博会博物馆举办了纪念展——这是国际博览事业在上海的传承；上海地方志办公室组织了世博会志的编纂工作——这是上海世博会历史资料的保存；而专家却少有新的研究成果了。总的来说，缺少系统的、有意识的上海世博会精神遗产总结。

设想到 2110 年，那时的人回顾上海的发展过程，他们会看到，21世纪初，上海举办大型活动的积极性很高。他们会想，这些重大事件当时究竟是怎么发生的？这样的大事件，当时是怎样影响中国社会的？如果找不到答案，就会产生疑问："当时有没有人在研究？"

开展后世博研究，系统总结上海世博会的精神遗产，应该是今天上海知识界的历史责任。

二、"后世博研究"的方向

所谓方向，就是以现有的学科理论为武器，从不同角度对上海世博会进行解剖。

（一）经济学角度

作为上海人，我不宜多谈"世博经济"。因为一方面，世博会主要的影响不是经济上的，而是文化上的；另一方面，世博会的经济效应多局限于上海地区，没有办法扩展到全中国，更不要说全世界了。

但是世博经济是客观存在的，从经济学角度来研究上海世博会这个具体案例，从中抽象出来的一般规律，一定有利于上海经济发展。

经济有两个层面，宏观的和微观的。世博经济也可以分成这两个层面。

宏观层面是指世博会的带动效应。一是世博会如何推动上海的长远发展。上海从 20 世纪 80 年代开始就想办世博会，努力了几次，没有成功，90 年代初又努力，又没成功。这个努力的偶然性，背后有其必然性。上海作为一个正在发展的城市，从小渔村变成国际大都市，就像蛇一层层蜕皮一样，一轮轮地经历爆发式增长。到了今天，上海再也不能走老路，不可能有更多的物质投入来支撑它的快速发展，只能是转变经济发展方式，要迅速国际化、市场化、都市化。当时日本人提出，中国办世博会有利于改革开放，而不是说有利于中国的 GDP 增长。

上海作为一个大城市，有一个具体目标，就是建设成四个国际中心。对于实现这样的目标，世博会能否起到推动作用呢？比如世博场地的后续利用。如果将来变为高档住宅区，就是天大的浪费；如果成为文化休闲区，城市的环境会好一些，老百姓的生活环境会好一些，但还是没有用到点子上。世博会要有利于上海的战略发展，有利于四个中心建设。笼统地说都很容易，但更需要有数据、逻辑来实现。比如说，这块区域将来能否建成国际贸易中心？现在国际贸易中心设在虹桥枢纽站，虹桥枢纽站的功能更多是运输，航运、物流运输，旁边有很多商社，有办公楼，但是交易放在什么地方？贸易即交易，世博会后留下的几十万平方米的展览场所，怎么用好？今后上海有三个展览区：浦东有一个，就是新国际博览中心那一块，虹桥有一块，还有一个就是世博会场地。因此，世博会能否推动长远发展，要实事求是地得出结论。这是具有国家层面的经济意义的，因为建设四个中心是国家为上海定的战略，是上海服务全国所必需的。

二是长三角城市群发展。长三角城市群的发展，最主要的是相互之间的经济联系，有时这种联系的重要性甚至超过了行政隶属关系。行政关系是纵向的，经济联系是横向的。当横向发生矛盾时，即地区利益产生冲突时，如果行政主要领导不愿意和外地进行横向的经济合作，他可能会通过上下的行政关系，把横向的经济联系切断，这不利于城市群的发展。世博会加强了横向联系，对今后的"小政府、大社会"管理格局有推动作用。所以世博会对于长三角的意义不仅仅是形成交通圈、旅游圈，而是深入到了一定的程度，即会改变我们行政管理的格局。

　　三是企业对国际市场的了解。通过上海世博会，我们能够看出今后国际市场上畅销和滞销的趋势。简单地说，就是科技发展影响了市场。世博经济，从科技角度来讲，就是指有哪些科技成果会进入市场。这些信息为企业家进行战略决策提供了依据和启迪——环保、低碳、绿色产品，要比不环保、非低碳、非绿色的产品更有市场。

　　四是即期经济效应。大家都说世博会好。好在什么地方？大多数是指即期经济效应，有 7 000 万人买东西，有 7 000 万人需要交通，有 7 000 万人住宿，市场很大。但这些需求当时发生了，第二年就没有了，因此不能看作举办世博会的根本意义。但这种效应客观存在，要用好，所以要研究，比如上海世博会对今后大型活动的消费经验会有哪些启迪、如何放大即期效应。但是不应把它拔得太高。

　　微观方面是指世博会本身的运营。世博会是一个大型项目，它的经营主体是上海世博局，虽然叫"世博会事务协调局"，但实际上做了很多具体的工作。比如票务，是我们自己组织卖票，不是让别的机构组织卖票；还有招商、建设、客源组织等。因此，世博局相当于一个大型的服务贸易集团。具体而言，世博会运营包括以下几个方面。

　　一是服务企业品牌建设。我们在办博过程中曾有过矛盾想法。世博会的品牌做大、做强后，可以请企业来赞助，实现品牌经济。但存在一个问题，世博会这个品牌究竟是上海的还是国际展览局的？这个区别我们一开始没有强调，但是客观上它是存在的。

　　二是大型活动市场开发规则。1984 年前，奥运会不景气，1984 年后逐步形成一套规则，推动了奥运会的发展，国际奥委会的经济利益越来越好了。国际展览局很希望上海能拿出一套规则，比如什么样的企业，用什么样的名称参与，得到什么待遇，权益如何加以维护。

三是服务行业的营销策略。世博会需要营销，有面向企业的营销，比如大型活动市场开发；还有面向 7 000 万游客的营销。比如对民众百姓来说，一开始他们想知道世博会究竟是什么；接下去想了解，如果来看世博会，会面临哪些困难，能否得到相应的帮助和解决；最后就是能看到什么。

四是展览业的企业链完善。世博局相当于总公司，世博会里的上千个项目由各个企业一起完成，这构成了很复杂的企业链。仅仅就展览而言，就有前期策划、具体设计、展品制作、布展施工、撤展等五个环节，由几个企业协同完成。

（二）文化学角度

可以说，整个上海世博会过程中产生的都是文化。这里指的是狭义的文化，即筹办和举办时的文化产品。具体而言：

一是如何通过艺术手段来表现理念，就是主题演绎。这是办博的核心工作，是世博会所有工作中最有灵魂性质的，也是最难做的。国际展览局秘书长洛塞泰斯讲过："主题演绎是你们的'噩梦'。"其他方面的工作，比如建设、志愿者组织、招商引资，甚至招展，我们以前都做过，但是主题演绎没有做过。从理念开始，到如何表达出来，中间有很多探索。中国馆、主题馆的大方案就经历了四次重做，还不算每轮中间的小方案。外国设计师就没这方面的困惑，而我们有，其中的经验需要总结。

二是国际公关策略、宣传品制作。在申办和招展时，如何游说外国人、如何表现自己、用什么宣传品，都是国际公关。我们的宣传片比不过韩国的宣传片，但每次发言的设计都有亮点。2001 年、2002 年，在国际展览局大会上，韩国人的发言，从中央部长到全罗南道再到丽水市，都是官员做报告。而我们的发言，第一次是请袁鸣作为市民代表，第二次请了一位外国人——上海罗氏制药公司总经理威廉·凯勒，第三次是两位参加2000年高考的大学生，第四次据说是解放后头一回有三位政治局级别的领导干部同台发言。

三是大型活动形象标志。例如会徽、吉祥物、歌曲、口号、海报等，这些工作是请专家参与的，但专家主要参与的是评审环节。一开始的策划思想由世博局提出，比如，会徽和吉祥物有什么样的区别？会徽是好看、好记、好懂，那么吉祥物呢？比如，日本2005年爱知世博会的会徽是圆的，太阳状，而吉祥物是森林爷爷和森林小子。爱知世博会的会徽后来基本上没怎么用，吉祥物用得更多。

（三）社会学角度

从社会学的角度去研究世博，至少有三个课题。

一是大型活动社会资源的组织动员。上海世博会办得很成功，全上海的资源都动用了起来。世博局200多名干部，2000名机关工作人员，20万注册志愿者，200万社区志愿者，动员面很广。这是我们的政治优势，我们可以借此组织动员社会资源。

二是世博会对青少年价值观的影响。参加世博会服务项目的青年，不管是"小白菜"还是"小蓝莓"，都有很深的体会。而参观了世博会的小孩子，他们的成长也一定会受到影响。

三是世博会对城市精神的锤炼和提升。我们相信，世博会对城市精神是有积极影响的，但我们不能过于乐观，不能停留在对表面现象的满意上。不能认为我们举办了世博会，公众就会形成好习惯，比如开始排队。没那么容易！但我们不能泄气，上海世博会毕竟带来了新的气象，我们需要找出规律，总结大型活动如何提升素质，如何锤炼精神，而不是满足于哪个路口的文明指数从 70 分提高到 80 分。总结规律，巩固进步，树立新价值观，这不是靠简单的口号、运动就能实现的。

（四）管理学角度

一是大型活动战略决策、组织框架。上海世博会的筹办工作究竟分几条线，直到世博会闭幕，也一直没有权威说法。比如在国际展览局的主题演绎概念里，展事、活动、论坛是放在一起的。而在我们的概念里，展事、活动、论坛各有体系，原因是我们缺乏经验。在实际操作中，我们是先安排人，再明确职责，即"以人定岗"，比如定到财政、建设、廉政或外事岗位等。而按照管理原理，应该是"以岗定人"。世博会筹办中，在战略方面有两个不足：一是把文化项目看作经济项目，就是重视硬件建设，在软件策划方面比较"软"；二是把国际文化项目看作政府项目，讲究行政规则，不够灵活。世博会是许多国家一起参加的大型文化活动，不应当按照我们自己的行政规则来管理，而应当建立起类似跨国公司这样的战略架构。把上海世博会筹办过程中的组织管理经验教训总结、提炼出来，不仅对今后的大型活动有益，对政府管理体制、机制的创新也一定很有益。

二是常规管理。企业管理分为四块，人、财、物（制造过程）、市场（营销管理），这样就有总经济师管市场，总会计师管财务，总工程师管生产，党委副书记管人事。世博会的管理也类似。世博会的筹备过程有人事管理，有财务管理，有园区建设和展览项目策划管理（相当于企业的生产制造过程），有招展、招商、招游（相当于企业的市场营销管理）。当然，整个管理系统，要比单纯一个企业的管理复杂得多。

第一，人事管理方面。2003年10月，上海世博局成立，起初只有八个部门，后来发展到50余个部门。其中有些问题值得我们研究。有的部门后来取消了，比如公共关系部，那么是不是这个部不重要呢？当然不是，而是各部门的职能设置更明确了。而起初没有的部门，如新闻宣传部、论坛部、活动部，后来成立了。世博会《行动纲要》里曾提出办博的四块任务：战略研究、硬件建设、"三招"（招商、招展、招游）和运营展览。当时把展览和运行放在了一起，后来进行了细化，有专门承担展览的部门。世博局到最后有2 700个人，七八种编制，有企业、事业、公务员编制的，每一种里面又有借调、正式编制、见习的，再加上志愿者、实习生和中央组织部派来交流的，这就需要规范和灵活的体制。志愿者管理方面已经出版了一些书，涵盖的内容包括志愿者自身的体会和志愿者的组织过程，以及大规模的志愿者项目对下一代青少年的影响等。

第二，财务管理方面。比如，一个项目里往往会有好几层承包，钱怎么花？又比如，我们给一些国家的美元援助资金，怎么使用？世博局的现金流是否平衡？财务管理也有一套学问。

第三，品质管理。上海世博会的建设品质管理从动迁开始，每一层都管得很严。尽管如此，还是发生过事故，这也是今后在做历史交代时，应该记录的。

第四，运行管理。这是主要的，包括交通、商业服务、志愿者现场管理、票务管理、媒体服务等。票务工作不仅仅是售票，还有调控。国际展览局秘书长洛塞泰斯对我们很满意的一点是，我们每天在发现问题，每天在解决问题，每天在进步。运行管理方面还有现场处置的工

作。4月20日试运行时，只能用"狼狈不堪"来形容。其中积累的经验
和教训，应当加以总结和传承。

三是非常规管理。这和一般企业管理是不同的。在世博会这样的大
型国际文化交流项目中，至少有危机管理、廉政管理。

首先是危机管理，主要是安全方面的管理，包括公共安全、政治安
全、外交安全、舆论安全等多个方面。公共安全方面包括防范不良灾害
性天气、防止人群踩踏事件等。政治安全主要是反恐。外交安全主要是
国家和国家之间的关系。比如有的国家的展馆里放的地图中，中国的部
分没有台湾、没有钓鱼岛。我们对相关展馆负责人说，这些印刷品不
行，要收掉。有的外国人就不答应了，说是无意的，已经印了那么多，
要怎么办？这就需要我们妥善处置。还有舆论方面，市领导对此十分关
注，经常会有批示。

其次是廉政管理。比如艺术项目的政府采购，其中就会有矛盾。举
个例子，如果某大型国家级活动的开幕式请大腕导演来策划，他可能会
因为我们要搞招标而不愿意接手。但是政府采购用纳税人的钱，要向民
众交代，要有个说法。还有很多项目对外层层转包，可一旦出了事就是
世博会的事情。因此廉政一定要管到底，发现了苗头要马上处理。

（五）国际关系学角度

一是世博会加深了中国与世界的相互了解。世博会"给了我们一个
机会，让世界了解中国，也让中国了解世界"，这是温家宝总理2010年
2月在网上和网民在线交流时讲的。

在多年的筹展过程中，国外参展方的很多工作人员看到了也感受到
了中国政府官员的各种精神面貌，有下决心把事情做好的，也有拖拖拉

拉、不讲效率、难以协调的。从某种角度讲，这是好事情，他们看到了真实的中国，和中国更贴近，消除了中国在他们心中的神秘感。

更多的人看到的是中国的民众，看到了中国民众一开始不排队，后来也养成了排队的习惯；看到了民众进去不看馆，而是专门盖章。有的外国展馆的工作人员甚至哭了："我们做的馆那么好，你为什么不看？"这是一个痛苦的过程，但只有经过这样的磨砺，中国才能和世界融合在一起。日本著名经济评论家堺屋太一说："中国加入联合国是政治上的融入世界"，"中国加入世界贸易组织是经济上融入世界"，"中国举办世博会，是在文化上融入世界"。

二是民间外交的理论和实践。上海世博会期间，各国的国家馆日活动都有上海的社区参与，这方面有非常丰富的例子可供研究。

三是上海世博会折射出的国际局势。比如申办的时候为什么那么多的国家愿意投中国的票，这是由当时的国际形势决定的，而不完全是世博会本身的吸引力。很多国家在世博园区内吵架，我们劝了，它们也听了，说明和谐毕竟是大趋势。

（六）城市发展理论角度

上述几个方面是研究世博会筹备运行的过程，是上海世博会作为一个"体"给我们的发展机会，而上海世博会提出的"城市，让生活更美好"这个主题，是"魂"，是能够留给全世界的价值观。上海世博会宣传的内容和理念，要延续下去，这就是主题效应。

胡锦涛总书记在政治局集体学习时，谈到上海世博会的遗产继承，第一条就是"要研究和总结上海世博会所展示的具有引领未来作用的发展理念，深化对以人为本、全面协调可持续发展的认识，增强转变发展

观念、创新发展方式的自觉性和主动性，加快推动经济发展方式转变和
经济结构调整，推动经济社会又好又快发展"。可以说，这是上海世博
会的核心遗产，如果用好了，对整个中华民族的振兴、对中国的现代化
具有非常重要的意义。

上海世博会讲"城市"，绝不是在盲目赞颂城市。由于历史的原因，
中国的城市化与工业化、现代化相互牵制。中国的城市化如果失败了，
那么工业化一定失败，现代化也一定失败。因此要把城市化放到中国的
现代化的高度来看。而推进中国的城市化，需要解决三个问题。第一个
问题是，城市化过程中，很多人进城了，引起城乡社会阶层的变化，这
时各种阶层利益如何协调？第二个问题是，城市要改造，要规划，要建
设，建成大都市的同时，历史建筑怎么保护？第三个问题是，如何保护
环境？不能用糟蹋环境的模式去创建美好的城市、创造美好的生活。

在世博会中，有很多参展方就这三个问题给出了答案。目前已有不
少书籍记录了各参展方的精彩展示，但却很少有从主题角度去挖掘的。

三、"后世博研究"的方法问题

（一）尽快完成历史记录

历史记录包括图文等完整的基础资料、当事人的回忆和观点。"当
代修志，隔代修史"，对历史的研究，不管过去多少代，后人都是有可
能进行的。但对历史事件的记录，除了考古之外，理论上只能由事件当
事人来完成。历史事件的记录有两种形式：官方志书和个人回忆。前者
权威、全面，但不够生动；后者有丰富的情景描写，生动再现历史，但
因为是管中窥豹，肯定有片面性。因此，需要将两者结合起来。

（二）规划课题

历史记录往往是记载表面现象，当然也有一些思考，但不全面、深刻，需要在事实的基础上，提炼出观点。这就要根据前面说的各个角度，对历史事实进行研究。后世博研究的总题目是什么？有哪些专题？谁来做规划？不同角度的课题之间有什么样的逻辑联系？研究者不能想到一个题目就往篮里放。

（三）建立一个平台

这个平台可能是一个组织，也有可能是一种很松散的形式，比如沙龙。平台最好能有刊物，让有见解的人发表观点，从而引起讨论。

（四）形成有价值的成果

要出论文，要出书籍，最好能出词典。词典是一门学科成熟的标志，因为在词典里，对基本概念都有明确的定义。

（五）开展国际交流

上海世博会的成功是公认的。其他国家举办的世博会也各有千秋。这样，有可能出现关于世博会的国际研究圈。诸如世博会对国际关系的价值、对国家形象的提升、对城市发展的推动、对人类文明的演化，等等，应该是很多国家关心的议题。这方面有可能开展国际交流。

（六）走进课堂

某种思考成为成熟的理论后，就有可能进入课堂，传授给后代，达到薪火相传的目的。比如世博会上的展览与一般商业贸易展有很大的不同，这方面的研究就可以进入会展教育专业的视域。

总体而言，现在的一个基本问题是：没有人说上海世博会无价值，而且也确实有一些部门在从事世博遗产的继承工作，但缺少一个大规划、大平台。希望这种情况能得到改变，不要等到几十年后，后人问起，当时为什么没有保存资料、为什么没有研究成果。

第二十六章　世博遗产思考之二
——世博会与会展行业

参观世博会，最主要的就是看展览，因此上海世博会对中国特别是上海的展览业有很大的推动作用。早在 2003 年 1 月 5 日，《解放日报》就刊文认为"中国申博成功，'会展'这个词眼将与上海结下不解之缘……上海正雄心勃勃地迈向'会展之都'"。

在参与上海世博会工作之前，我对展览行业的了解停留在一般商业贸易展的参观感受上。参加世博会工作之后，我开始思考世博会究竟能给展览行业带来什么。这里，我结合参与上海世博会展示策划的体会，谈谈上海世博会对会展行业价值的一些思考。当然，我的思考仅限于世博会的筹办体会，就会展行业实践来说，很可能是隔靴搔痒。

在上海世博会中国馆、主题馆策划过程中，我感到世博会展览在策划、设计上和以前看到的商业展有很大的区别。参展方是否做过世博会展览项目，决定了它们对世博会展览的切入点不同。比如在主题馆"城市人"招标会上，前来投标的国外某著名展示公司在咨询时问中方："你们想表现'城市人'的生活，那么有没有现成的农村人、城市人幸福指数调查？"而一些中国企业提问的时候，更关注展馆设计的技术层面，如询问展区周边的退让距离、用电量有什么限制等。一个是从主题理解入手，一个是从具体的物理数据入手，两者思路之差别非常明显。

　　因此，在梳理、挖掘世博会对会展行业的推动价值之前，先要区别世博会展览和一般商业贸易展。

一、两类展览的区别

（一）展览就是"推销"

　　对不同展览进行分类很重要，也很费精力。2015 年，我到上海市会展行业协会工作。有的展览公司负责人在介绍公司业务时，说他们公司做的是"临展""商展"，也有人说是在做"厅馆展""常年展"。我认为，这些名称难以区分不同的展览类型。比如，绝大部分商展是临展，但一些政府或公益组织、文化组织出资的科普或政策宣传方面的展览、艺术展等，也是临展；某些企业形象展示厅常年设展，其设计规律可能和上海世博会主题演绎有点类似，却属商业性质。有一位从事展览策划的朋友和我讨论时认为，无论是以目标区分（商业推广、公共教育、文化传播……），还是以"时间"区分（临展、常设展、特展……），均无法形成特别明确的归类。原因在于，会展市场是一个典型的多元交叉市场，通常融合了诸多目标诉求，展示范畴与内涵价值密不可分，甚至"时间"的界限也会渐渐模糊。

　　展览是通过艺术手段，让参观者潜移默化地理解、赞同办展者的想法。展览需要花钱，花钱就是投资，投资就需要回报。那么展览希望达到什么目的呢？或者说，希望向参观者"推销"什么？区别不同的展览，需要找到一个足以把不同展览分开的标志。

（二）"推销"概念还是"推销"理念？

把展览理解为"推销"，那么现实生活中的展览大致可以分为两类。一是希望参观者对展品本身产生好感，从而想要得到这种产品。二是对展品背后的理念产生好感，从而影响甚至改变参观者的思维。前者就是常见的商业贸易展，展览的目的是推销商品；而后者则是"推销"某种思想，也就是教育、感化、知识普及，比如世博会、博物馆、大街上的宣传栏。

我们可以用"概念展"和"理念展"来称呼这两类展。所谓"概念"，是对一个事物本身属性的判断。比如要明确"城市""水果""汽车"的概念，就要回答"是什么，不是什么"。接受某个概念，就意味着对某个事物产生好感。商业贸易展是概念展。

所谓"理念"，是对一个事物背后蕴藏的价值观的判断，或者说，是"包含了道理的概念"。理念不仅要解释"这是什么"，还要回答"赞成什么，反对什么，应该怎么办"。接受某个理念，意味着赞同某种价值观。比如上海世博会的主题，只讲"城市"是不够的，还要进一步展示"为什么城市化进程不可阻挡""什么样的城市才能够让生活更美好"。商业贸易展以外的所有展览，都是理念展。

举个简单的例子。某展览的展品是一瓶水。如果是概念展，就是在推销这瓶水；如果是理念展，就是在传播某种思想，例如"地球上的水快枯竭了，要保护环境！"

有一次，我和一个展览公司负责人聊。他说想做一个"以昆虫为主题的展览"。我当时就感觉他并没有想明白究竟要展示什么。"昆虫"只是一个概念，不是理念，如果要策展，想反映什么主题？表达什么价值取向？是从科普角度谈昆虫知识，还是从人文角度谈环保？甚至借"虫际关系"来谈人类社会？

前述展览行业的朋友和我讨论了概念展和理念展的区别，他认为"概念展"层级侧重事和物本身的呈现，传递的是知识、经验、文化。基本要求是求真务实，比较重视技术性的展示。相应地，概念展更多地要求展览服务企业具有良好的认知、视觉表现、技术体验、快速服务等特点。"理念展"层级侧重呈现事与物背后的价值和理念，传递的是世界观、价值观和立场。相应地，理念展更多地要求展览展示服务企业具有更为宽阔的视野、宏大的格局、深入的文化内蕴等特点。

在区别这两类展览时，也要看到它们的共性。一方面，随着互联网技术的发展，随着社会民众审美水平的提高，商业贸易展的传统意义即现场交易功能在减弱，参观者越来越重视从"美"的角度来评价商业展。有些商业展，既展物品，也通过展品讲故事，表现价值取向，以此提升展品的内涵和品牌价值。

另一方面，这两类展览对人才需求的共性很大。由于这两类展览都同时涉及资金平衡和艺术创作，因此，会展教育专业毕业的学生在从事这两类展览时没有严格的专业壁垒。当然，这两类展览的策划、设计、施工流程不一样，理念展更强调前期策划，对人才的创意思维、文学创作、信息收集等能力要求较高。

（三）世博会是推销"理念"的展会

1928年，为协调各国积极举办世博会的行为，一些国家相聚法国巴黎，通过了《国际展览会公约》，并由此成立国际展览局。《国际展览会公约》第一章第一条开宗明义指出："展览会即为一种展示，无论名称如何，其宗旨皆在于教育公众。它可以展示人类为满足文明需要所运用的手段，或显示人类在某一或多个领域中历经奋斗所取得的成就，或展望未来前景。"

世博会从诞生那天起，虽然主办方、参展方的原始动机都是展示本国国力，都很在乎自己的国际形象，但在其过程中都是在展示全人类解决某一方面问题的"手段""进步""前景"。从世博会的主题演变中，可以很清晰地看到这一点。

迄今为止，世博会的主题大致经历了三个阶段，这反映了人类对自己命运的总体思考，也反映了国际社会希冀通过世博会来达到自我教育的目的。这三个阶段是：（1）从1851年第一届世博会到二战之前。这一阶段的世博会主要是展示科技成果，弘扬"知识就是力量"，为主要是西方社会工业革命以来的成就感到自豪。这一时期出现了"一切始于世博会"的说法。（2）二战结束到20世纪70年代初。两次世界大战提醒人们，科学不能解决一切问题，人与人之间要和谐，因此，这个阶段的主题多为"人性""理解""竞争""文明"。（3）20世纪70年代以后。在破除了对科学的迷信，并意识到人与人之间必须和谐之后，国际社会意识到人类对自然的过度开发也会造成严重后果，这个阶段的世博会主题多集中在可持续发展、为人类创造更好的未来等方面。

100多年来，世博会之所以有较强的生命力，有很多国家的积极参与，很重要的原因是它一直聚焦在全人类共同关注的话题上。世博会的全球价值就是坚持"推销"全人类所必需的理念。

二、"理念展"市场很大

商业贸易类展览的市场取决于经济发展水平。实体经济发展趋势好的时候，商业贸易类展览就很频繁。那么，理念展的市场有多大呢？如果只有世博会是理念展，那么由于一个国家、一座城市举办世博会的概率很低，是不是这方面的遗产就没有什么价值呢？

如果按照"有一个理念，经过演绎得到表现，从而形成的展览"来定义"理念展"，那么这个市场其实是很大的。我认为理念展大致可以分为四类：馆、厅、区和设施。

（一）馆

这是最典型的理念展。传统的馆类理念展就是博物馆。此外，近二三十年，中国出现的科技馆、规划馆以及各种主题馆，都属于馆类理念展。

研究人员对博物馆的分类看法不一。博物馆学界认为，博物馆可分为综合类、历史类、文化艺术类（如美术馆、现代艺术馆、工艺珍宝馆、建筑博物馆等）、自然类、科技产业类、民族民俗类、纪念类（如名人故居）、收藏类等。这样的分类把我们现在看到的各种文化公益类展馆差不多都包括进去了！

我看到过一本博物馆年鉴，里面有上海科技馆，却没有其他省份的科技馆。这说明什么？也许就是分类边界含糊，科技馆究竟是不是博物馆，没有权威说法。

随着中国城镇化的高速发展，近三四十年来，各地兴建了城市规划馆。这是由政府建设管理部门投资的展馆，用声光电形式来表现未来城市规划。事实上，现在不少规划馆已不再单纯表现城市物理外壳的变化。一些策展人认为，城市规划馆必须搜集、研究、展示有关城市风貌与历史、建设情况、规划信息，要增加城市文化因素。但如果通过丰富的展品表现这座城市的风貌、模式是历史文脉的自然结果，那么城市规划馆和城市的历史博物馆有什么本质区别呢？

企业方主要关注的是投资方是谁，由此决定了甲方有什么特殊需求。至于这是博物馆还是科技馆抑或是规划馆，对它们而言其实没有关注的必要。事实上，除了策展需要某个专业的行家——例如文字博物馆的策展方案必须由语言文字专家深度参与，宗教博物馆需要宗教界人士参与策划——以外，这三类展馆在设计、施工、展期运行方面，有很大的相似性。甚至在策展阶段，也只是在策划内容上有所不同，而策划的路径没有区别。如果不考虑由政府不同部门管辖这个因素，这三类馆实际上就是同一类。

这三类馆的市场有多大？设想每个省级行政区里的每座城市都有自己的历史博物馆、科技馆、规划馆。那么理论上，在中国内地，这三大类馆应该有超过 2 000 个。考虑到这三类馆是长期展示，需要定期更新，因此市场还是很大的。当然，并不是每个城市都会有这样的"标配"，特别是在西部欠发达地区。

以博物馆为例，国家重视文化建设且公共财政也有实力的时候，政府投资、行业投资、民间投资的各种博物馆就会得到蓬勃发展。如果全国县级博物馆都提高水平，如果大力发展依托历史文化名镇名村、历史文化街区，建设具有中国特色的生态博物馆、社区博物馆，如果加强具有文化遗产价值的近现代工业厂房建筑、生产设备等实物资料的保护和利用，建设反映工业文明的工业遗产博物馆等，那么博物馆这类"理念展"是非常多的。再加上各种新版本的规划馆、科技馆，会展企业将面对一个巨大的"理念展"买方。

（二）厅

馆是指有独立主题的理念展，往往有独立的建筑，而厅是附属于某一机构，为该机构基本价值观服务的理念展。

企业形象展示厅是大家比较熟悉的，比如 IT 行业、汽车行业、生物制品行业等。这类行业的企业很重视企业形象，往往通过比较丰富的多媒体手段，以展示本企业产品、技术、发展历史为主，表达本企业的社会责任，提高本企业的品牌含量。

还有一类厅，姑且称为"政府服务厅"，目前尚没有很成熟的产品，随着政府职能的转变和互联网技术的发展，政府将会越来越重视这类厅的建设。例如，公安局为民服务的职能包括养犬、集会、刻公章、枪支刀具管理、户籍、居住证、收养、车辆、驾驶员、事故处理、出入境等；民政局为民服务的职能包括社会救助和救灾减灾、居民经济状况核对、社会福利事业、老龄工作、优待抚恤、拥军优属、双退安置、福利彩票、慈善事业和志愿服务、殡葬管理等。几乎所有的政府部门都有直接为市民服务的职能，而民众未必清楚如何得到这些服务。当民众越来越依照某种政策，需要享受某种政府服务的时候，政府将越来越依赖展示手段，来拉近和民众距离。现在的网上办事程序就是一种很简单、很初步的服务指南。可以想象，未来的政府部门办事大厅，将会越来越有文化含量，越来越有艺术感染力。

（三）区

区是指有较大地理范围，包含不止一个理念展的文化项目。典型地说，上海世博会就是这样一个区，它有一个总主题，即"城市，让生活更美好",其中的各参展方又都有自己的主题。除了上海世博会以外,包括迪士尼在内的主题公园、历史文化保护区、旅游开发区、度假区等,都属于这类产品。

显然,区类理念展的投资量比较大,而且由于区域面积很大,往往和一个地区的规划开发有关,因此这类产品在很多地方和房地产开发相伴相生,甚至先有房地产开发,然后带出一个主题展区。所以,这类展览的市场需求有很大的被动性。

随着城镇化的进展,一些历史文化古镇村、老城旧街区的保护显得很重要。有一些投资者会进入并改造这些镇村街区,有眼光的投资者会把历史文化保护和商业开发结合起来,差一些的也知道要圈地搞旅游区。这时候,多层次的主题策划就非常重要。最后搞成什么样的"区",一方面看投资者的眼光,另一方面就看展览公司的策划水平了。

(四)文化设施

最后一类很难说它们是完整的展览或者主题项目群,但是也有"用艺术手段表现一个理念"的演绎过程,可以暂且称它们为"文化设施",比如社区、乡村、街道、广场、商场等公共活动空间,都可能在原有的建筑功能基础上增加文化设施。设立这些文化设施,也是为了"推销"某个理念,也需要策划。比如地铁站、城市地标,都需要城市雕塑等装饰,这种装饰不是简单的环境美化,而是为了反映城市精神;再比如,今后社区和乡村的文化站会越来越多,这是社会进步的表现,是民众对文化消费水平提高的结果,好的文化站建设是需要认真策划的。这些在原来基础上增加的主题展示内容,可以起到提升格调、以"文"化人的作用,往大处讲,有助于以德治国。实际上,中国自古就有这种传统,例如牌坊。

这类展览项目很多，也很散，不是独立的，但是因为能发挥潜移默化的崇文宣导作用，应该有很大的成长空间。要"以德治国"，巩固主流核心价值观，就应该把"寓教于乐"的文化项目普及到全国2万多个镇。

三、理念展必须遵循主题演绎的路径

上海世博会期间，我们聘请了1992年塞维利亚世博会西班牙国家馆设计师卡门担任主题演绎顾问。她介绍说，当年她在向甲方汇报设计方案时，甲方一上来就问"我进馆后，左面看到什么，右面看到什么"，然后就开始纠缠在具体的视觉形象上。卡门认为，这是对方不了解展示策划路径的缘故。一个需要表现某种理念的展馆，其"生产"必须遵循一定的路径。

卡门说的这种情况，目前在我们各种厅馆的招投标过程中并不少见。甲方在招标时，以及招标之后审查乙方的方案时，往往强调："你是否用虚拟现实（VR）？""你为什么用这个图案？""这样的互动方式能否一次容纳很多人？"而这就忽视了投资厅馆的初衷，以至于到了后期，展示效果和原来的设想相去甚远，只能要求乙方对内容结构进行大调整，多次"翻烧饼"。

理念展的目的是推销价值观，那么这类展览的"工序"应该是一个从思想到展示符号的演变过程，而观众在观展时则反过来，先看到这些符号，再体会到内含的思想。这类展览的策划容易走到两个极端：或者停留在好看好玩的快餐式感官享受上，或者干巴巴地用文字和图片来说教。

世博会教会我的一条经验是，确定主题，并通过一系列艺术手段来表现主题，这条路径很重要。其实，这个流程，即把抽象主题转为具象形式，是艺术创作的通则，并不是新的研究，只是上海世博会冠以"主题演绎"之名而已。

（一）破题立意

理念展的路径，或者说主题演绎的流程，第一步是破题立意，这是理念展的关键。上海世博会的主题馆，就是先确定城市主题的核心思想，梳理出五大概念，然后才能够谋篇布局，设计内容。"破题"是确立某种价值，而"立意"是根据破题的结果，整理出以某种价值判断为核心思想的展示主线。

很多设计师一拿到项目，先考虑具体图像，但他此时并不一定知道甲方最终判断某个视觉设计、空间设计的依据是什么。有人把"策划"翻译为"highlight"，这就是"点出灵魂"的意思。当然，很多项目一开始目标不是很明确，馆名也是到最后才确定的，但这是指具体表述方面，而思想是一开始就确定的。"众里寻他千百度"，事实上，在找到"他"之前，"他"是什么样的人，找的人心里是有数的。

破题立意需要考虑多个因素。第一，一个题目可以从多个角度去理解，选择哪个角度去"破"，需要研究甲方的初衷。

比如，甲方给出"人在河边"这个题目，乙方就需要意识到，至少有三种可能性，要思考甲方需要哪个：一是和自然的融洽，比如在一个昭示生活美好的展馆里，就从这个角度去设计；二是"人在河边"容易湿脚，如果是廉政展示，就要从这个角度去破；三是水仙花心态，代表自恋，如果是讲健康，包括生理健康、心理健康的展览，就要从这个角度去理解。又如，同样是"城市，让生活更美好"，可以从科技发展角度去破解，也可以从文化角度找答案。如果做一个廉政教育展馆，可以重点显示人民利益至上，贪官令人不齿，教育官员不要贪，也可以重点展示制度反腐的威力，受到惩戒的痛苦，以教育官员不敢贪。从哪个角度破解，需要和甲方有充分的沟通。

第二，需要考虑当时的社会主流价值观。很多展馆是公益文化项目，因此在策划过程中，了解社会主流价值观非常重要。比如要展示改革开放，就需要懂得某一地区特定的开放背景、理论、策略、成就；如果为自由贸易区做展厅，就必须了解自由贸易思想、中国拟采取的政策；如果做高科技产业馆，需要了解产业政策，包括目前准备发展哪些产业；如果做城市新工人主题馆，就要了解城镇化的未来，不能把农民的身份固化，不要滥用"农民工"这个概念；如果做某个民族的博物馆，就一定要理解"种族""民族""族群"的区别，要有一定的民族观。

第三，需要广博的知识支撑。比如上海世博会中国国家馆的《清明上河图》展项，策划人员认真钻研宋史，请教专家，到开封实地考察，研究图里各种人物、物件、房屋街道等。如果没有这些研究，没有知识支撑，怎么能让这个作品如此丰满、如此有生命力呢？

策划不是简单的技巧运作，绝不能有硬伤。特别是专业博物馆的破题，要有较广泛的学识和较扎实的相关理论，必须依靠专业人士。实际上，没有一个团队能够胜任所有的展览内容策划，因此策划人员要有相当的学习能力和逻辑分析能力，同时要组织专家团队。

第四，甲乙双方的沟通非常重要。有时候，甲方出场的下层审稿人员缺乏高度，并不清楚本单位展馆的定位，只能提出一些笼统的原则。这时候，沟通是关键，乙方需要顺着甲方的原始动机，做出一个方案，让甲方逐步认可这个方案里的思路，再反过来作为甲方的思路来要求乙方。

第五，要充分考虑到甲方的身份特征。企业形象厅必须符合企业特点。某个城市的博物馆必须尽量符合特定地区的文化历史特点。在国际舞台上，中国的展馆要反映中华文化，这时候就需要考虑东西方文化差异。上海世博会的上海馆，主题是"永远的新天地"。原来考虑过上善若水、海纳百川，因为上海是移民城市，强调开放，因此想以水的开放和包容来形容上海。后来改为"永远的新天地"，换了个角度，似乎更有进取心。这个主题表面上看是矛盾的，既要"永远"，又要"新"，但这种矛盾也许比"水"更能反映上海的城市精神。

第六，立意要符合事物自身逻辑关系。在设计主线时，要把具体内容和大环境结合起来，要符合客观存在，不能孤立地、分离式地表现某个内容。

比如名人故居，在介绍某名人的事迹时，要以他生活的时代为背景，让参观者理解这个名人的诞生环境，而不是孤立地表现他的生活片段。介绍藏品、珍宝等的展馆，包括很多非遗展馆，应结合展品的产生背景，从原料、工艺、造型等角度来介绍，让参观者看到不同时代的藏品、珍宝的加工、审美、风俗、文化积淀等，体会这些物品背后的历史脉动。例如，某市有个博物馆，先是讲一位全国劳模在旧社会的阶级仇、民族恨，然后主线一转，展示新中国成立初期工业发展的艰辛。这些内容都很重要，但是社会动荡时期底层平民命运的变化和工业发展早期的不易是两条主线。如果一定要放在一起，那就是在传递"穷人只要翻身，工业就能发展"的理念，但是这样一来，科学的作用呢？工业管理体制变化的意义呢？

破题立意之后，就是内容组织和结构安排，然后才开始视觉形象的设计。

（二）内容设计

从确定理念到最终符号表达，中间有个重要环节，就是内容设计。参观者接受的主要是视觉符号，而符号是由内容决定的。打个比方，欣赏绘画时，人们看到的是人物的衣服，而不是肌体，但人的衣服是由肌体支撑起来的，因此美术系的学生需要人体写真训练。这样，在画衣服的时候，潜意识里就有人体解剖结构，理解衣服起落凹凸的原因。内容方面有以下几点值得注意。

第一，内容是传递理念的有效载体。人际沟通时，如果单纯用文字来表达思想，则需要接收方有一定的抽象思维能力。比如"管理是如此这般，危机管理应该做一二三四"，听众需要很认真地想一想才能理解，但绝大多数展览的参观者没有这种思想准备。如果展现某个核电站因为内部信息不灵而出现事故，然后管理者在处理危机时应对失当，那么参观者对管理的重要性就容易理解和接受了。

人们常说"摆事实，讲道理"，就是这个意思。只讲道理，那是学术研究。绝大部分人都是通过具体事例来接受理念，不能期望普通参观者在没有内容的背景下去理解抽象的理念。

第二，内容是符号的灵魂。内容既要和理念联系，也要和符号联系。毫无疑问，这种联系是内容决定符号，而不是相反。日常生活中，由于已有的生活体验，某些符号确实代表了既定内容。例如会徽、司徽、家族纹章，代表了某个组织的精神；红色一般代表战斗或喜庆。这种符号和内容的约定俗成的联系，容易误导设计师，一旦过了头，符号就会异化，导致不是内容决定符号，而是符号控制思想。2005 年爱知世博会中国馆被批评为"历史太沉重，现实太单薄"，就是因为只是陈列了各种器物，只注意符号，没有内容，没有花工夫去挖掘展品背后的中华文化。

第三，平衡内容要素。上海世博会期间，很多展馆的主要展项就是有故事的影片。这引起了一些热议：什么是内容？是不是展览就靠影片，特别是有小故事的影片？

展览肯定不是典型的叙事艺术，展览当然要重视内容，但展区设计不要求起承转合的篇章结构，展项设计不要求编写完整的故事，不要求张三李四的人物设计。在展览内容策划时，要掌握与"人"有关的若干要素：人、物、事、情、景、史。

"人"是一切活动的中心，世博会的某国展馆里，如果出现该国的历史人物，在参观者心里，这个国家马上就具体化了。即使是为了展示"人"之外的事物，比如自然科学博物馆、天文馆，一旦加入人的因素，例如地震、火山、生物进化等与人类生活的关系，就能够与观众更加贴近。

"物"是基础展品，是内容和形式的统一体，一般在策划设计中都不会忽视。"事"，即人与物的互动，也与"人"紧密联系，如果没有事，则只是抽象的人物简历。有了"事"，"人"和"物"就有了情节。"情"是指情感、心理活动，"景"是指场景、环境，情景相融，是"人""物""事"发生的背景。"史"是上述几个要素的综合，能更加本质地反映"人"的活动以及由此形成的理念。

所谓展览内容策划，就是要考虑这些与人的生活体验有关的要素。当然，并非所有的内容都必须具备这六个要素。

（三）结构设计

策展和写文章一样，在策划一个有内容的展览时，很可能有好几个展区，即使只有一个展厅，也要考虑先展什么、后展什么。一般来说有以下几种展示结构。

一是自然结构，即根据人的认识过程逐步展开。在参观时，人们可能会想：这是什么？为什么要这样？应该怎么样？现在这样了，今后会怎样？可以按照这个思维过程来铺开。比如上海世博会主题馆之一"城市地球馆"，序厅介绍全球城市发展现状，然后分别是"危机之路""蓝色星球""解决之道""我们只有一个地球"，从问题开始，逐步给出答案。

二是并排结构，即同层次的事物，可以分别展开。例如，妇婴保护展览可包括生育、医疗、教育、生活安全等。比如上海世博会中国馆，从上到下分为三层，分别展示中华文化中关于"人与人的关系""人与城的关系""人与自然的关系"的智慧。

三是时间结构。例如按照过去、现在、将来的顺序，很多规划馆、科技馆可以这样布展。从根本上讲，历史和逻辑是统一的，因此时间结构比较符合人的思维。

四是空间结构，即从大到小或者从小到大。例如世界、中国、全省、全市，或者个人、家庭、社区、全市。

五是因果结构。因为有"此"，所以有"彼"。这在表现某项政策效应或反映社会新变化时很有效果。例如国际交流展、科技促进产业结构展等。

结构方面需要注意两点。第一，忌混层混类。例如某个城市规划馆，分为"城市文化""城市规划建设""城市历史遗迹"三个展区，这里的"城市文化"和"城市历史遗迹"不是同一个层面；又如某论坛的主题是"技术进步"，然后分别设立"技术进步""技术创新""技术贸易"三个圆桌论坛，这里第一个圆桌论坛的主题和总主题混同。

第二，平衡三层结构。由于参观者进入展馆，未必会按照策展者的路线去参观，因此展区设计应当有相当的灵活性。理想的结构不是机械的空间布局，而是从实际出发，平衡好三类结构。

这三类结构，一是理念展开的路线。这要符合一般人的思维习惯，从问题到答案，从原因到结果，从手段到目标。二是空间结构。这需要灵活。总的来说，展馆面积越大，结构设计越容易，空间越小，展示内容的选择挑战越高。三是情感结构。理想的参观路径要有助于引导参观者情感产生变化，例如从"感兴趣"到"惊讶""思索""紧张""不解"，到最后"愉悦""开朗"。

四、现实呼唤"展示学"

上海世博会之后，我不同程度地参与了展览行业的一些活动，感到世博会后，会展企业的策划水平确实有很大的创新和拓展，但理论相对落后。有识之士不断呼吁开展"展示学"研究，这应该是时代的需求，应该是为了履行展示艺术的社会责任而马上推进的。

结合以上关于上海世博会主题演绎的回顾，我认为以下几个问题需要尽快研究。

（一）讨论内涵外延，明确研究客体

展览，就是在一定的时空范围内，用各种艺术手段（如照片绘画等平面艺术、视频影像、雕塑、模型、多媒体综合装置、空间构造等）来传递思想或推荐展品的一种综合艺术。概念展和理念展，有共性也有个性。从"展示"这个角度，我们可以也应该把很多事物归为同一类"客

体"来加以研究，析出其中的共性，探讨展示规律。

从研究角度来把客体归为同一类，和这些客体事实上是否同一类，是两回事。比如"人"，既可以作为"社会人"，是社会学的研究客体，也可以作为"生物人"，是生物学的研究客体。这样，同样一个"人"，就具有不同的规律。而作为"生物人"的"人"，却可以和其他动物、植物归为同一类，作为生物学的研究客体。

由于各种展览的主管部门不同，当我们把不同的展览放在一起研究时，可能需要克服这种"我和你们不是一家人"的心理。这时候，想一想在生物学家的眼中，我们"人"和"黑猩猩"，甚至"微生物"是同一类的，应该就可以释然了吧。

讨论展示的内涵和外延，是展示学需要研究的第一个课题。

（二）总结丰富实践，整理规范工序

作为新诞生的学科，展示学目前可以马上开展的研究，是总结丰富的展示实践，整理出一套各类展览都能使用或借鉴的工序，即从思路到最终展示的路径。

不同的展览，立项依据是不同的。比如商业贸易展，往往起源于对产业的分析，认定在特定时空范围内，举办诸如"汽车展"或"高档消费品展"大有可为；又如在当前国际经济秩序下，举办进博会能够得到全球很多企业家的欢迎；再如文化类展馆，这是依据国家的文化公益事业政策而来的。

一旦立项，就需要根据立项理由，明确展览的目标，然后根据这个目标来策划展示主线，根据主线，把学术（思想）、艺术（形式）、技术（手段）结合起来，再通过算术，安排作业计划。这样，通过"四术"

结合，最终形成"展览"这个产品。

现在，各类展览都有很丰富的实践，展示学完全可以总结出从思想到符号的带有共性的路径，形成一套"工艺规范"。

（三）探索评论体系，制定产品标准

我曾参加过几次展览方案投标评审，感觉这类评审众说不一，和评委专家的学识背景有非常大的关系。有技术背景的工程师偏重于展示装置和手段，学者偏重于支持展示内容的知识和理念，艺术家偏重于设计风格，有国外博物馆项目背景的专家偏重于是否符合国际上的新趋势，建筑专家则偏重于空间结构。因此，某个方案是否优秀，最终取决于甲方聘请的各类专家的比例。有一次评审，七位专家只有我一人没有国外经历，于是，在展示风格方面，多以国外博物馆的做法来评判优劣，但在内容方面，这些专家却放不开，也许因为他们缺少这方面的感受。

这个问题的背后，凸显的是展示缺乏客观标准，即一个展览做得好不好，究竟如何来判断。

从上海世博会的案例来看，一个展览做得好不好，大致有三方面标准。官方多从政治方向来评判，即是否符合当前需要强调的主流价值观；专家、媒体多从内容角度来评判，即某个展览的内涵是丰富还是苍白、知识方面有没有硬伤；而一般民众则从体验角度评判，即是否好看、好玩。这三方面标准都有道理，是从不同角度提出的要求。要做一个人人叫好的展览，必须在理念、内容、形式等方面都是上乘的。

这里所说的评价体系，不是一般意义上的行业标准，不是用来规范展示工序的，而是相当于产品质量标准。

不妨以电影为例。电影也是一门综合艺术，剧本、演员、舞美、音

乐、技术等，都会影响一部电影的质量和口碑。虽然一部电影是否好看，也是众说不一，但是由于电影这门艺术有相对成熟的评论体系和票房信息，因此社会对某部电影的评价，还是有相对稳定的标准的，不会出现南辕北辙的评价。

因此，从建立评论制度着手，从学术、艺术、技术角度确定一套指标，来评判某个展览是优是劣，是展示学必须做的很重要的事，也是展览行业发展的重要前提。

（四）构建理论体系，夯实会展教育

我认为，会展是一个行业，而展示学是一门学科。这两者是有区别的。现在的会展教育把行业混同于专业，因此在教育过程中，往往满足于展览实务的训练。实际上，关于会展实务，学校里是讲不透的，到了企业后，学生一开始会很懵，但做了两三年后，也就都懂了。

而会展实务应该作为一门实践来看待，其中涉及各种学科。犹如汽车制造，这是一个行业，里面涉及机械加工、电气工程、化工材料等多门学科，而没有一门专门的"汽车制造学"。如果把汽车制造分解为多门学科的综合，那么汽车专业的学生，必须接受机械加工、电气工程、化工材料等专业知识的培训。同样，如果把展览看作一门实践，其中涉及宏观经济、企业管理、艺术创作、传播学等学科，那么综合这些学科而形成的专门研究展览过程的，就是展示学。通过研究，逐步形成展示学的理论体系，就可以夯实会展的学历教育和职业教育，为各类展览培育出高质量的人才。

第二十七章　怀念战友

　　世博会申办和筹办期间，我和许多很优秀的同事朝夕相处。我从他们那里感受到热情、体谅（我的脾气很不好），学到不少东西，也积累了很深的感情。世博会前后，我不断听到某人逝世的消息，于是萌生一个想法：汇总逝者信息，收集他们的事迹，放在网上，作为世博同事追思的平台。当然，由于申博、办博队伍庞大，个人能力有限，我的想法是不现实的，只能尽力而为。这里，我汇集了之前怀念战友的文字，分别是截至世博会闭幕 10 周年的一个不完全统计，以及几篇悼念文字，以此画上我回忆世博会经历的句号。

一、截至世博会闭幕 10 周年的追思

　　根据我的了解，截至 2020 年 9 月，上海申博办、上海世博局在编的近 2 700 人中，已有 15 人逝世。按照逝世日期排序，他们是蔡怡琳、胡仲华、徐兆春、张伟庆、金晶、吕疆、梁恭杰、曾杰、戴家琳、孙明

磊、郭瑛、沈斐斐、谢锦康、柯继生、杨德林。

这 15 位逝者中，只有 2 位超过 70 周岁（分别为 73 岁、76 岁），5 位在 60 周岁至 70 周岁之间，8 位不到 60 周岁，即在工作岗位上离开了我们；15 位中，有 2 位是意外事故离世，有 13 位是病逝。也就是说，中年偏多，病因为主！这个统计结果，令人扼腕！

我请原世博局人力资源部同事沈嘉颖提供了逝者的文字材料，黄嘉宁、邱一川、顾映晨、王英川、居正、钱伯金、郁蕾、陈锦田、陈晓薇、张丽辐、李志刚等参与了信息校对和补充。2020 年 9 月 30 日，即上海世博会闭幕 10 周年之前的那个烈士纪念日，我把文字信息发在网上，悼念逝去的世博同事。

您不会走远——致已逝的世博同事

从老市长判断"世博会管 50 年"的那一天起，
  我们就有了共同的心愿；
当外交部长签署了举办世博会的申请函后，
  我们就一起紧绷上弦，频频加班；
在国家主席宣布上海世博会开幕的那一刻，
  已经汗水淋漓的我们顿时泪水涟涟；
站在旗林广场上，等待万国旗帜缓缓降落时，
  我们都落寞地凝视着夜色笼罩的黄浦江面。

如今，辉煌和喧嚣都已留驻在回忆中，
  地球已转过了三千六百五十多圈。

我们抖落身上的尘土重新启程时，

多么希望您还站在我们中间。

浦江大潮不停地朝东涌向太平洋，

并非每一滴水珠都能够如愿；

有的在半途就已经蒸发，

有的渗透在江底泥土里，毫无怨言。

但是

所有的水分子都永存于无垠宇宙，

所有的浪花都融合绘就巨制鸿篇，

所有的真诚都在历史上留下足迹，

所有的努力都为了后世孩子的笑脸。

您虽然提前离开了队伍，

但我们相信您没有走远。

几度夕阳红，人世一瞬间，

我们还会相聚，

总有那一天，总有那一天……

15 位逝者，按照逝世日期排序如下。

蔡怡琳，1976 年 11 月生。2000 年从东浩集团法律公司派到上海申博办，负责申博会徽等知识产权咨询服务工作。2003 年 10 月上海世博局成立后，调入上海世博局任人力资源部主管。2005 年 2 月 14 日因车祸离世，年仅 29 岁。

胡仲华，1938 年 8 月生。1998 年 11 月，在担任上海市外经贸委副主任时，根据市领导指示，组织领导上海世博会前期调研。1999 年 9 月申博办成立后被聘为上海申博办特别顾问。2000 年 5 月至 10 月，不顾病体，常驻德国汉诺威世博会，积极收集信息、广交朋友。2007 年 8 月病逝。

徐兆春，1934 年生。曾在联合国教科文组织任职，回国后曾任上海市外办主任。2000 年，在上海航空公司监事长任上被聘为上海申博办特别顾问。以丰富的外事工作经验为申博工作，特别是为游说出谋划策。2010 年 10 月病逝。

张伟庆，1952 年 11 月生。2004 年 5 月自上海纺织控股（集团）公司纪委专职委员、监察室副主任岗位调任至上海世博局，先后任监察审计部助理部长、副部长，机关纪委书记等职务。办博期间获世博局颁发的 2008 年度世博局系统优秀党务工作者、市委颁发的世博先锋一线行动优秀组织者等荣誉称号。2013 年 3 月病逝。

金晶，1980 年 7 月生。2008 年下半年从锦江集团索菲特海仑宾馆订房部副经理岗位借调到上海世博局，担任参展者服务中心（订房中心）订房主管。办博期间获市委、市政府颁发的"服务世博、奉献世博"立功竞赛上海世博工作优秀个人，世博先锋一线行动"五带头"共产党员等荣誉称号。2013 年 7 月因产中大出血离世，年仅 33 岁。

吕疆，1978 年 10 月生。2007 年 5 月自上海世博会运营有限公司整建制转入上海世博局工作，先后任国内参展部主管，参观者服务中心、中国馆部三等高级主管等职务。办博期间获世博局团工委颁发的世博园区青年岗位能手、市文明办颁发的世博园区文明服务标兵等荣誉称号。2014 年 3 月病逝，尚未满 36 周岁。

梁恭杰，1943 年生。1999 年开始参与上海世博会申博前期调研，申博办成立时担任综合部首任部长，随后担任上海世博网络信息服务有限公司董事长,和世博网全体员工一起,在缺乏办博经验的背景下,为上海世博会对外形象塑造、对内信息沟通付出很大的心血。2016年7月病逝。

曾杰,1967年2月生。2009年6月自市消防总队防火部副部长岗位借调至上海世博局工作,任安保部一等高级主管、安保部和出入口管理部临时党委委员。办博期间获世博局颁发的2009年度优秀工作人员荣誉称号。2017年1月病逝。

戴家琳,1974年10月生。2009年4月自上海建科建设监理咨询有限公司借调至上海世博局工作,先后任国内参展部、中国馆部主管等职务。办博期间获市总工会颁发的上海世博会世博园区服务保障先进个人荣誉称号。2017年2月病逝。

孙明磊,1965年6月生。2004年3月从上海市发改委人口办调任至上海世博局,先后任法律事务部二等高级主管,主题演绎部/研究中心一等高级主管等职务。办博期间获市委、市政府颁发的上海市"服务世博、奉献世博"立功竞赛二等功等荣誉。2018年3月病逝。

郭瑛,1967年4月生。2008年8月自文汇新民联合报业集团《东方早报》借调至上海世博局,先后任党群工作部、中国馆部高级主管等职务。办博期间获市总工会颁发的上海世博会世博园区服务保障先进个人、市委颁发的世博先锋一线行动"五带头"共产党员等荣誉称号。2018年8月病逝。

沈斐斐,1978年2月生。2007年5月自长江计算机集团上海金鑫计算机系统工程有限公司借调至上海世博局,任信息化部/信息中心高级项目经理。办博期间获世博局团工委颁发的2008年度世博局系统优秀团干部、世博局颁发的世博园区"平安和谐、优质服务"运行保障立功竞赛三等功等荣誉称号。2019 年 3 月病逝。

谢锦康，1949 年 7 月生。2007 年 12 月自上海建工集团监察审计处副处长岗位借调至上海世博局，任监察审计部二等高级主管。办博期间获市委市政府颁发的上海市"服务世博、奉献世博"立功竞赛上海世博工作优秀个人荣誉称号。2019 年 4 月病逝。

柯继生，1954 年 1 月生。2006 年 11 月自市委组织部干部监督室副主任岗位借调至上海世博局，先后任人力资源部副部长、部长、机关党委副书记等职务。办博期间获市委、市政府颁发的上海市"服务世博、奉献世博"立功竞赛二等功，市总工会颁发的上海市五一劳动奖章，市委颁发的世博先锋一线行动优秀组织者等荣誉称号，世博会之后获全国五一劳动奖章。2019 年 11 月病逝。

杨德林，1952 年生。曾任浦东新区宣传部副部长，2004 年至 2006 年担任上海世博局公共关系部副部长、活动部部长等职，组织领导世博会筹备前期的宣传活动、会徽征集。2020 年 9 月病逝。

二、几篇悼念文章

（一）不辞羸病卧残阳——怀念胡仲华同志[1]

2007 年 8 月 11 日，老领导胡仲华同志走了。他是在距上海世博会开幕不到 1 000 天的时候走的。得知这个消息后，我们这些在他领导下参与世博会早期申办工作的同事聚在一起，回忆往事，很是伤感和遗憾。

---

[1] 本文由景莹、戴馨、周先强、王晓帆、叶穹等集体讨论，季路德执笔，写于 2007 年 8 月 25 日。

1998年，仲华同志在担任市外经贸委副主任期间分管外事、服务贸易、审计。他一头白发，一脸和蔼，一口绍兴腔上海话，一派宽厚长者风范，我们很喜欢和他聊天，背地里都叫他胡伯伯。大概是11月，仲华同志接到市领导电话，要求外经贸委组织力量，就上海申办世博会事项进行调研，提出可行性分析。外事处即派周先强赴京，到全国主管展览业务并组织参加世界博览会的中国贸促会进行调研。1999年1月，外经贸委向市政府呈报《世界各城市申办2010年世界综合性博览会的情况》。1999年2月，市委、市政府主要领导在《情况》上批示：同意申办2010年世博会。

得到市领导原则同意后，外经贸委即展开申办世博会的深入调研，研究申办方案和组织框架。其时，仲华同志已发觉患病并动了手术。但由于申办工作的许多设想、措施都是从零开始，那些日子里，仲华同志几乎天天找我们开会或谈话，商议信息收集分析、邀请专家、设计组织框架、提出人员设想，乃至工作简报制度等事宜。3月12日，外经贸委提出了《关于上海为承办世博会提出申办方案前期工作》的请示。5月31日，在市政府常务会议上，仲华同志作了上海申办2010年世博会工作方案的汇报。会议决定成立上海市2010年世界博览会申办工作筹备小组，仲华同志担任筹备小组办公室副主任，承担实际领导工作。

由于年龄关系，1999年9月，仲华同志不再担任外经贸委领导，但继续保留筹备办副主任职务。2000年4月，中央成立申博委，上海相应成立申办工作领导小组、申博办，仲华同志改任申博办高级顾问。

2000年6月1日至10月31日，德国汉诺威举办2000年世博会。这是中国提出申办后可以直接体验的第一个世博会，而且是在展览大国德国举办的综合性世博会。上海市领导十分重视，决定派出常驻团，近距离了解、考察，同时作为上海申博办的联络站和宣传基地，为国内来访提供方便。考虑到对外交往的级别需要和外语能力要求，曾在我驻德国大使馆担任外交官，精通英语、德语的胡仲华高级顾问，被任命为常驻小组的组长。

2000 年 2 月 22 日，胡仲华主持召开德国汉诺威世博会常驻团工作初步方案讨论会。会议讨论后认为，常驻团工作包括四项内容：一是联络交友，重点是与国际展览局成员国代表联络，并努力加强与汉诺威世博会指导委员会成员的联络；二是接待协调，主要是做好上海高级代表团抵达后的接待、联络、协调等工作；三是收集动态信息，尽可能掌握一切有用的信息和资料，特别是关于竞争国动态方面的信息和资料；四是学习了解汉诺威世博会的筹备经验，为 2010 年上海世博会提供尽可能详尽的参考资料。

5 月 22 日，仲华同志率小组成员到达汉诺威的当天，来不及打开行李就召集先遣组与小组成员开会并明确分工，随后即全力投入 6 月 1 日世博会开幕式、6 月 7 日西门子馆开馆仪式（西门子馆内有上海展区）这两个有上海世博会推介内容的活动筹备。

6 月 7 日之后，常驻小组进入正常工作状态。仲华同志带领常驻小组每天分头在世博园内做申博游说工作。他不顾病痛，白天逐个拜访主要国家的展馆馆长，以德语、英语介绍上海的申办决心和设想；晚上与小组成员一起分析形势，研究策略，写简报传回上海。时任国际展览局名誉主席的汉诺威世博会指导委员会主席菲利普森、世博会文件专家塞凡等就是仲华同志在汉诺威多次沟通的对象，后来都成了上海申博工作的高级顾问。此外仲华同志还常拜访汉诺威世博公司，了解筹办和举办情况，积极寻觅各领域的人才。

在常驻汉诺威的日子里，仲华同志尽管年龄大、职位高，且已患病，但仍坚持与小组成员同吃同住同干"家务活"，对大家的生活很是关心。如果说有什么差别，今天回忆起来，也就是每天喝两包从上海带来的中药。他常常早上起得比较早，然后就像家长那样给大家准备早餐。常驻小组每天吃拌黄瓜、西红柿土豆汤，有时也有一些口味不佳的肉、鱼，他从无怨言。

8月的一天，仲华同志说，他夫人来电叫他回上海检查身体。因工作刚步入正轨，他也很犹豫是否能离开。小组成员一听有点着急，担心常驻小组没有主心骨，就与胡夫人电话商量。胡夫人说，是给他开刀的医生提出要他立即回上海检查，医生说，从来没碰到过这样的病人，开刀以后从此不进医院的门。大家听后深感内疚，同时也意识到问题的严重性，即刻与国内联系并商量下一步工作，让仲华同志放心回国治疗。

随后的两年里，仲华同志继续作为高级顾问发挥他的特长。2001年8月，他不顾病体，长途跋涉赴拉美开展申博推介。由于拉美离中国远，加上拉美另有两个国家也在申办2010年世博会，故上海的申博努力，在当地影响力不大。仲华同志依靠中国使馆，拜访了两国主管工业、贸易、旅游的相关部门，取得了很好的效果。其中有个国家的接待官员当场表示，他个人一定会投中国一票。后来，这两个国家都明确表示支持中国申博。

世博会申办成功后，仲华同志在新的办博机构里不担任职务，但他仍然很关心办博工作进展，不时打电话了解情况，提建议。……

上海世博会是上海人民多年的夙愿。早在20世纪80年代，老市长汪道涵就为之付出心血，不少老领导、老前辈都参与、关注、指导了申博和办博。已逝世的黄菊同志也说过，世博会开幕那天，我是老了，希望能给我一张门票进去看看。仲华同志本应在 1998 年离休，由于申博的需要，他带病工作了好几年。虽然他和 些领导、前辈没能看到上海世博会的开幕，但历史将会记住，上海世博会的成功、精彩、难忘，与多少前人的远见卓识、忘我奋斗是分不开的。到 2010 年 5 月 1 日，千百万人欢庆上海世博会开幕的时刻，我们将点燃一瓣心香，告慰老领导在天之灵。

胡伯伯走好！您放心，我们将在不同岗位上继续为上海的明天努力！

（二）悼念孙明磊[1]

3 月 10 日上午 9 点半，王思政给我发信说："孙明磊昨晚走了，平时一直血压高。"我一时不敢相信，潜意识里拒绝把这消息发到其他群里。待我转发后，很多世博战友非常吃惊，感到很突然，也纷纷表示哀悼。3 月 11 日，孙明磊所在的上海市价格监测与成本调查队发布讣告，确定在 3 月 12 日举行告别仪式。

我是 2004 年认识明磊的。2003 年 10 月底，上海世博局成立，2004 年 1 月开始在全国范围内进行招聘。上海世博局研究中心一下子进来三位博士，当时已经在政府部门工作、精通英语和法语的孙明磊就是其中之一。2004 年 5 月起，上海世博局启动编写《注册报告》，我当时在办公室，开始和明磊等人接触。2005 年春，我调到研究中心担任主任，正式和明磊在同一部门。

研究中心当时承担《注册报告》的编写组织工作，由于国际展览局的工作语言是法语和英语，《注册报告》需要同时翻译成这两种语言。

---

[1] 本文写于 2018 年 3 月 11 日。

在中国，精通英语或法语的人不少，但是同时精通这两种语言的人不多。如果有两组人员分别把中文翻译成英语和法语，同一句话有可能出现语义偏差，因此需要一位同时精通这两种语言的人来统稿。由于《注册报告》的中文编写直到 2005 年 8 月底才结束，而国际展览局要求我们在 10 月 1 日把报告送到巴黎，因此，整个 9 月，统稿、印刷工作非常紧张。为了做好这项工作，明磊曾在办公室里连续工作 30 小时，完成了两种语言的统稿。

2006 年，我所在的研究中心几经更名，最终成为主题演绎部。而上海世博会开始招展之后，法律事务部启动《特殊规章》的编写。《特殊规章》共有 15 章，是国际展览局规定的、用于各国参加上海世博会的法律文件。这样，2007 年初，明磊被调去法律事务部。

2010 年初，法律事务部的文件编纂基本结束，进入监督"执法"阶段。而主题演绎部承担了上海世博会各国展览评比授奖的组织工作，明磊又调回我们主题演绎部。在整个世博会期间，他与国际展览局秘书长的助手迪米特里·科肯彻斯密切合作，很好地完成了上海世博会展览评奖工作。

上海世博会结束后，明磊调入市发改委系统，大概就在那里调到了价格监测与成本调查队。

回顾和明磊接触的整个过程，我感觉他个人工作能力很强，同时为人耿直。和他同在研究中心工作期间，我虽然忝为博士，但对如何平衡各位高智商博士能力和办博实际工作方案之间的关系，缺乏方法，认识也不到位，还不善于和各位博士沟通。2005 年底，由于考虑欠周，曾为某事和明磊发生过很大的争执。但之后他去了其他部门，我和他的沟通反而好了。2010 年初，他调到我们部门之前，有人曾问我，明磊很有个性，你和他合得来吗？我说，我的脾气也不好，也不善于和别人相处，但是我和他还能够相互欣赏吧。

今天，当获知明磊去了另一个世界时，我对他的感觉仿佛有了一个更宽广的时间背景，不是一件一件具体的事，也不是世博会的筹办过程，而是人生。每个人都有自己的个性，总体上讲，明磊不是书呆子，他对人生有自己的追求，有自己的价值判断。他钻研业务，热爱工作，愿意为自己投身的事业作出牺牲，同时他也懂得享受，尊重自己的秉性，不愿意为了取悦别人而委屈自己。他在讨论工作时常常说"莫急莫急，侬莫急"；但是他又经常拿着移动硬盘急匆匆地冲到我办公室，要和我讨论某个文件，看到我正在电脑前忙碌，只能一个急刹车，无奈地摇头。我们主题演绎部的年轻人都觉得他是一个老顽童。现在，老顽童的生命在这个世界画了句号，相信他在彼岸，还是会以自己独有的步伐，走在自己喜欢走的道路上。

一路走好，明磊老顽童！

（三）沉痛悼念柯继生[1]

勤组织勤人事勤世博 心血已尽求完型 愿继生再生

为贤夫为慈父为挚友 古稀未及竟殒影 哀天公不公

今天一早，收到柯继生夫人马富静老师的来信，说凌晨 1 点 15 分，继生逝世。

柯继生是原世博局人力资源部部长。世博会的筹办对人力资源是个

---

[1] 本文写于 2019 年 11 月 28 日。

很大的考验，对人员的数量和质量要求都很高，但是又不能把大批人才调进世博局，否则世博会之后的人员安置是个问题。因此，到世博会开幕时，整个局有 2 700 余人，却有八九种编制：公务员、事业编制、企业编制这三种，其中每种又分两类——世博局自己的编制，以及从外面借调来的；除了这六种之外，还有中央组织部从全国选派来的年轻干部、上海市 2009 年考入公务员后到世博局实习的、注册志愿者中长期在世博局服务的。

这么多的类别，对世博会人力资源是一个很大的考验。柯继生带领他的团队，很好地完成了这个任务，尤其是世博会闭幕后，他又根据相关政策，在各级组织的支持下，精心、人性化地为大家作了分流安排。很多人都说，继生是个很好的人。

今年 9 月底，我得知继生患了胰腺癌，去看望了几次。这个病实在是凶险异常。我第一次去探望时，他还能走路，坐下时，能把一条腿搁在另一条腿上，以他招牌式的微笑，和我聊天。之后，发现他逐步消瘦，没有精神。11 月 25 日我去看他，他闭着眼，鼻子里插着管，在痛苦地喘气。马老师去送客时，我试着用蘸了清水的棉花棒，为继生擦嘴唇，不小心水流到了他脖子上，继生轻轻地说，不要紧。让我一阵心痛！

唉！生命是脆弱的，我们都要保重身体！

回顾和继生的交往，很是难受，心里有很多话，先匆匆写下几笔！

（四）悼念老领导杨雄市长[1]

4 月 12 日上午 9 点半，看到有个群里发了个帖子，说原市委副书

---

[1] 本文写于 2021 年 4 月 13 日。

记、市长杨雄因病医治无效，凌晨逝世。我大吃一惊，赶紧和朋友联系，消息属实，杨市长是心梗走的。很快，原世博局同事的一个人群里，有人转发了这个信息；又很快，表示哀悼的留言层层叠叠。

2006年初，杨雄副市长分管上海世博会筹备工作。由于我们缺乏经验，也由于国际展览局方面的一些原因，2005年底国际展览局通过上海世博会《注册报告》后，世博会的筹备工作才实质性启动，很多问题需要尽快解决。杨市长来了之后，各项工作都面临明确目标、制定计划、加快步伐的局面。

我当时的工作岗位是上海世博局主题演绎部部长。这个部门是根据国际展览局的要求成立的，原来的想法是促进上海世博会的主题在各方面的呈现（按照国际展览局的说法是"Theme Offer"），因此有同事笑言"侬是管全场的"。毫无疑问，这方面的工作也是摸着石头过河，不知道究竟要做什么。但是有一点很明确，中国国家馆是上海世博会主题演绎的重点，是国家名片，究竟展示什么，需要最高层认可。

几年来，上海世博局组织了四轮关于中国国家馆展示方案的招标。杨市长多次听取汇报，也参加了几次专家讨论。他对很多方案表示不满，强调要表现城市和生活的关系，要体现中国人在这方面的智慧，不要做成城市历史博物馆。2007年初，他在一次会议上明确说"中国国家馆的主题定了，就是'城市发展中的中华智慧'"。他进一步指出，很多方案缺少一根筋，要拉好这根筋。我们在讨论中理解，杨市长所强调的"筋"，就是中国国家馆的主题，以及根据这个主题所明确的展示主线。但今天回过头来看，当时的工作体制和展示策划要求很是令人困惑，我所在的主题演绎部不知所措，拿不出可供决策参考的意见。在一次工作会议上，杨市长直接批评道："主题演绎部有'等、靠、要'

思想。"

忙忙碌碌、磕磕碰碰之下，终于，上海世博会开幕了，中国国家馆开展了。尽管人们可能对世博会、对中国国家馆还会有各种批评，但总体评价还是"成功、精彩、难忘"。

2020 年 10 月 31 日，世博会闭幕 10 周年之际，世博会博物馆举办了一个纪念活动，已退休的杨市长到场讲话。他坦言："我参加工作以来，压力最大的是 2006 年初接的世博会工作。我下了决心，一定要把这件事做好，为国争光……我们在申办、筹办、举办中面临各种各样的压力，其中最纠结的是主题演绎……"

回忆当年的主题演绎工作，我总觉得很多事没有结束，很多话没有讲透，总有点于心不甘的情结。我很想还能参加类似的世博会研讨会或纪念活动，请杨市长讲一讲世博会主题演绎的体会，但是再也没有这个机会了……

杨市长逝世的消息传开后，网上有篇流传很广的文章，赞扬杨市长退休以后的平民作风。这当然是值得肯定的！不过我觉得更值得肯定的，不是他退休后没有做什么，而是他退休之前做了什么。回忆当年的世博局工作，我脑海里就会出现一个场景：世博局 1 号楼 12 楼会议室，杨市长缓缓走进来，面无表情，貌似在沉思。大家落座后，有人很快汇报，大家很快讨论，杨市长很快作出决策。于是，诸如硬件建设、软件策划、招商招展、宣传推介、资源筹措、组织协调、保障支撑等各方面的工作，一件一件拍板，一件一件落实。确如原世博局办公室李和平在哀悼留言中说的，杨市长有"极其清晰的思路，高超的决策水平"。

杨市长是上海世博会非常关键的担纲掌舵人！

（五）悼念陈宝康[1]

2020 年 9 月，刚刚对已逝的世博同事做了有限的统计。前几天，又获知陈宝康病逝，心里十分难受！

说起来，我很早就认识宝康。1999 年我在外经贸委工作时，参与了世博会的申办工作，外经贸委副主任汪均益担任申博办主任，陈宝康是汪的驾驶员。申博时，我一直跟着汪主任到市政府开会，就是宝康开的车。

宝康为人随和，做事认真。2003 年，申博成功后，我陪汪主任到南京参加长三角城市群的一个论坛，汪要在那里介绍世博会。我们是晚上到的南京，那时没有导航，更没有微信，到了南京市区，只能电话反复沟通，因为不认路，东冲西突，开了很多弯路，很晚才到会议地点。这事说起来，应该是我事先没有联系好，如果驾驶员埋怨几句，也是很正常的，但是宝康一声不响，听凭我和对方联系，到地点后，还笑嘻嘻地说，总算到了。

驾驶员的工作其实很乏味，一旦进入工作状态，必须集中思想，不能聊天，而到了目的地，其他人下车了，他又一个人待在车里。我曾问汪主任，宝康是否喝酒抽烟。汪说，平时偶尔喝一点酒，烟倒是经常抽的，但是他开车的时候从来不抽烟，车里没有烟味。

刚认识宝康时，我只是在车上和他相处，以为他不怎么讲话，日子久了，我发现他的内心其实很热情。一次，申博办人员聚餐，我喝得很多，走路都有点摇晃。他开车送我到弄堂口，然后下车，请别人看着

---

[1]　本文写于 2021 年 6 月 1 日。

车，他陪我走进小区大楼，送我进电梯，要我进家门后给他发短信。当时我稀里糊涂的，事后很感动。去年10月，我得知他生病，给他发消息，想过去看他，他说，感谢我的关心，但是由于疫情，探望不便，他目前身体还可以，让我不要去医院了。

宝康是一位老党员。他出生于1957年1月，后来参军，1979年就加入了共产党。作为驾驶员，宝康的工作和世博局其他很多人的工作有很大的差别，他并不在办博第一线，他的职责就是为领导创造便捷、良好的工作环境。但是他是认真的。今天，我参加了宝康的追悼会，我在向他遗体告别时，看着他安详地躺在那里，心里说：宝康，你几十年认真工作，默默无闻，你是我的好兄弟！一路走好！

后　记

　　21 世纪的头十年，中国举办了两次超大规模的国际活动：奥运会和世博会。

　　我有幸从 1999 年初到 2015 年 6 月，参与了上海世博会的申办、筹办、举办、世博会志编纂的全过程。一般来说，人一生大致工作 40 年。我 1968 年下乡，1979 年回上海，在农村待了 11 年；1984 年考入复旦大学，1996 年调到市外经贸委，在高校求学、工作了 12 年；1999 年初开始参与世博会，2012 年初退休，退休以后继续参与世博会志编纂工作，即使按照正式岗位计算，也有 13 年的涉博经历。

　　因此，和大部分世博人一样，这个重大项目给我的一生留下了深刻的印记。世博会结束后，好多年过去了，我依然对办博工作难以忘怀。由于我在办博中基本上从事文字工作，留下了很多笔记，电脑里也有很多记录，因此每当我和世博同事相聚后，总有一个声音在催我"把笔记整理出来，把历史留下来，把个人思考写出来"。

　　事实上，对于这样一个重大的国家项目，官史记录者绝不会轻视。

上海市地方志办公室在讨论上海第二轮修志规划时，就明确将上海世博会志列为"重大事件志"。2011年1月，上海世博会闭幕后不久，地方志办公室领导手持市领导批示来到世博局，商量《上海世博会志》编纂工作，我就在那时开始参与世博会志编纂工作。到了2015年年中，编纂工作基本结束，我也不再参与。编纂办公室主任朱敏彦兄又为了校正、报审，一直忙碌到2020年，煌煌300多万字的《上海世博会志》才得以出版。

从社会角度看，世博会是一个巨大的工程，需要有组织、有权威地总结过程，撰写历史；站在世博会系统里面，观察一个个具体的工作环节，有无数张三李四的汗水付出，是带有甜酸苦辣感觉的行为集合，是"his story"。官史的特点是全面、客观，后人如果要了解上海世博会，一定要认真阅读这300多万字；但另一方面，官史的严谨、客观，甚至免不了的"矜持"，也不可避免地过滤掉了历史细节的故事性。因此，站在后人角度，关于世博会，不仅需要金光灿灿的铺陈叙述，也需要丰富琐碎的各色鳞光；不仅需要宏观粗线条勾勒，也需要细节描写；不仅需要正能量的记录，也需要汗水淋淋、泪水涟涟的描述。个人回忆应该是对官史不可或缺的补充。

在于公（对官史的补充）、于私（情怀留痕）这两个因素推动下，我开始整理笔记，开始了对16年涉博经历的回顾。

诚然，世博会是超大型国际项目，没有一个人能全面参与。任何个人回忆都只能产生管中窥豹、盲人摸象的效果。但是历史学家也坚持认为，个人史犹如不同的历史拼图一样，如果许多人都留下个人记录，历史的全貌就会更清晰一些，还原历史的可能性也会更大。

当我打开笔记本，回想1999年的事时，脑海里就浮现出很多人：

申博办和世博局的同事，各研究机构的专家老师，政府部门各级领导和普通工作人员，很多普通群众，当然还有已逝世的……确实，这个项目赋予我一生很多色彩，也让我结识了很多朋友，丰富了我的业余生活。

由于我是根据自己的笔记和电脑储存文件来回忆的，因此必然有三个问题。第一，个人回忆不可能全面反映世博会申办和筹备工作的全貌。有时候某项工作很重要，但我只是参加了其中一部分，或者是和这项工作擦肩而过，那么我只能根据我保存的记录来描述。如果需要了解全貌，还是要依靠《上海世博会志》。第二，即使是个人回忆，也必然存在个体差异。常常是很多人参加了同一个项目，但由于视野或其他各种原因，每个人的回忆可能会不一样，甚至出现相反的描述和结论。我在回忆某几件事的时候就意识到了这一点。我只能认为，我在做记录时是全身心投入的，且没有作假。第三，个人回忆是沿着时间延伸而展开的，而事物本身发展有其内在逻辑关系。我不可能看到事物的全部，因此不管个人回忆如何详细，都可能表现出逻辑缺失，例如原因和结果、手段和目的、局部和全局、表象和本质，单凭我的叙述，似乎难以一一对应。我只能以个人保留的资料为基础，辅之以必要的补充说明，尽量处理好时间线与逻辑线的统一。如果出现对项目的描述不完整的情况（这几乎是必然的），也只能交付历史，让后人寻找更多的资料来补全。

本书所回忆的内容有两类：一是叙述一项任务如何完成，是对过程的描述；二是对某个具体场景的描述。书中对世博会经历描述的风格，也分成两种：一是我在申博、办博过程中的随笔，是当时特定环境下的体会；二是今天的写作，属于"事后"回忆。我没有把当时的随笔改写为今天的回忆，因为我认为，我在世博会工作中写下的自己的体会，本身就是历史，是世博会参与者"边学习边工作"的一个缩影。保留当时随笔的风格，也是记录历史。

　　希望有更多的世博会参与者留下记录，让后人对这个重大历史事件的方方面面有更直观、感性的认识。

　　我参与上海世博会筹备工作时的老领导，中国政府驻国际展览局代表、上海世博会执委会副主任、上海市政协副主席，我十分佩服的周汉民兄欣然为我这本回忆写序。我在此表示衷心感谢！

　　我在申博时结识的原上海市发改委副主任，曾经担任上海申博办规划部部长的王思政兄，长期从事上海长远发展规划研究，对上海世博会与上海现代化发展有很多深刻的思考。我征求他同意后，将他撰写的、尚未发表过的《上海世博会助力上海提升城市能级》一文请到我这本回忆录中，作为序。因为我谈的基本上是事实，而所有的事实，必须要有立论。思政兄提出的观点，是对我所描述的事实的支撑。我也在此对思政兄表示衷心感谢！

季路德

2022 年 7 月 30 日

图书在版编目(CIP)数据

"管中窥豹"忆世博:那些难忘的日子/季路德著
.—上海:格致出版社:上海人民出版社,2022.11
ISBN 978 - 7 - 5432 - 3402 - 4

Ⅰ.①管⋯　Ⅱ.①季⋯　Ⅲ.①博览会-上海-文集
Ⅳ.①G245 - 53

中国版本图书馆 CIP 数据核字(2022)第 201062 号

责任编辑　张苗凤
装帧设计　零创意文化

"管中窥豹"忆世博——那些难忘的日子

季路德　著

出　　版　格致出版社
　　　　　上海人民出版社
　　　　　(201101　上海市闵行区号景路 159 弄 C 座)
发　　行　上海人民出版社发行中心
印　　刷　上海颛辉印刷厂有限公司
开　　本　720×1000　1/16
印　　张　26
插　　页　3
字　　数　307,000
版　　次　2022 年 11 月第 1 版
印　　次　2022 年 11 月第 1 次印刷
ISBN 978 - 7 - 5432 - 3402 - 4/G・696
定　　价　118.00 元